김남국 산문집

우리의 연민은
왜 쉽게 사라질까?

김남국 산문집

우리의 연민은
왜 쉽게 사라질까?

지은이 / 김남국
펴낸이 / 강동권
펴낸곳 / (주)이학사

1판 1쇄 발행 / 2022년 8월 31일

등록 / 1996년 2월 2일 (신고번호 제1996-000015호)
주소 / 서울시 종로구 율곡로13가길 19-5(연건동 304) 우 03081
전화 / 02-720-4572 · 팩스 / 02-720-4573
홈페이지 / ehaksa.kr
이메일 / ehaksa1996@gmail.com
페이스북 / facebook.com/ehaksa · 트위터 / twitter.com/ehaksa

© 김남국, 2022, Printed in Seoul, Korea.

ISBN 978-89-6147-417-7 03300

이 책의 저작권은 저자가 가지고 있습니다.
저작권법에 의해 보호를 받는 저작물이므로 이 책 내용의 일부 또는 전부를 재사용하려면
저작권자와 (주)이학사 양측의 동의를 얻어야 합니다.

*책값은 뒤표지에 표시되어 있습니다.

김남국 산문집

우리의 연민은
왜 쉽게 사라질까?

김남국 지음

책머리에

아포리아는 그리스어의 부정 접두사 아(α)와 길을 뜻하는 포리아(πορος)가 합쳐져 길이 없는 막다른 골목, 또는 증거와 반증이 동시에 존재하여 진실을 규명하기 어려운 난제를 뜻하는 용어이다. 서로 생각을 달리하는 사람들이 이해를 다투는 정치의 세계에서 많은 문제는 해결이 쉽지 않은 아포리아 상태에 놓이게 될 가능성이 크다.

특히 경제적 균열과 문화적 균열이 심화하면서 개인들이 분배와 인정의 영역에서 자신의 생존을 위해 전투적으로 투쟁하는 사회에서는 더욱 그렇다. 이 경우에 그래도 우리가 참고할 수 있는 준거는 두 가지인데 하나는 역사이고 다른 하나는 철학이다. 역사를 통해 앞선 이들의 경험을 살펴볼 수 있고 철학을 통해 문제 해결의 원칙에 대해 생각할 수 있다.

이 책에 실린 글들은 우리 사회의 주요 의제들의 이면에 담겨 있는 정치철학적 해석과 정당화의 논리를 추적함으로써 해당 문제에 대한 독자들의 이해를 돕고 선택의 근거를 제시하는 것을 목표로 한다. 또한 지구적 맥락을 고려한 비교와 역사적 흐름을 전제한 성찰을 통해 문제에 대해 새로운 해석을 시도하고 적절한 대안을 모색한다.

물론 이러한 시도가 매번 성공한다고 자신할 수는 없다. 정치철학의 탁월함이 현실을 계몽할 수 있다고 믿는 것도 한계가 있지만 파편화된 정치 현실의 바닥을 헤쳐나가며 길을 찾는 것 역시 쉽지 않다. 아마도 철학과 현실이 만나는 중간쯤에 정치 평론이 있을 것이다.

나는 정치학자로서 정치사와 정치사상을 함께 연구하는 것이 중요하다고 생각한다. 정치사에 대한 고려가 없는 정치사상 연구는 다사다난했던 그 시대의 파장을 정확하게 반영하지 못한 채 평온하고 건조한 추상적 그림에 머물 때가 있다. 이와 마찬가지로 정치사상에 대한 고려가 없는 정치사의 서술은 시대를 고민하고 새로운 세계를 건설하려 한 사람들의 숨결이 빠진 즉자적이고 무미건조한 사건들의 나열에 그칠 수 있다.

정치사에 나타나는 역사와 정치사상에서 드러나는 철학을 함께 고려하는 과정에서 우리는 자신의 연구가 기존 질서와 기성의 권위를 의도치 않게 합리화해주는 기술적 역할에 그치는 것을 피할 수 있고 독자를 향한 단기적이고 무책임한 선동의 글쓰기 유혹에서 벗어날 수 있다.

이 책의 제1부 '아포리아 시대의 사색'은 최근까지 『머니투데이』에 쓰고 있는 「김남국의 아포리아」에 실린 글들이고, 제2부 '세상읽기의 어려움'은 『한겨레신문』의 「세상읽기」에 게재된 글들이다. 제3부 '지나간 연대의 풍경'은 서울대학교 대학 신문에 썼던 「마로니에」의 글들과 냉전이 종식되고 현실사회주의가 붕괴되던 20세기 말 전환기의 상황을 담은 글이다. 탈냉전의 전환기에 대한 분석

글은 1993년 출판된 나의 책 『부하린: 혁명과 반혁명의 사이』에 실렸던 서문 「탈역사 시대의 역사 읽기」를 이 산문집에 재수록한 것이다.

제4부 '사유의 기원'은 매천과 비숍, 트로츠키와 부하린, 메를로퐁티와 샤르트르 등 동시대를 살았던 사람들이 서로 다르게 해석했던 세계에 대한 젊은 날의 기록이다. 「매천과 비숍」은 『문학과 사회』 8권 1호(1995)에, 「트로츠키와 부하린」은 『이론』 통권 11호(1995)에 실렸던 논문 형식의 글을 각주를 없애면서 그 내용을 가능한 한 본문 안에 포함시켜 읽기 쉽게 풀어썼다. 두 글에 인용된 인용문의 서지 사항은 『문학과 사회』와 『이론』에 게재된 원본에서 찾아볼 수 있다.

이 글들에 담겨 있는 30여 년의 세월 동안 서울과 옥스퍼드, 시카고를 거치면서 내가 선택할 수 없었던 우연과 그것을 넘어서는 무한을 향한 열망이 나를 규정짓는 독특함을 만들었다는 사실을 실감한다. 내 나름 긴 시간을 다루는 이 책의 구성에 대해 냉정하고 꼼꼼하게 조언해준 이학사 임양희 편집장과 강동권 대표께 감사드린다.

지식인의 가장 기본적인 책임은 우리가 가진 지혜를 의심하고 당연한 것들을 궁금해하며 모든 권위에 의문을 제기하고 내가 아닌 누구도 감히 묻지 못한 것들을 묻는 데 있다. 내가 제기하는 질문들이 우리 사회에 의미 있는 중요한 문제인가와 이 질문에 답하는 방식이 사람들이 쉽게 알아들을 수 있는 접근 가능한 것인가를 항상 생각한다.

동시에 어떻게 하면 개혁을 주장하는 냉정함이 사회에 대한 따

뜻한 애정을 바탕으로 지지를 얻을 수 있고, 인위적인 기획의 냉철함이 인간에 대한 연민을 토대로 겸손할 수 있는가에 대해 고민한다. 정치학을 연구하는 학자로서 나는 여전히 우리 사회를 근본적으로 바꿀 수 있는 힘이 정치와 사랑이라고 믿는다.

2022년 8월 2일

탄천을 바라보는 분당 서재에서
김남국 씀

차례

책머리에 5

제1부 아포리아 시대의 사색 15

학문의 어려움, 학문의 경쟁력 17
글로벌 비전과 국가 전략 20
반(反)정치 시대의 정치 23
혐오 표현도 정당한 권리일까? 26
정의로운 전쟁은 가능한가? 29
어쩌다 586세대는 공공의 적이 되었나? 32
왜 보복적 정의가 중요한가? 35
BTS의 공화적 애국주의 38
페리클레스와 포퓰리즘 41
개혁은 어떻게 좌절되는가? 44
아시아의 나토와 한국의 외교 안보 47
좋은 삶, 좋은 정치 50
바이든 외교와 준비된 대통령 53
한국은 선도 국가가 될 수 있을까? 56
근대국가와 모병제 59
선거에서 표를 얻는 법 62

미얀마 민주화의 국제적 요인	65
정치란 무엇인가?	68
우리는 행복한가?	71
미국은 쇠퇴하고 있는가?	74
정서적 양극화와 사회적 연대	77
기후변화와 지구적 정의	80
대통령의 세 가지 임무	83
'사이다' 정치의 함정	86
대통령이 되는 5개의 경로	89
'흑인의 생명도 소중하다'와 차별금지법 갈등	92
5.18 민주화운동 40주년과 세계사적 의의	95
좌파는 정말 한국의 주류가 된 것일까?	98
국가 안보와 인간 안보	101
오스카상의 로컬과 보편	104
탈진실 시대의 정치와 지식인	107
페미니즘이 변하고 있다	110
건설적 모호성과 지도자의 용기	113
신패권주의와 반지성주의	116
운의 평등과 공정한 경쟁	119
강대국 국제정치의 비극	122
국민이 된다는 것과 애국의 의미	125
한일 관계와 역사 화해	128
3.1운동과 민족 통합의 원형	131
브렉시트의 영향과 EU 비전의 부활	134

제2부 세상 읽기의 어려움　　　　　　　　　　　137

미국은 여전히 우리의 대안인가?　　　　　　　　139
카탈루냐 독립과 문화적 권리　　　　　　　　　142
대통령제와 의원내각제, 어떤 정부 형태가 더 나을까?　145
북아일랜드 평화 프로세스의 성공 요인　　　　　148
백인우월주의 폭동과 미국의 딜레마　　　　　　151
폴란드 촛불집회와 한국의 촛불혁명　　　　　　154
국방 개혁과 문민 통제　　　　　　　　　　　　157
우주과학기술과 국가 전략　　　　　　　　　　160
청와대 비서실장론　　　　　　　　　　　　　　163
정치인은 왜 거짓말을 할까?　　　　　　　　　　166
로마조약 60주년, 유럽연합의 미래　　　　　　　169
유럽과 미국, 연대와 분열　　　　　　　　　　　172
개헌, 국가주의적 지름길의 유혹　　　　　　　　175
공화국과 시민　　　　　　　　　　　　　　　　178
광화문의 정치학　　　　　　　　　　　　　　　181
그리스 패러독스와 민주주의의 위기　　　　　　184
아시아 인권재판소의 가능성　　　　　　　　　　187
브렉시트 이후 새로운 질서　　　　　　　　　　190
1968년 포웰 연설과 반이민 선동　　　　　　　　193
여성 혐오와 여성 차별 문화　　　　　　　　　　196
영국은 왜 유럽연합에서 탈퇴하려 할까?　　　　199
불완전한 민주주의의 네 가지 유형과 한국 사회의 현실　202

의무투표제와 정치적 권리	**205**
인터넷 시대의 포춘텔러	**208**
헤겔의 불행한 의식과 현대 정치의 비극	**211**
냉전의 그림자와 새로운 전쟁	**214**
역사의 구조와 역사적 책임	**217**
국민국가의 국경 통제는 정당한가?	**220**
아베 총리의 종전 70주년 담화와 상속된 책임성	**223**
그리스 사태와 유럽 통합의 미래	**226**
사마천의 오렌지론	**229**
정체성과 애국심	**232**
'아시안 패러독스'와 동아시아 지역 통합	**235**
우리의 연민은 왜 쉽게 사라질까?	**238**
민주주의의 후퇴와 권위주의의 귀환	**241**
공적 영역의 팽창, 그러나 공공성의 빈곤	**244**
샤를리 에브도와 프랑스 공화주의 전통	**247**
헌재의 정당성은 어디에서 오는가?	**250**
대표하지 못하는 대표 체계의 위기	**253**
개헌은 언제 무엇을 위해 필요한가?	**256**
표현의 자유와 혐오 발언의 처벌	**259**
한국 정치의 축복이자 한계로서 포퓰리즘	**262**
공론장 없는 법치의 위험성	**265**
장 모네, 어떤 일을 하는 삶과 누군가가 되는 삶	**268**
우리는 왜 다수결을 따르는가?	**271**

제3부 지나간 연대의 풍경　　　　　　　　　　　　　　275

　　현실사회주의의 붕괴와 탈역사시대의 역사 읽기　　277
　　슬픔과 생명력, 〈비정성시〉와 1980년 광주　　296
　　부끄러움, 죄 지음과 삶의 한 방식　　300
　　졸업, 세상 속으로　　304
　　전환기의 세계, 고르바초프, 독일, 그리고 한국　　307
　　외교 안보에서 자주와 동맹　　310
　　〈그후로도 오랫동안〉과 〈피고인〉　　313
　　사랑의 피살 — 전달되지 못한 편지　　315
　　정치와 교육　　317
　　간첩, 스파이, 프락치　　320
　　운명처럼 이곳을 떠난다는 것　　323
　　무장 탈주극과 백악관 진격론　　325
　　감옥 안의 진실과 감옥 밖의 신화　　327
　　제너럴셔먼호 사건과 1987년 대선 전야　　329

제4부 사유의 기원　　　　　　　　　　　　　　331

　　매천과 비숍　　333
　　트로츠키와 부하린　　349
　　메를로퐁티와 사르트르　　377

제1부
아포리아 시대의 사색

학문의 어려움, 학문의 경쟁력

올해 필즈상을 받은 수학자 허준이 교수가 '경계와 관계'를 주제로 기념 강연을 했다. 그는 어떤 대상의 관계를 포착하기 위해 먼저 경계를 짓는 일이 필요하고 경계를 포착하고 뛰어넘을 때 두 대상의 관계를 알 수 있게 된다고 말했다. 물체를 나누는 기준은 본성에 있는 것이 아니라 인간이 어떻게 인식하느냐에 달린 것이며 보편적 구조를 이해하는 일은 대상에 이름을 붙이고 새로운 경계를 만들고 그 경계를 부수며 나아가고 다시 새로운 대상에 이름을 붙이는 과정이라고 했다.

민주주의의 발전도 결국 경계의 문제가 해결된 이후에 가능했다는 점을 생각하면 이 강연은 정치학자가 한 것이라고 해도 믿을 듯싶다. 예컨대 근대 국민국가는 민족이라는 관계를 중심으로 경계를 분명히 하면서 사회 통합과 정당성 문제를 해결했고 비로소 민주주의의 발전에 긍정적 기여를 할 수 있었다. 이 시기에 경계 안에 포함되지 않은 사람들은 인간의 범주에서 추방당한 것으로 간주되었고, 지구화 시대 이후 국민국가의 경계가 배타적 기제로 작동하기 시작하자 경계의 어디에도 속하지 못한 난민과 여러 개의 경계에 속한 복수국적자가 동시에 등장했다.

허 교수의 수상을 계기로 한국 교육이 그의 성장에 어떤 기여를 했는가에 대한 논쟁도 있었다. 당연히 한국과 미국의 교육과정이 그의 발전에 나름의 기여를 했겠지만 대학 교육의 경쟁력 차원에서 보면 한국이 낫다고 말하기는 쉽지 않다. 서울대에서 허 교수를 가르쳤던 히로나카 헤이스케 교수는 미국이 연구 인재를 수입하는 나라인 데 비해 일본은 연구 성과를 수입하는 나라라고 그 차이를 표현한다. 사람을 끌어들이는 포용력과 재정적으로 지원하는 연구의 토대라는 차원에서 보면 미국의 경쟁력은 아직까지 세계 최고다.

세계적 명문 대학들은 훌륭한 교수가 많고 공부를 강도 높게 시킨다는 공통점을 갖는다. 훌륭한 교수가 있어야 뛰어난 학생들이 몰려들고 이들을 지원하기 위해서는 충분한 재정이 필요하다. 교수와 학생이 자유롭게 토론하고 학습 진도를 개인별로 추적하려면 수업 규모가 작아야 하는데 이것 역시 돈이 필요하다. 물론 돈이 많다고 모두 명문 대학이 되는 것은 아니다. 그렇지만 돈 없이 명문 대학이 되는 경우도 없다. 그러니까 학생 등록금만으로 유지되는 대학이 명문 대학이 된다는 것은 애초에 불가능하고 대학 교육의 궁극적 수혜자로서 사회의 적극적 후원이 필요한 것이다.

연구 토대의 강화와 함께 연구 내용 역시 심화되어야 하는데, 첫째 연구 주제가 전문화되어야 하고, 둘째 연구 방법이 과학화되어야 하며, 셋째 연구 융합을 통한 창조가 가능해야 한다. 허 교수의 강연에 대한 해설에서 허 교수가 겉보기에 무관해 보이는 여러 수학 분야를 연결하는 이론적 틀을 고안해냄으로써 수학의 영역을 확장했다는 평가가 여기에 해당할 것이다. 연구 내용의 심화는 현재 우리 여건에서도 시도해볼 수 있는 것이고 물적 자원이 필요한 연구 토대를 보완하기 위해 해외 대학과 공동 학위를 수여하거나 교환학생 제도를 시행할 수도 있다.

1980년대에 586세대가 시도했던 사회과학의 한국화 노력은 열악한 연구 토대 상황에 대응한 극단적 주관주의 방식이라고 할 수 있다. 중심과 주변의 이분법 및 서구 중심주의의 해체를 목표로 경계를 넘는 해외 유학보다 지리적 단절을 택한 이들은 빠르게 변화하는 국내외 정세를 주관적 의지로 버텨내는 힘든 과정을 거쳤다. 이들은 한국의 민주화 경험을 바탕으로 새로운 민주주의 이행의 이론을 만들어 세계 학계로 나아가거나 한국 근대사를 바탕으로 한국 정치사상 연구의 지평을 넓혀 우리 안에서 세계사적 보편성을 찾으려 노력했다.

극단적 주관주의와 대비되는 극단적 객관주의 방식을 택한 사람들도 있었다. 서구 대학의 연구 토대와 연구 내용의 강점을 인정하고 그 세례를 받으러 유학을 떠났던 이들 가운데 일부는 경계의 문제에 대한 고민 없이 서구 중심의 학문 유통 질서를 더 강화하는 경우도 많다. 코로나 위기로 비대면 온라인 회의가 활성화되자 뜻밖에도 경계 사이의 지리적 거리가 좁혀졌다. 물론 물리적 거리가 해소되더라도 중심과 주변의 이분법적 구분이 우리 의식 안에서 재생산되고 연구 방법 차원에서 주관과 객관의 분열을 넘어서지 못하는 한 우리 학문의 경쟁력 제고는 아직 갈 길이 멀다.

(2022. 07)

글로벌 비전과 국가 전략

　러시아-우크라이나 전쟁을 계기로 국제 질서는 국경을 넘는 세계시민적 연대의 진전과 규범 없는 자연 상태로의 후퇴를 동시에 경험하고 있는 것으로 보인다. 한편으로 침략 전쟁을 일으킨 러시아를 비난하며 우크라이나의 영토적 통일 및 정치적 독립의 유지를 지지하는 국제 연대가 있고, 다른 한편으로 자신의 이익을 추구하는 국가들 사이의 전쟁을 지나치게 도덕의 잣대를 기준으로 평가할 때 상대를 제거해야 할 괴물로 악마화하면서 공존 불가능한 국가로 간주하게 되는 위험을 지적하는 시각이 있다.

　우리는 인간을 야만의 상태로 되돌리는 전쟁을 비난하면서 동시에 전쟁 상태를 끝내기 위해 다양한 무기 지원을 통해 전쟁을 계속하는 역설에 직면해 있다. 흔히 이 전쟁을 계기로 신냉전 시대가 개막됐다고 말하지만 냉전 시대는 이데올로기 및 군사적 대결을 축으로 자본주의와 공산주의 진영이 나뉜 채로 비교적 안정적인 국제 질서를 유지했다는 점에서 현재의 상황과 다르다. 냉전 이후 세계는 지구화를 거치며 경제적 상호 의존이 심화됐고 이념과 무관하게 서로의 이익과 정체성이 다양하게 맞물리는 복잡한 양상을 띠게 되었다.

주권국가의 외교 안보 전략은 기본적으로 정체성(identity)과 이해(interest) 사이의 균형을 필요로 한다. 도덕적 열망과 제국주의적 팽창이 부딪히는 가운데 힘을 중심으로 한 국제 경쟁에서 이익의 추구도 궁극적으로 민주주의와 시장경제라는 가치와 원칙의 정체성을 바탕으로 해야 한다. 그러니까 현재의 고립주의적 국제 질서의 전환을 단순하게 냉전 시대로의 회귀로 파악할 수는 없고 한미 동맹의 강화만으로 대응하는 것도 충분하지 않다. 세계 질서의 3대 축을 아시아, 미국, 유럽이라고 한다면 한미 동맹 이외에도 아시아 및 유럽과의 관계 증진을 지렛대로 가치와 원칙의 다자 외교를 강화하는 글로벌한 비전이 필요한 것이다.

미국 시사 주간지 『타임』이 윤 대통령을 2022년 가장 영향력 있는 100인에 선정했을 때 뒤따른 해설은 '외교 안보 경험이 없고 지지를 얻기 위해 반페미니즘을 무기화'했다는 것이었다. 이 설명은 한국이 이미 선진국으로서 국제 질서에 신뢰와 표준의 공공재를 제공할 의무가 있음을 전제하고 한국이 그 표준에서 벗어난 것에 대한 놀라움의 표현이다. 예컨대 아베 신조 총리와 같은 일본 정치인들이 일본의 국제적 위상에 걸맞지 않게 식민 지배에 대한 역사적 망언을 일삼으며 아시아의 이웃 국민들조차 설득하지 못하고 세계시민적 비전과 거리가 먼 국내용 정치인에 머물 때 우리가 느끼는 실망감을 생각해보라!

물론 미국의 상대적인 쇠퇴가 국내 정치의 실패에서 시작되었듯이 우리가 내세우는 글로벌한 비전도 국내 사회문제의 해결을 바탕으로 한다. 그 위에서 우리가 지키고자 하는 정체성이 무엇이고 어떤 이익을 추구하는가에 따라 연대할 국가를 정하고 동맹 전략을 주도적으로 추진해야 한다. 그 동맹에 미국도 당연히 포함되겠지만 미국이 동맹의 전부라고 말하면 점차 다극화되어가는 국제질서에서 너무 단순한 답이다.

빌리 브란트 전 독일 총리는 서로 대립하는 A 또는 B의 이분법적 선택 상황은 정치에서 실패와 무능을 고백하는 것이라고 보았다. 미국 아니면 중국, 좌파 아니면 우파, 힘 아니면 도덕의 어느 한쪽을 대표하는 것이 아니라 그것을 넘어서 제3의 가능성을 찾아내는 일이 정치인의 임무이고 뛰어난 지도자가 고민해야 할 일이다.

(2022. 06)

반(反)정치 시대의 정치

　정치의 세계에서 사람들은 탈진실 시대 이전에도 객관적 사실보다는 개인의 감정과 신념에 더 영향을 받았다. 정치인은 사람들의 환상에 따라 행동하고 그들이 믿고자 하는 강하고 위대한 어떤 것을 대리하여 제시한다. 정치적 선택은 사실에 관한 것이 아니라 어느 길로 갈 것인가라는 방향에 관한 것이다. 그러니까 정치의 세계에서 오가는 말들에 대해 그것이 진실인가라고 묻는 것은 의미가 없다. 오히려 그 말들로 인해 결과적으로 무슨 일이 일어날 것인지에 초점을 맞춰 그 의미를 추적해야 한다.

　다시 말해 정치적 담론은 참이나 거짓을 따지는 진리의 가치와는 상관없이 발언 자체가 역할을 하는 수행성을 특징으로 한다. 정치인은 자신의 비전에 대해 강한 확신을 갖고 그곳에 이르기 위해 준비가 되어 있는 인물이라는 이미지로 지지를 끌어모으고 그 비전을 자기실현적 예언으로 만들어간다. 이렇게 보면 정치에서의 말들은 현재의 사실보다는 미래를 향한 약속이다. 누군가가 하는 약속이 성립하기 위해서는 이 약속을 듣는 사람이 있어야 하고 말을 듣고 이해하는 '책임 있는 해석자'로서 시민들이 있어야 한다.

　진실 대 거짓의 선명한 대비를 통해 세상의 방향을 찾아가는 방식은 애초 정치 세계에 존재하지 않았던 허구일 수 있다. 진실만을 전달할 것으로 기대했던 통로가 진실과 거짓을 모두 전달하는 통로로 활용됨으로써 언어적 소통 경로가 혼란해지자 시민들은 더 어려운 선택에 직면한다. 그러나 정치적 담론은 전통적 구조와 정해진 절차를 벗어나 과거와 단절함으로써 새로운 현실을 창조한다. 거짓이나 진실로 나뉜 화자의 의도가 담론을 힘 있게 만드는 것이 아니라 관습을 파괴하는 말의 수행성이 새로운 현실을 만드는 힘을 갖는 것이다.

그런 점에서 최근 등장한 대통령 취임사의 '자유'는 공허하다. 화자의 의도가 개념을 압도하는 현실이 원인일 수도 있고 이 말이 어떤 악습의 타파를 통해 무슨 해방적 변화를 가져올지 아직 알 수 없는 것도 이유일 것이다. 정치인이 철학자가 되지 말라는 법은 없지만 추상적인 언어로 평등과 진보 같은 도달 불가능한 목표를 제시하면서 결국 기득권을 대변하는 고상한 거짓말이나 늘어놓는 좌파의 허위의식을 끔찍이 싫어하던 우파가 이런 표현을 쓴다는 것도 역설적이다.

예컨대 낙태를 합법화한 1973년 로 대 웨이드 판결을 뒤집으려는 최근 미국의 논쟁을 보자. 정치철학자 수전 오킨은 인류의 대부분의 문화가 남성에 의한 여성의 억압과 통제를 목표로 하고 특히 성적이고 생물학적인 재생산과 관련된 사적 영역에서 여성의 구조적 차별이 심각하다고 보았다. 그러니까 낙태 합법화는 가정이라는 이름 아래 가려져 있던 사적 영역에서 여성이 자신의 몸에 대해 결정권을 가질 자유를 신장시킨 역사적 사건이었다. 즉 낙태의 핵심은 종교와 과학의 대결이 아니라 여성의 자유와 억압을 둘러싼 문명과 야만의 대결인 것이다.

  자유는 추상적인 언어가 아니라 역사적으로 누적된 구조적 억압과 지배를 철폐하려는 일상적인 투쟁 속에서 진전한다. 우리의 몸을 둘러싼 억압에 저항하는 것이 공포로부터의 자유라면 최소한의 인간다운 삶을 위해 사회 안전망을 구축하려는 노력은 결핍으로부터의 자유다. 새로운 대통령의 등장은 기존 정당정치의 역할에 대한 부정이자 민주화 이후 35년간의 정치에 대한 국민들의 총체적인 반정치적 심판이다. 자신들의 존재가 부정당하는 현실 앞에서 여야는 통렬히 반성해야 한다. 말의 수행성이 스스로를 삼키는 정치의 비극 앞에서 현재의 방향이 유효하지 않음을 인정하고 파괴와 단절을 통해 새로운 길을 찾아야 한다.

(2022. 05)

혐오 표현도 정당한 권리일까?

　표현의 자유는 민주주의 사회의 핵심 가치이자 원칙이다. 자유주의 근본주의자들은 이 가치가 너무 소중하기 때문에 어떤 경우에도 절대로 포기할 수 없다고 말한다. 표현의 자유가 이처럼 중요하게 간주되는 이유로는 무한한 표현의 자유 아래서만 진실 추구가 가능하기 때문이라는 주장, 모든 구성원의 목소리가 정치과정에 반영될 때 민주적 정당성이 보장된다는 주장, 사회계약론의 입장에서 계약 당사자인 시민들의 의사 표현이 자유롭게 이루어져야 비로소 계약이 성립한다는 주장 등이 있다.

　그렇다면 누군가를 혐오하는 표현도 이처럼 중요한 표현의 자유에 포함되는 권리일까? 케임브리지 사전은 혐오에 대해 "인종, 종교, 성별 또는 성 정체성에 근거하여 개인이나 집단에 대해 증오를 나타내거나 폭력을 선동하는 공개된 표현"으로 정의한다. 다시 말하자면 혐오는 우리가 선택할 수 없었던 어떤 특징을 갖는 집단과 그 집단의 구성원을 대상으로(targeting), 그들의 인격을 무화시키는 부정적 낙인을 찍은 다음(naming), 사회적 적대감의 대상으로 몰아 차별하는 행위(discrimination)이다.

　마사 누스바움은 혐오에 대해 자신의 몸 안과 밖의 경계에서 문제 있는 물질이 자신의 몸 안으로 들어온다고 여길 때 생기는 감정으로 정의하고 실제 일어난 위험에 대해 느끼는 분노와 달리 혐오는 자신이 오염될 수 있다는 상상적 추론에 근거한다고 본다. 반면 혐오를 옹호하는 이들은 혐오가 인간성의 핵심을 지킬 수 있는 유일하게 남겨진 목소리이며 사회는 자신을 보존할 권리를 지니기 때문에 사람들의 혐오에 반응해 법을 제정하지 않으면 사회가 유지될 수 없다고 주장한다. 즉 누구나 자신의 공포와 선입견을 표현할 자유가 있어야 한다는 것이다.

물론 혐오 표현의 권리도 다른 사람의 자유를 침해하지 않는 선에서 그쳐야 하고 대부분의 국가에서 시민의 권리는 국가 안보, 공공질서, 공중 보건 등을 이유로 법률에 근거해 본질을 침해하지 않는 범위에서 제한될 수 있다. 혐오 표현에 대한 규제는 유럽의 광범위한 규제와 미국의 최소 규제로 나눠진다. 예컨대 영국은 '인종과 종교 혐오 금지에 관한 법'을 통해 혐오 표현을 최대한으로 규제하는 반면, 미국은 '명백하고 현존하는 위협'과 '내용 중립적 규제'라는 원칙 위에서 국가의 사전적, 자의적 개입을 최소화하고 표현의 자유를 최대한 보장한다.

그러니까 차별금지법 제정을 통해 사회적 소수를 보호하기 위한 원칙을 분명히 하는 것은 필요한 절차다. 그렇지만 법적 접근이 혐오를 줄이기 위한 만병통치약은 아니다. 사람들은 법이 규정하는 혐오 표현을 우회하여 법을 무력화할 수 있고 나아가서 주디스 버틀러의 지적처럼 법은 금지되고 배척된 것을 오히려 생산하고 보존하는 금지와 생산의 동시성을 갖는다. 말은 끊임없이 인용되며 행해지는 수행성 때문에 발화의 유일한 발신자나 주체를 가정하는 것이 쉽지 않고 그래서 낙인을 찍는 억압적 언어를 빼앗아 전복적으로 전유하거나 재의미화하는 실천이 오히려 더 중요할 수 있다.

역사에서 대부분의 혐오는 특정 집단을 배척하기 위한 무기로 사용되었다. 그러나 혐오가 진정으로 빛날 때는 사회적 소수를 대상으로 그들의 존재를 부정하는 모욕에서가 아니라 누구도 의심하지 않는 사회적 권위와 권력을 향해 조롱과 비하, 풍자를 퍼부음으로써 우리의 위선을 해체하는 순간이다.

그러니까 혐오가 아주 의미 없는 것은 아니지만 적절한 회의를 필요로 한다. 인간의 복수성(human plurality)이라는 특징으로부터 기원하는 차이와 그 차이를 가능하게 하는 관용을 생각할 때 혐오에 대한 철저한 배제를 통해 개인 사이의 차이마저 지워버리면 인간의 복수성이라는 본질을 훼손하는 역설에 이르게 된다.

(2022. 04)

정의로운 전쟁은 가능한가?

피란길에 오른 일가족이 러시아군의 포격에 쓰러져 있고 우크라이나 병사들이 도우러 달려들지만 할 수 있는 일은 없다. 그 현장을 시민 한 명이 빠르게 지나친다. 죽은 일가족의 옷차림과 가방은 평화로울 때 여행을 떠나는 모습과 크게 다르지 않다. 전쟁은 문명의 포장을 걷어내고 벌거벗은 야만을 드러낸다. 흔히 전쟁은 도덕적 평가를 넘어서는 영역이라고 말한다. 그러나 우리는 힘의 논리에 흔들림 없이 전쟁이 어떻게 시작됐고 얼마나 잔인했는지 철저하게 도덕적으로 평가해야 한다.

마이클 왈저에 따르면 전쟁의 정당성은 그것이 침략 전쟁인지 아니면 정당방위인지에 따라 나뉜다. 모든 침략 전쟁이 정당성을 갖지 못하는 것은 무력 행위가 본질적으로 상호작용에 따른 악순환 끝에 한계 없는 절대전쟁이 될 수 있기 때문이다. 전쟁 수행 과정에서 정당성은 전투 수단이 법을 준수했는지의 여부에 따라 달라진다. 전쟁은 법적으로 군대와 군인에게 살상할 권리를 주지만 살상 시기와 방법, 대상을 제한한다. 당연히 아이, 노인, 여성, 포로, 언론인 등 전쟁에 참여하지 않은 자들에 대한 살상은 금지된다.

국가의 영토적 통일성과 정치적 독립을 침해하는 것은 모두 침략으로 간주되며 침략 전쟁은 인간의 권리와 생명을 위협한다는 점에서 범죄다. 반면 시민과 공동체를 지키기 위한 방어 전쟁은 정의롭게 여겨진다. 민주주의가 정권의 정당성을 뒷받침해주면서 국가가 더 효과적으로 국민에게 참전을 강제할 수 있기 때문에 침략은 강제로 전쟁에 참여하게 된 자국 국민에 대한 독재이자 전쟁에 처하게 된 상대 국가 국민에 대한 독재가 된다. 물론 러시아는 이미 비자유 민주주의(illiberal democracy) 유형에서도 탈락한 권위주의 국가다.

따라서 선제공격을 정당화하기 위해서는 자기방어의 필요성을 증명해야 한다. 러시아는 우크라이나 돈바스 지역의 러시아계 주민을 집단 학살하려는 신나치 세력을 제거하기 위해 군사작전을 개시한다고 주장했다. 인접국이 위협적 행위를 했을 때 세력균형을 위한 예방전쟁이나 상대국의 공격이 임박했을 때 선제공격이 가능하다고 주장할 수 있지만 그러한 주장의 근거를 입증하기는 쉽지 않다.

예컨대 우크라이나는 집단살해 범죄의 방지 및 처벌에 관한 협약을 위반한 것으로 러시아를 제소했고 유엔 국제사법재판소(ICJ)는 우크라이나 동부 지역에서 러시아계를 상대로 집단 학살이 이뤄지고 있다는 증거가 없다며 러시아의 군사작전 즉각 중지를 명령했다. 국제형사재판소(ICC) 역시 회원국들의 요청을 받아 러시아군의 전쟁범죄와 인도에 반하는 죄에 대한 사전 조사에 착수했고 유럽평의회(Council of Europe)는 우크라이나 침략을 이유로 러시아의 회원 자격을 중지하고 퇴출시켰다.

칸트는 국민의 인권을 보장하지 않는 국가는 자신의 유일한 존재 기반을 스스로 무너뜨리는 것이고 주권의 법적 정당성의 근거는 인권에 있으며 주권과 인권은 서로의 존재 근거를 상호 지시한다고 보았다. 즉 주권은 인권에 자신의 연원을 가지고 있고 국가는 인권이 진정한 법적 권한이기 위해 불가피한 조건이며 따라서 인권 없는 주권은 물리적 강제력일 뿐이고 주권 없는 인권은 이름뿐인 공허한 권리라고 본 것이다. 그러니까 러시아에 대항하여 자유와 평화를 위해 싸운다는 우크라이나 시민들의 말에는 울림이 있다.

러시아의 우크라이나 침공은 탈냉전 질서의 종식과 세계적인 군비경쟁의 가속화, 특히 국내총생산(GDP) 2% 이상의 국방 예산 증액에서 보듯이 독일의 군사 역할 확대의 계기가 되고 있다. 점차 강화되는 강대국 중심의 질서에서 전쟁의 정당성과 전쟁 수행의 규범을 철저하게 따지지 않으면 힘을 중심으로 한 절대주의가 득세하고 이는 곧 허무주의로 이어지며 허무주의는 결국 우리가 서 있는 토대를 파괴한다. 러시아는 힘을 앞세워 인간의 존엄을 짓밟고 인류 문명을 파괴하고 있다. 푸틴을 막지 못한 러시아인들은 그 불명예 앞에 오랫동안 고통당할 것이다.

(2022. 03)

어쩌다 586세대는 공공의 적이 되었나?

 3월에 치러질 20대 대선을 앞두고 한국 사회가 어떤 시대적 과제를 안고 있는가에 대한 질문이 자주 제기된다. 현 정부는 2016년과 2017년의 촛불시위를 통해 통상 12월에 치러지던 대통령 선거 일정을 앞당기며 탄생했다. 촛불시위에는 주로 대도시 중산층을 중심으로 여러 계층의 시민들이 참여해서 이른바 국정 농단으로부터 절차적 민주주의 회복을 가장 강력하게 요구했고 이어서 사회적 불평등에 대한 해소를 요구했다.

 즉 촛불시위는 예정되어 있던 정치 일정을 벗어나 대통령 탄핵과 새로운 정부의 출범을 가져왔다는 점에서 혁명적이었지만 촛불시위에 참여했던 시민들의 공통된 요구를 되짚어보면 선출된 권력에 의한 체계적인 의사 결정 과정의 복원과 예술인 블랙리스트에서 보인 자유의 침해에 대한 방지, 사회적 불평등의 악화를 막을 경제민주화 강화 등 합리적인 개혁의 범주를 벗어나지 않는 것이었다.

 그러니까 문재인 정부는 원칙과 제도에 따른 국정 운영을 통해 절차적 민주주의를 복원해야 하는 과제와 사회경제적 불평등의 완화를 통해 실질적 민주주의를 진전시켜야 하는 과제를 동시에 안고 있었다. 그러나 절차적 민주주의의 복원이라는 첫 번째 과제는 박근혜 정부에서 현 정부로 정권 교체가 이루어짐에 따라 어느 정도 해소되었으므로 따로 평가받을 만한 사안이 되지 못했고, 두 번째 본격적인 과제는 서민들의 늘어난 소득이 있었다 하더라도 부동산 가격 폭등으로 그 증가분이 상쇄되는 바람에 어떤 불평등 완화 정책도 빛을 잃었다.

더구나 박근혜 정부의 블랙리스트에서 보인 폐쇄적 감시 국가에 대한 시민들의 공포와 자유에 대한 우려는 코로나19 위기를 맞아 규제로 점철된 방역 체계의 일상화에서 더 커진 채로 등장했다. 즉 현 정부는 시민들의 자발적인 참여에 근거한 방역 정책을 채택하면서 전면 봉쇄를 피해갔지만 오랫동안 지속된 불가피한 규제 위주의 방역 과정은 자영업자를 비롯한 시민들의 인내를 시험하고 있는 것이다.

이렇게 누적된 평가가 정권 교체론으로 나타났고 정권의 주축이라는 586세대가 비난의 표적이 되었다. 586세대를 균일한 집단으로 말하기는 어렵겠지만 이 세대의 세계 인식이 갖는 구조적 모순은 87년 체제에서 비롯된다. 발전국가의 유산 아래 공동체를 중심으로 사회정의와 연대의 공공성을 믿었던 87년 체제에서 586세대는 개인의 과도한 도덕적 의무를 당연시하면서 사적인 개인에 대해 성찰할 시간을 갖지 못했다.

곧이어 97년 체제가 발전국가론을 해체하고 신자유주의 모델을 전면화하면서 개인의 권리를 중심으로 경쟁의 공정성을 강조하는 사회를 불러왔을 때 586세대는 여전히 사회정의와 거대 담론을 말하고 새로운 시대를 개탄하면서 개인의 욕망에 무관심한 듯 했다.

그러나 정의를 독점하듯 떠들던 586세대가 그들만의 동맹을 유지한 채로 경쟁의 규칙을 무시하면서 개인의 이익을 착실히 챙기고 있다는 것이 드러났을 때 너무도 당연하게 내로남불 논쟁에 휩싸였다.

97년 체제 이후 한국 사회에서는 노력과 능력에 따른 차등 분배를 선호하는 흐름이 전 세대에서 커졌고 이런 분위기는 사회경제적 불평등 완화라는 실질적 민주주의의 목표와 모순된다. 이를 해소하려면 역사적으로 누적된 구조적 불평등을 인정하고 단순한 공정을 넘어서 타고난 운의 문제를 통제하려는 사회적 논의가 있어야 한다. 물론 이 과정에서 어떤 세대도 정의 담론을 독점할 수는 없다. 그래서 586세대의 가장 빛나던 시절은 민주화를 위해 온몸을 던진 1980년대였고 당시 민주화에 대한 기여로 역사가 이 세대에게 부여한 중요한 역할은 이미 끝났다는 생각을 한다.

(2022. 02)

왜 보복적 정의가 중요한가?

독일 뉘른베르크는 신성로마제국의 황제 선거권을 가진 영주들이 제국 의회를 열던 중세의 대표적 도시였고 히틀러가 제3제국을 꿈꾸며 역사적 상징성을 얻기 위해 1927년부터 나치당의 전당대회를 개최했던 곳이다. 그러니까 제2차 세계대전이 연합국의 승리로 끝났을 때 미국이 나치의 침략 전쟁을 기획하고 실행했던 전범들을 재판하기 위한 장소로 뉘른베르크를 선택한 것은 의미 있는 결정이었다.

뉘른베르크재판은 1943년 10월 연합국 주도의 전쟁범죄위원회가 전범 처벌을 준비하기 시작하고 1945년 8월 중대 전쟁범죄인의 소추 및 처벌에 관한 런던협정에 19개국이 서명하면서 국제군사재판의 방식으로 진행되었다. 이 재판의 가장 큰 의의는 전쟁에서의 역할을 이유로 타국에서 개인이 소추되지 않는다는 주권자 면책이나 국가 행위 면책의 전통에서 벗어나 침략 전쟁을 일으킨 평화에 반하는 죄, 민간인에 대해 범죄행위를 한 인도에 반하는 죄로 개인의 책임을 물어 처벌했다는 점이다.

뉘른베르크재판이 1945년 11월부터 1946년 10월까지 진행되면서 24명을 기소하고 12명을 사형에 처했다면 도쿄재판은 1946년

1월부터 1948년 11월까지 진행되어 28명을 기소하고 7명을 사형에 처했다. 도쿄재판은 맥아더 사령관의 특별 선언과 일반명령에 의해 설치되었다는 점에서 국제조약의 성격을 띤 뉘른베르크재판과 달랐다. 미국 주도의 전략적 판단이 주로 작용했고 일왕의 처벌 면책이나 731부대 기소 보류, 반인도적 범죄에 대한 기소 보류 등은 전후 일본 통치와 아시아 질서 구성 방식을 전제한 미국의 선택이었다.

소급입법 논란과 여러 한계에도 불구하고 두 재판은 이후 집단 학살과 침략 전쟁, 전쟁범죄, 인도에 반하는 죄 등을 다루는 국제형사재판소의 설립으로 이어졌고 전환기의 정의를 다루는 국제적 원칙과 기준을 제시했다는 평가를 받는다. 특히 두 재판은 보복적 정의, 보상적 정의, 회복적 정의로 이뤄진 정의의 세 가지 차원 가운데 진상 조사를 통한 책임자 처벌이라는 보복적 정의의 분명한 사례를 보여줬다는 점에서 중요하다.

"아이들에게 정의가 승리한다는 역사를 물려주자"고 말할 때 우리가 역사에서 느끼는 가장 큰 회의는 책임자를 처벌하지 못한 보복적 정의의 부재에서 온다. 피해를 물리적으로 보충하는 보상적 정의, 명예 회복과 기념사업의 회복적 정의도 중요하지만 진상 조사를 통해 가해자를 처벌하는 보복적 정의 없는 화해의 추구는 가해자 없는 피해 보상과 가해자 없는 명예 회복이라는 불완전한 정의 구현으로 남는다.

나치는 유대인 학살을 '최종적 해결', 전쟁 포로 살해를 '특별 처리', 강제수용소를 '보호감호', 잔혹한 가학 행위를 '확고한 태도'로 부르면서 사람들의 일상적인 언어 감각을 마비시켰다. 이처럼 체계적 조작이 만들어낸 환경에서 평범하게 악의 임무를 수행했던 사람들도 공직에 등용되지 못하도록 하는 것은 중요한 보복적 정의의 구현 과정이다. 이는 물리적 수단을 동원한 직접적 응징과 달리 사회적 공론에 의한 응보적 심판을 의미한다.

화해는 가해자와 피해자의 상호성을 전제한다. 정치적 관점에서 화해는 공동체적 유대의 형성을 가능케 한다. 그러나 이 과정은 극단적인 범죄나 의도적인 악을 용서 없이 처벌하는 보복적 정의 위에서만 실현된다. 민주주의로의 이행 과정에서 역사적 정의에 대한 논의는 집권에 성공한 정치권력의 사실적 승인을 넘어서 근본적인 정당성의 문제 제기를 통해 폭력적이고 자의적인 지배와 그렇지 않은 지배를 구분함으로써 민주 헌정 질서의 공고화에 기여한다는 점에서 중요하다.

(2022. 01)

BTS의 공화적 애국주의

　공화적 애국주의란 생물학적 조상에 대한 충성이나 인종, 종교에 대한 맹세가 아니라 자유, 평등, 박애와 같은 국경을 넘어선 보편적 가치와 비지배의 공화주의적 제도를 향한 충성을 뜻한다. 우리 현대사에서 공화주의에 관한 내용을 본격적으로 담고 있는 3.1 독립선언은 남을 파괴하는 배타적 감정을 벗어나 오직 자유의 정신에 기반해 스스로를 건설함으로써 우리 민족을 억압으로부터 해방시키고 동양의 영구한 평화를 보장하는 방법을 찾고자 했다.

　안중근 의사가 순국 직전 저술한 「동양평화론」은 한·중·일 3국이 협력을 위한 기구를 설립하고 공동의 은행을 만들며 공용 화폐를 사용하고 상호 주권을 존중하여 평화적 관계를 맺음으로써 서양 제국주의의 침략에 맞설 것을 구상하고 있다. 김구 선생의 아름다운 문화국가론은 오직 자유로운 나라에서 가능한 인류의 크고 높은 문화를 꿈꾸며 대한의 완전한 자주독립을 원했지만 그 꿈이 국가가 넘치도록 부강하여 남의 나라를 침략하는 것은 아니었다.

　우리 근대 100년의 역사에서 뚜렷한 공화주의의 흐름은 초기에는 민족적 애국주의와 구분되지 않았다. 20세기 초에 민족주의는 약소민족의 독립을 매개로 개인들의 해방을 추구하던 진보의 이

넘이었다. 그러나 21세기의 민족주의는 사회적 강자들이 자신들의 배타적 이익을 위해 고립을 추구하는 반동의 이념으로 바뀌고 있다. 이들은 민주주의 발전의 보루였던 국민국가를 점령하여 혐오와 배제의 성채로 변질시켰고 민족적 애국주의 역시 퇴행적 부족주의나 극우 인종주의를 뜻하는 다른 이름이 되었다.

독립운동에 나선 고단한 삶 속에서도 단순한 반일에 그치지 않고 보편적 공화의 이상을 추구했던 사람들이 있었다면 최근에는 방탄소년단(BTS)과 이들의 세계적 팬덤 아미의 활동이 공화적 애국주의의 정신을 닮았다. K-팝의 혼종성이 이미 국경을 넘어선 것처럼 초연결사회지만 개인이 고립되어 있는 역설의 시대에 BTS는 개인이 겪는 불안과 고통을 위로하면서 너의 상처가 곧 나의 상처이고 자신에 대한 사랑이 이웃에 대한 사랑으로 이어지는 연대의 정신을 말한다.

폭력적이고 억압적인 사회에 대한 BTS의 비판은 고통 받고 있는 이들에 대한 공감과 연대로 나아가고 BTS는 당신이 어디 출신이든, 피부색과 정체성이 무엇이든 자신의 목소리와 이름으로 말하라고 요청한다. 아미 역시 재난, 전쟁, 소외된 사람들을 위한 자선 활동을 통해 차별과 폭력 없는 세상을 향한 염원을 표현하고 있다. 최근 유엔 연설에서 BTS는 코로나 팬데믹 아래서도 세상은 멈춘 게 아니라 앞으로 나아가고 있으며 끝은 정해진 것이 아니라 우리의 선택에 따라 달라질 것이고 결국 우리는 잃어버린 세대가 아니라 환영의 세대가 될 것이라고 주장한다.

좋은 시민은 태어나는 것이 아니라 만들어진다고 한다면 BTS는 가장 영향력 있는 공화주의적 시민 양성의 학교이다. 현대사회에서 시민에게 기대되는 덕목은 공적인 것에 대한 관심과 사적인 자율성을 조화시키는 균형 감각, 유연하면서도 합리적으로 판단하는 실천적 지혜라고 말할 수 있다. 즉 적극적이면서도 관용적인 태도, 정의에 대한 날카로운 감각과 유연한 합리성을 지닌 채로 이웃의 안전이 곧 나의 안전이라는 팬데믹 시대의 초연결성을 인지하고 국경을 넘어서 서사적 자아를 완성해가는 개인이 공화적 애국주의를 실천하는 시민의 모습일 것이다.

(2021. 12)

페리클레스와 포퓰리즘

한국처럼 민주화 이후 30여 년이 지난 사회에서 아직도 경쟁 상대를 적으로 간주하고 경쟁 정당을 적폐 세력으로 공격하는 것은 불행한 일이다. 더구나 국민들은 수차례의 정권 교체를 통해 한 번의 선거, 한 명의 위대한 정치인의 등장으로 하루아침에 세상이 바뀌지 않는다는 사실을 안다. 선거 결과에 따라 나라가 엉망이 된다고 주장하지만 정작 영향을 받는 사람들은 대선 캠프 주변의 소수이고 대부분 국민의 삶은 누가 집권하든 갑자기 달라지지 않는다.

여야 모두 포퓰리즘적 경향을 보이는 후보의 등장에도 불구하고 선거 열기는 아직 달아오르지 않고 있다. 포퓰리즘은 기득권 세력에 대한 비판과 국민주권의 강화를 약속하는 감정적 선동을 통해 사람들을 정치 현장에 끌어들이는 긍정적인 측면이 있다. 대선이 시민들의 활발한 정치 참여를 통해 정치의 역동성을 보여줌으로써 우리가 위임한 권력의 대리자인 정치인들을 통제하고 법치의 이름으로 국민주권의 원칙을 제약하는 정치의 사법화를 견제할 중요한 계기라고 보면 포퓰리즘적 현상의 출현을 무작정 비난할 수도 없다.

그러나 포퓰리즘이 작동하기 위해서도 일정한 조건이 필요하다.

우선 국민의 분노를 폭발시킬 수 있는 대상이 분명해야 하고 후보는 정확하게 그 반대편에 서 있어야 한다. 예컨대 부동산 폭등이나 권력형 비리가 분노의 대상이라면 이러한 분노를 이용해 대중을 선동할 사람은 이런 분노의 원인과 무관해야 한다. 그러나 여야 후보는 대장동 의혹과 고발 사주 의혹으로 이미 분노를 선동하는 구심점이 되기보다는 정치적 희화화의 대상이 되었다. 특히 분노는 슬픔의 감정이 더해질 때 빠르게 전염되고 적의를 키우며 폭발한다. 세계적인 포퓰리즘적 계기들은 대체로 애도를 동반했지만 세월호 참사 이후 한국 사회에서 그런 계기는 보이지 않는다.

아테네의 지도자 페리클레스는 무엇을 해야 할지 알고 그것을 설명할 수 있는 능력, 자신의 나라를 사랑하고 부패하지 않는 것이 민주정체의 지도자에게 필요한 자질이라고 보았다. 페리클레스가 뛰어난 점은 시민들에게 시민의 덕목을 가르치고 본인도 그런 역량을 갖춰야 한다는 것을 의무로 인식했다는 점이다. 그는 BC 431년 전사자를 위한 추도 연설에서 산 자와 죽은 자의 모든 후손에게 아테네가 보상할 것을 약속한다. 전사자를 애도하면서 아테네가 소수가 아닌 다수의 이익을 위해 통치되는 민주정체이자 법 앞에 평등한 나라라고 주장하며 애도와 분노의 화살을 엘리트가 아닌 적에게로 돌린다.

인류 역사에서 200년 이상 민주주의가 지속된 오직 두 사례로 미국과 함께 평가받는 아테네도 페리클레스 시대를 지나 플라톤 시대에는 시민들의 부에 대한 만족할 줄 모르는 욕망과 물질적인 것에만 쏠리는 관심 속에서 자유와 평등은 무질서와 불공정으로 변질되었다고 비판받는다. 때마침 퓨리서치센터의 2021년 조사는 삶을 의미 있게 만드는 가치에 대한 17개국 조사에서 대부분의 나라가 '가족'을 1순위로 꼽은 반면 한국은 '물질적 부'를 1순위로 꼽았다는 결과를 내놓았다.

물질적 부를 향한 국민들의 욕망 사이에서 여야 후보의 포퓰리즘적 선동마저 성공 여부가 불확실하다면 평등과 정의의 전면적인 실현보다 부정의의 고립이라는 방어적 교정을 통해 점진적 개혁을 차분하게 추구하는 것이 더 낫다. 즉 오류 가능성과 교정 가능성을 열어두고 사회악의 고립을 시도하면서 공포와 결핍으로부터의 자유를 향해 점진적 개혁을 추구하는 것, 최대 다수의 최대 이익의 적극적 실현보다 최대 다수의 최대 공포로부터의 해방이라는 소극적 접근을 선택하는 쪽이 오히려 더 빠른 개혁의 길일 수 있는 것이다.

(2021.11)

개혁은 어떻게 좌절되는가?

정치가의 행동에 관심을 갖지 않고 그 행동을 지배하는 마음을 알려고 할 때 정치 평론은 주술의 범주를 벗어나지 못하게 된다. 정치가의 행동이 지향하는 슬로건은 중요하다. 그러나 그 핵심 슬로건으로 자신들이 '개혁 세력'이라고 주장하는 사람들은 정책의 결과를 통해 미래의 어느 시점에 입증되어야 할 개혁을 현재의 관점에서 사실로 전제하고 있는 것이어서 그 개혁은 실패로 드러날 가능성을 동시에 안고 있다고 봐야 한다.

역설적이게도 스스로가 개혁 진영에 속한다고 생각하는 사람들이 개혁을 가로막는 방식에는 세 가지가 있다. 첫 번째는 개혁의 양을 증폭시켜 시민들의 피로감을 불러오고 궁극적으로 어떤 사안이 개혁의 우선 과제인지 불분명하게 만듦으로써 개혁을 좌초시키는 것이다. 이 관점에서 보면 의도적이든 의도적이지 않든 50대 개혁 과제, 100대 개혁 과제를 말하면서 모든 개혁을 내가 해낼 수 있다고 주장하는 사람들을 의심해야 한다.

두 번째 방식은 점진적인 개혁의 피상화를 통한 우파적 방해로서 무엇을 하지 않음으로써 무엇인가를 하는 수동적 문제 해결 구조를 일상화하는 것이다. 개혁의 어려움과 복잡함을 끊임없이 말하면서 개혁의 수준에 대한 기대를 낮추고 사람들을 지치게 만들어 결국 개혁의 껍데기만 남김으로써 아무 일도 하지 않는 것이다. 이 경우에는 장황하게 앞선 사례와 경험을 말하며 시간을 끄는 사람들을 의심해야 한다.

세 번째 방식은 개혁의 급진화를 통한 좌파적 방해로서 가장 근본주의적이고 강경한 노선을 견지하며 어떤 타협도 거부했다는 명분만 남긴 채 개혁을 좌절시키는 것이다. 이 방식에서는 좁은 지지 기반에도 불구하고 비타협적인 노선에 대한 정당성을 강조하지만 결국 선명한 이상을 무기로 상대방을 반개혁 세력으로 몰아붙이면서 우리가 살고 있는 생활 세계로서의 현실을 파괴한다.

다시 말해 개혁의 양적 증폭이나 점진적 개혁, 또는 개혁의 급진화를 주장하며 고군분투해도 대부분 반개혁적 상황으로 귀결되는 정치의 비극을 생각하면 개혁을 자신의 슬로건으로 내세우며 상대를 악마화하거나 반개혁 세력으로 낙인찍는 것은 무모한 일이다. 그보다는 오히려 주관과 객관이 불일치하고 오직 결과로 평가받는 정치의 세계에서 미래를 알 수 없지만 그 미래로 가야 하는 정치인의 역사적 책임에 대해 생각하는 게 낫다.

개혁의 길이 성공에 이르려면 이른바 '개혁 세력'들은 개혁의 과정과 목표에 대해 두 가지를 기억해야 한다. 첫째, 개혁을 지지하는 시민적 주체의 형성은 위로부터의 기획이 아니라 현재의 질서가 갖는 문제 해결 방식에 대해 불편함을 공유하는 시민적 연대를 바탕으로 시작된다는 점이다. 따라서 문제 해결의 수단으로서 관념화된 법의 적실성을 비판하는 기준은 객관적으로 주어진 이성이 아니라 시민적 주체로서 우리가 일상생활에서 느끼는 불편함에 대한 공통의 감각이자 경험이다.

  둘째, 개혁의 방향은 공포로부터의 자유와 결핍으로부터의 자유를 포괄하는 자유의 확장이며 자유를 위한 발전이자 자유를 통한 발전이어야 한다. 국가의 성장이나 국내총생산 등의 단일 지표로 환원되지 않는 인간의 다양한 능력에 대한 기준들이 개발되어야 하고 특히 코로나19 위기 이후 우리 사회의 고유한 회복력이 축소되고 플랫폼 의존적 연결이 극대화되는 현실에서 사회적 파국을 막기 위해서는 연결이 끊어질 경우를 대비한 회복력을 설계에 넣어야 한다. 그러니까 개혁의 성공을 위해서는 자유의 확장과 공공성의 고양이라는 두 축이 함께 가야 하는 것이다.

(2021. 10)

아시아의 나토와 한국의 외교 안보

국제 무대에서 미국의 귀환을 질서 있게 보여주던 바이든의 외교는 아프간 철군 과정에서 빚은 혼란과 무질서로 갑작스런 반전을 맞고 있다. 특히 유럽의 우방들에게 미국의 아프간 철수는 바이든 정부가 국제 질서 유지에 필요한 공공재를 제공하는 글로벌 리더십을 복원할 의지가 있는가, 그리고 민주주의 및 시장경제의 가치에 동의하는 동맹 네트워크를 존중할 의사가 있는가라는 질문을 던졌다.

물론 미국은 제국주의적 과대 팽창(imperial overstretch)이 미국의 운명을 위협한다고 판단되면 언제든지 해외 파병을 줄이고 국내 지지 기반 확보를 위해 고립주의를 선택하는 모습을 보여왔다. 즉 고립주의와 개입주의를 규칙적으로 오가는 미국의 대외 정책은 국내 문제 해결에 집중해야 하는 선택에 직면했을 때 패배라는 평가조차 아랑곳하지 않고 해외 철수를 단행하곤 했다.

미국은 국내적으로 코로나19 바이러스 변이 확산 저지와 경제 회복, 계층 및 인종 간 화합을 통해 두 개의 미국으로 갈라진 사회를 통합해야 한다는 과제를 안고 있다. 지난 2021년 3월 61% 정도였던 바이든 대통령의 지지율은 9월 43%로 낮아졌고, 중간선거에서 대통령 지지율이 50% 이하일 때 보통 하원 의석 37석을 잃는다는 통계로 보면 2022년 중간선거에서 민주당이 하원 다수당의 지위를 놓치기 쉽다. 바이든이 내놓은 1조 2,000억 달러의 인프라 투자 법안은 상원을 통과했지만 아직 하원에 계류 중이다.

아프간 철수 이후 바이든은 중국과의 대결에 초점을 맞춰 전력을 재구성한다고 발표했고 영국, 호주와 함께 핵잠수함 기술 이전을 포함한 삼각군사동맹 오커스(AUKUS)를 출범시킴으로써 이들 국가를 군사적으로 전진 배치하고 있다. 바이든은 자신의 자서전에서 대통령은 결정을 내리는 데 필요한 70%의 정보를 얻을 수 있다고 말했다. 나머지 30%는 본인의 지혜와 판단, 확신을 필요로 한다. 그러니까 아프간 철군의 혼란에도 불구하고 국내 문제 해결을 바탕으로 동맹의 재편을 통해 글로벌 리더십을 복원하는 과정에는 바이든의 확신이 담겨 있다고 봐야 한다.

중국은 미국, 인도, 일본, 호주로 이뤄진 4자 안보협의체인 쿼드(QUAD)를 아시아의 나토(NATO)라고 비판하고 있다. 미국의 정치학자 크리스토퍼 햄머와 피터 카첸스타인은 일찍이 아시아에는 왜 유럽과 달리 다자안보기구인 나토가 없는지에 대해 정체성과 경제적 토대라는 두 가지 요인으로 설명한다. 미국의 정책 결정자들은 유럽이 미국과 동일한 정치 공동체에 속하며 경제적 유인이 크다고 생각한 반면 아시아는 동등한 국가들 사이의 다자주의적 협력이 목표가 아니라고 생각했다. 아시아는 외국일뿐더러 열등한 지역으로 일방적인 미국의 우위나 양자 관계만 가능하다고 본 것이다.

물론 미중 경쟁이 치열해지면서 세계 질서의 축은 아시아로 이

동했고 전략 환경도 변했다. 동아시아에서 신냉전의 파고가 높아지는 상황에서 한국은 안보 동맹, 가치 동맹, 미래 동맹의 다양한 한미 관계 차원을 주도하면서 미중 갈등이 남북 관계의 하부구조가 되는 상황을 피해야 한다. 판문점을 통해 싱가포르로 갔듯이 한국의 전략적 공간 확보를 위해 남북 관계 개선에 힘써야 한다. 1876년 강화도조약의 대표였던 신헌은 고종을 향해 "등국, 설국과 같은 작은 나라도 전국시대에 능히 보전하였거늘 전하는 어찌 수어 방책이 없으리오. 이는 불위(不爲)함이오 불능(不能)함이 아니옵니다"라고 신랄하게 비판했다. 경제 규모 세계 10위, 군사비 규모 8위의 한국이 할 수 없다고 말하면 안 된다.

(2021. 09)

좋은 삶, 좋은 정치

 우리는 때로 정치를 혐오하고 때로 정치에 열광한다. 온통 정치에 휩싸여 있으면서도 정작 나 자신은 정치에 무관심하기도 한다. 우리의 삶과 밀접한 연관을 갖는 정치가 무엇인지 정의하기는 쉽지 않다. 그러나 좋은 정치에 대한 답이 좋은 삶이란 무엇인가라는 질문과 연관되어 있다는 점은 분명하다. 좋은 삶에 대한 규정은 개인의 가치와 기준에 따라 다양하게 나타난다. 사람들은 누구나 자신이 의미를 부여하는 가치에 따라 자신의 삶을 살아갈 권리가 있다. 개인들 사이에 존재하는 차이는 관용을 필요로 하고 차이를 인정하는 관용에 의해 사람들의 고유한 개성이 유지된다.

 다시 말해 우리의 삶은 우리가 선택할 수 없었던 우연(contingency)에 의해 차이가 생겨나고 그 차이를 넘어서 공동의 가치를 추구하려는 열정에 의해 독특해진다. 즉 자신을 규정하는 우연을 뛰어넘고 무한(infinity)을 지향하는 열망이 더해져 고유한 내가 존재하게 되는 것이다. 그러니까 자신의 가치와 기준에 따라 고유한 나의 존재를 추구해가는 것이 좋은 삶이라면 개인의 다양한 선택을 존중하고 그 선택의 실현을 적극 지지하는 정치가 좋은 정치일 것이다.

개인은 항상 너무 작아서 거의 눈에 띄지 않거나 강한 집단 소속감 아래 개인을 개인 이상의 큰 무엇이라고 상상하려는 유혹이 있다. 그러나 민주주의는 기본적으로 자유롭고 평등한 '개인'을 주체로 하여 '다수결의원칙'과 '소수의 권리 보호'라는 두 축을 중심으로 각자의 선택을 존중하고 그들 사이의 갈등을 조정해가는 제도적 장치이자 절차이다. 원래부터 지루하고 느린 민주주의의 길은 끊임없이 포퓰리즘과 엘리트주의로 타락할 위험에 노출되어 있다. 즉 민주주의는 민중주의와 과두제 사이의 좁은 길이자 우리의 인내를 바탕으로 유지되는 협소한 가능성인 것이다.

오늘날 이처럼 좁은 길로서의 민주주의를 위협하는 가장 큰 적은 포퓰리즘의 도전이다. 포퓰리즘은 주권자의 대리인인 정치인들이 권력을 사유화하면서 주권자와 대리인 사이가 멀어졌을 때 등장한다. 포퓰리즘은 주권자에게 대체로 원래 네 권력이었던 것을 기득권층으로부터 빼앗아 돌려주겠다고 약속하고 감정에 호소하는 모습으로 나타난다. 포퓰리즘은 기득권층과 민중, 가진 자와 못 가진 자 사이의 적대적인 선동을 통해 분열을 획책하고 그 분열 속에서 자신의 권력을 확장해간다.

포퓰리즘의 결정적인 해악은 그것이 우리가 어렵게 이룩한 민주적 절차와 제도를 파괴한다는 점이다. 절차를 무시한 권위주의적 의사 결정을 신속한 결단으로 홍보하고 불평등과 양극화를 향한 사람들의 불만을 부추기면서 현금을 살포한다. 이들은 공동체의 앞날과 공동선(common good)에 대해 전혀 고민하지 않는다. 놀랍게도 보편적 평등주의를 내세우는 포퓰리즘이 민족주의와 결합했을 때 파시즘이 되었고 인종주의와 결합했을 때 나치즘이 되었다.

세계적으로 그리스의 시리자(SYRIZA)나 스페인의 포데모스(Podemos) 같은 좌파 포퓰리즘이나 헝가리와 폴란드의 극우 민족주의 정권 같은 우파 포퓰리즘이 민주주의를 위협하고 있다. 안타깝지만 우리나라의 상황도 점점 이들과 닮아간다. 오늘의 상황과 비교하면 김구의 아름다운 문화국가나 안중근의 동양평화론처럼 민족의 생존을 위해 분투하던 시기에 누구도 거들떠보지 않던 변방에서 미래에 모두가 따르게 될 지구적 보편을 대한민국의 길로 제시했던 앞 세대의 열정과 통찰이 존경스럽다.

(2021. 08)

바이든 외교와 준비된 대통령

바이든 미국 대통령의 외교가 눈부시다. 대통령 취임 이후 불과 6개월 만에 민주주의 회복과 인권 강화, 글로벌 리더십 복원이라는 정책 방향에 맞춰 국제 무대에서 미국의 귀환이 착착 진행되고 있다. 쿼드, 미·일, 한·미, 미·중 2+2회담에 이어 G7, 미·EU, 미·나토, 미·러 정상회담에서 절제된 언어와 상대에 대한 존중 속에 자신의 목표를 부드럽게 관철시켜나가는 모습은 그가 외유내강의 준비된 지도자임을 보여준다.

물론 바이든의 이러한 외교적 리더십은 36년의 상원 의원 경험과 8년의 부통령 시절을 거쳐 형성된 것이다. 그의 자서전 『지켜야 할 약속』을 보면 그는 세계 대부분의 갈등 지역을 직접 방문해 현안을 파악하고 있다. 예컨대 유고 내전이 한창일 때 세르비아의 밀로세비치 대통령을 만나 그가 "나를 어떻게 생각합니까?" 하고 묻자 바이든은 그의 눈을 똑바로 쳐다보며 "나는 당신이 빌어먹을 전범이고 그에 따른 응당한 재판을 받아야 한다고 생각합니다"라고 대답한다.

바이든은 1999년 코소보의 인종 청소를 막기 위해 모든 수단의 사용을 승인하는 결의안을 상원에 제출한 바 있다. 10주째 공중폭격이 계속된 후 클린턴 대통령이 폭격 지속을 망설이자 그는 밀로세비치가 완전히 항복하도록 밀어붙여야 한다고 클린턴을 압박한다. 밀로세비치는 결국 조건 없이 항복한 후 코소보에서 철수했고 2002년 국제재판소에 넘겨져 4년여 동안 재판을 받다가 2006년 3월 심장마비로 죽었다.

바이든은 한국의 상황도 정확하게 파악한 것으로 보인다. 왜 김대중 대통령이 워싱턴을 방문한 후 화가 났는지를 묻는 부시 대통령에게 당신이 "햇볕 정책은 실패입니다. 우리는 빠지겠어요"라고 말함으로써 김대중을 한국에서 곤경에 처하게 만들었다고 설명한다. 유럽 방문을 앞두고 자문을 구하는 부시에게 "부시, 유럽에 관여하다"를 언론이 헤드라인으로 뽑게 만들고 나토의 확장을 요구해야 한다고 주장한다.

이러한 일화들은 바이든이 기본적으로 세계 질서 유지에서의 미국의 역할과 동맹의 중요성을 적극적으로 인정하는 국제주의자이고 민주주의와 인권의 가치를 위해 인도주의적 개입을 지지하며 미래의 희생을 줄이기 위해 당장의 손실을 감수할 수 있는 신념의 소유자임을 보여준다. 또한 1조 9,000억 달러의 사회 기반 시설 투자와 법인세율 인상, 부유세 도입 논의에서 알 수 있듯이 미국 외교정책의 성공이 결국 국내 문제 해결에 의해 뒷받침된다는 점도 이해하고 있는 것으로 보인다.

9.11 테러가 발생한 날 부시가 에어포스원을 타고 비공개 장소를 선회할 때 바이든은 프랑스 해방 이후 총탄 속에서도 꼿꼿이 서서 파리로 입성한 드골의 일화를 떠올리며 "대통령님, 워싱턴으로 돌아오십시오"라고 통화에서 외친다. 바이든은 동료 상원 의원 마이

크 맨스필드가 "절대로 다른 사람의 동기를 공격하지 마라. 자네는 그의 동기를 모르니까"라고 해준 말을 자신의 정치 인생에서 가장 중요한 조언으로 기억한다.

바이든은 우리가 결정하는 문제의 80%는 근본적으로 나와 의견을 달리하는 사람들의 지지가 필요하다고 본다. 내가 그들에게 존경을 보여주고 그들의 선의를 믿는다면 적어도 그들이 내 말을 끝까지 들어줄 거라고 기대할 수 있다는 것이다. 상대의 선의를 믿고 동기를 의심하지 않으며 오직 정책의 결과로 경쟁하는 것은 상호 존중을 통해 공존에 이르는 정치 세계의 중요한 본질을 담고 있다.

(2021. 07)

한국은 선도 국가가 될 수 있을까?

우리나라는 1960년대 약소국에서 시작해 1980년대 중진국을 지나 중견 국가를 지향했고 1996년 OECD 가입 후 2008년 G20 정상회의, 그리고 2021년 G7 정상회의에 참가하면서 명실상부한 선진국이 되었다. 선진국은 정치, 경제, 문화, 과학 등의 분야에서 앞선 발전을 성취한 국가를 가리킨다. 우리가 이미 선진국에 도달했다면 그다음에는 어떤 목표가 가능할까?

최근 등장하는 선도 국가 개념은 규범적 관점에서 좋은 정책이나 제도를 솔선수범함으로써 다른 국가들이 참고할 수 있는 모범을 제공하는 나라를 뜻한다. 코로나19가 세계시민들에게 가져온 영향 중 하나는 유럽과 미국 같은 선진국들에 대한 환상의 붕괴다. 이들이 팬데믹 대처 과정에서 보여준 무질서와 무원칙은 선진국의 실상에 대해 회의를 갖게 했다.

선도 국가는 근대화론이 상정하는 단선적 발전 과정에서 시간상 앞선 단계를 의미하는 선진국(developed country)과 구분된다. 시대정신을 선취해 다른 국가들이 가야 할 방향성을 제시한다는 점에서 부국강병을 지상 목표로 설정한 강대국(great power)과도 다르다. 또한 거버넌스의 모범을 통한 영향력을 추구한다는 점에서 압도적인 국력을 세계에 투사하는 패권국(hegemonic power)을 의미하지도 않는다.

즉 선도 국가는 기존에 존재하던 선진국, 강대국, 패권국을 넘어서 스스로 다른 나라에 모범이 되는 영향력을 행사함으로써 선한 방향으로 국제 질서를 이끈다는 새로운 개념이다. 단순히 앞선 성공의 길을 따라가면 되던 추격의 시대가 끝나고 진정한 추월의 시대가 시작되었다는 주장은 이와 같은 역사적 전환의 차별성을 강조한 것이다.

볼테르는 세계사를 인간의 이성을 중심으로 한 진보로 해석했고 서구 역사에서 선도 국가의 사례로 그리스, 로마, 이탈리아, 프랑스를 제시했다. 헤겔은 역사를 정신의 자유 확장 및 상승 과정으로 이해했고 프랑스혁명에 공감하며 프로이센을 선도 국가로 제시했다. 19세기와 20세기 1, 2차 산업혁명 시기에 선도 국가는 단연 영국과 미국이었다.

포스트코로나 시대에 한국은 민주주의의 미래, 산업구조의 전환, 문화적 가치의 창출이라는 세 가지 차원에서 선도 국가로서 세계사에 기여할 수 있을 것이다. 우선 우리 민주주의의 경험과 가치를 국제사회와 공유하고 다른 나라를 지원하는 플랫폼을 제공함으로써 세계적인 민주주의의 후퇴와 포퓰리즘의 확산을 저지하고 한국적 모범의 영향력 확대를 통해 국제 규범을 제시할 수 있어야 한다.

또한 글로벌 가치 사슬에 참여해서 경제적 이익을 얻는 만큼 국제사회가 기대하는 의무를 이행하고 디지털 전환과 에너지 전환에 따른 산업구조 개편 과정에서 탄소 중립이나 사회적 약자 보호를 국제 압력에 의해서가 아니라 우리가 먼저 자발적, 능동적으로 추진해야 한다. 새로운 문화적 가치 창출이라는 차원에서 다양한 K 모델은 이미 세계를 선도하고 있다.

  정치의 중요한 역할 가운데 하나는 공동체가 지향할 미래의 목표를 제시하는 것이다. 우리가 처한 불평등, 이념 갈등, 세대교체, 지역 균열의 특수한 문제를 해결하는 정치가 중요하지만 이런 현실 문제 해결과 함께 글로벌 전략과 미래 비전을 제시하는 거시적 시각의 필요성도 잊지 않아야 한다.

(2021. 06)

근대국가와 모병제

비트코인을 비롯한 가상화폐는 국민국가의 통화 주권에 도전하는 새로운 흐름이다. 가상화폐가 진정한 금융 민주화와 세계주의에 대한 열망을 담고 있다는 평가도 있지만 결제 수단으로 이용되기보다는 투기의 성격이 강하게 드러나면서 미국과 중국 정부의 견제에 직면하여 주춤거리고 있다. 통화 주권과 함께 근대국가의 역할 가운데 중요한 또 한 가지는 노동력의 이동에 대한 통제를 의미하는 노동 주권이다. 지구화의 진전과 더불어 심화되는 통화 주권과 노동 주권에 대한 도전은 전통적인 국가 역할의 위기를 보여주는 지표들이다.

최근 한국에서 국가 위상의 변화를 보여주는 대표적인 사례는 모병제 논의일 것이다. 근대국가의 군은 물리력의 독점을 통해 공동체의 안전을 보장하는 최후의 보루로서 징병제를 통해 시민군을 구성하는 것이 전형적인 모습이었다. 마키아벨리가 공동체를 침략하는 외부의 적에 맞서 언제라도 싸울 단호한 의지를 시민의 덕목으로 강조한 것이나 루소가 용병이나 대표로 구성된 군이 국가를 멸망으로 이끄는 길이라고 비판함으로써 강조한 것은 공히 시민이 곧 군인이 되는 공화주의적 이상이었다.

한국에서도 징병제에 근거한 군의 구성은 국민들의 강렬한 평등주의적 열망을 대리하는 중요한 상징이었고 어쨌든 모든 시민은 군인이 된다는 공화주의적 이상과 맞닿아 있었다. 그러나 오랫동안 전쟁 없이 평화를 누리는 상황에서 조국을 수호하는 것에 대한 가치나 군인의 역할에 대한 무관심이 늘어났다. 다시 말해 사회 전체적으로 공화주의적 덕목이나 제도가 쇠락하는 가운데 징병제에 대한 국민들 사이의 합의가 약해졌고 이런 상황은 자연스럽게 모병제 논의로 이어지고 있다.

미국은 1960년대에 전체 군인 가운데 징병제에 근거한 의무병 비율이 30% 정도로 낮았고 따라서 1973년에 상대적으로 쉽게 모병제로 전환했다. 국가적 부의 생산이 증가하여 직업군인의 비용을 부담할 수 있다면 모든 시민이 군인이 될 필요가 없다는 자유주의적 입장의 강화도 한몫을 했다. 모병제 아래서 군의 구성은 사회경제적 약자들로 이뤄질 확률이 높다. 미국의 경우 인구 13% 정도를 차지하는 흑인이 사회의 모든 분야에서 과소 대표되지만 유독 군에서만 21% 정도로 과대 대표된다. 물리력을 독점하는 군이 특정 계층이나 인종으로 구성되는 것은 공동체의 앞날을 위협하는 위험한 일이다.

유럽 국가들에서 모병제 전환의 가장 큰 요인은 냉전 시대가 끝나고 소련이라는 주적이 사라진 안보 환경이었고 징병 자원의 감소라는 인구 환경의 변화, 복지 부담 증가와 국방비 지출에 대한 재정적 요인, 그리고 과학기술의 발달에 따른 현대화된 군의 재구성 필요성 등이 그 주요 동인이었다. 우리도 남북 대결이나 동북아 긴장 상황으로부터 평화 체제로의 이행을 적극 이끌어내고 새로운 사회적 조건들을 반영해가면 모병제 논의가 불가능한 것은 아니다.

특히 징병 자원 감소라는 인구 변화는 자연스럽게 여성의 군 참여를 검토하게 만들고 이 경우 군 복무와 대체 복무의 기회를 여성들이 선택할 수 있게 확대해야 할 것이다. 미군의 경우 여성 간부 비율이 15%, 한국군의 경우 6% 안팎임을 감안할 때 추가 충원의 여지가 있고 이 문제는 젠더 갈등의 관점보다는 안보 차원의 문제로 접근해야 한다. 그러나 우리의 모병제 논의에는 이 모든 조건에 대한 차분한 검토보다 국가의 역할에 대한 낮은 신뢰와 국가를 지킨다는 가치에 대한 젊은 세대의 근본적인 회의가 담겨 있다는 데 문제의 심각성이 있다.

(2021. 05)

선거에서 표를 얻는 법

선거의 가장 중요한 의미는 상과 벌을 분명히 하는 선택을 통해 국민주권의 원칙을 재확인하는 것이다. 시민의 입장에서 보면 잘한 일과 잘못한 일을 평가하여 그때그때 냉정하게 선호 후보를 바꾸는 것이 선거의 존재 의의를 분명하게 드러내는 합리적인 선택일 수 있다. 이렇게 보면 지난 4.7 보궐선거는 선거 이후 정치권의 다급한 변화 시도에서 알 수 있듯이 국민이 주권자라는 사실과 이들이 분노했다는 사실을 투표로 뚜렷이 보여주었다.

2017년 대선에서 문재인 대통령이 서울에서 얻은 표가 280여만 표였고 이번 서울시장 보궐선거에서 박영선 후보가 얻은 표는 190여만 표였다. 반면 2017년 대선에서 홍준표, 유승민, 안철수 후보가 얻은 표는 330여만 표였고 이번에 오세훈 후보가 얻은 표가 280여만 표였다. 민주당의 경우 2017년보다 90여만 표를 덜 얻은 것인데 이 가운데 일부가 선거에 참여해 오세훈 후보를 지지했다고 하더라도 나머지 2017년 민주당 지지자들은 불편한 선택에 직면해 투표장에 나오지 않았다고 볼 수 있다.

투표를 하는 사람의 선택은 두 가지 차원에서 설명할 수 있다. 하나는 이익의 문제이고 다른 하나는 정체성의 문제다. 이익이란 어떤 정당이나 후보가 자신에게 무슨 이익을 줄 수 있는지 판단해 투표하는 것이다. 어느 정당의 정책이 나에게 손해를 끼치고 그 손실을 이른 시일 안에 만회할 가능성이 없다고 느끼는데 그 정당이나 후보에게 투표할 사람은 없다. 그러니까 표를 얻기 위한 가장 간단한 방법은 이익을 나눠 주는 것이다.

예컨대 20대가 부동산, 주식, 비트코인에 관심을 쏟고 있다면 당연히 이 분야의 정책을 통해 이들에게 이익을 줄 수 있어야 표를 얻을 수 있다. 이념의 시대가 저문 이후 신자유주의적 세계화가 이들을 경쟁에 쫓기는 각자도생의 길로 내몰았고 원래 네 몫이었던 것을 되찾아주겠다는 포퓰리즘이 좌표 잃은 이들의 틈새를 노린다. 그것이 포퓰리즘이 되었든 아니면 고상한 민주주의가 되었든 국민에게 이익을 제공하지 못하면 20대뿐만 아니라 그 누구의 표도 얻을 수 없는 것이다.

그러나 사람들은 때론 당장의 이익이 없더라도 투표에 참여하고 특정 정당에 지지를 보낸다. 정당 일체화에 따른 정체성을 좇아 투표하는 것인데 이 경우에도 정체성에 근거한 투표가 작동하기 위해서는 일정한 조건이 충족되어야 한다. 즉 지난 업적을 평가하는 회고적 투표와 미래 비전을 평가하는 전망적 투표 가운데 유권자들이 현재의 업적이 나쁘더라도 선거에 참여해서 전망적 투표를 하려면 특정 정당과 후보를 지지할 충분한 이유가 제시되어야 하는 것이다.

다시 말해 사람들은 집값이 오르고 세금이 올라도 여전히 특정 정당을 지지할 수 있지만 그러기 위해서는 우선 반칙을 통해 이익을 가로채는 세력이 없고 부패 집단은 예외 없이 응징당하며 내가

낸 세금이 적절한 사회적 목적을 위해 의미 있게 쓰인다는 믿음과 보람이 있어야 한다. 그렇지 못한 상황은 조세 저항으로 나타나고 특정 정당과 정체성을 함께해왔던 지지자들도 투표장에 나가지 않는 것으로 자신의 의사를 표현한다.

나는 아예 참여할 기회조차 없이 장외로 밀려나는 것 아닌가라는 20대들의 불안감이 사회적 약자에 대한 반감으로 나타나고 있다. 이들에게 불공정이란 결과적으로 내가 이익을 얻지 못하는 상황을 뜻한다. 따라서 부동산 비리와 부패를 척결하는 개혁을 통해 기회의 평등을 보장하는 공정은 여전히 중요하다. 민생이 곧 개혁인 셈이다.

(2021. 04)

미얀마 민주화의 국제적 요인

2021년 미얀마의 상황을 담은 사진들과 1980년 5.18 민주화운동을 찍은 사진들을 비교하면 그 유사함에 놀란다. 두 상황은 기본적으로 군사 쿠데타에 저항하는 시민들의 민주화 시위이고 군의 총격과 물리적 폭력에 의해 반인도적 범죄가 자행되는 현장이라는 공통점이 있다. 미얀마 시민들의 희생이 벌써 200명을 넘어서면서 국제사회의 지지에 희망을 거는 점도 5.18 민주화운동과 닮았다.

국내 상황을 세계에 알려 국제 문제화하고 국제 여론의 지지를 지렛대로 활용하는 것은 중요하다. 그러나 20세기 이후 민주화의 역사를 보면 주요 변수로서 국제사회의 역할은 항상 한계가 있었다. 5.18 민주화운동에서도 시민들은 미국의 역할을 기대했지만 계엄군의 출동에 미국의 암묵적인 동의가 있었다는 사실이 알려지자 이후 사회운동에서 반미 흐름이 생겨났고 민족문제의 자주적 해결을 주장하는 주사파가 등장했다.

미얀마 시민들 역시 국제사회의 개입을 기대하지만 유엔 안보리는 군부에 대한 규탄 성명만 발표했을 뿐 아직 행동하지 않고 있다. 국가가 집단 학살, 전쟁범죄, 반인도 범죄, 인종 청소로부터 자국민의 보호에 실패했을 때 국제사회가 적절한 집단행동으로 개입해야 한다는 '보호 책임' 규범이 2000년대부터 점차 자리 잡았다. 그러나 국제법상 절차적 정당성을 확보하고 개입한 경우라도 실제 민간인 보호라는 원래 목표를 달성한 사례는 드물다. 리비아의 경우 2011년 유엔 안보리 결의안을 바탕으로 국제사회가 개입했지만 3개 세력의 내전으로 무정부 상태가 지속되면서 오히려 인도주의적 개입이라는 애초 목표와 멀어졌다.

미국 주도로 유엔 안보리의 결의안 없이 개입했던 1999년 코소보나 2003년 이라크의 경우 의회의 승인이 힘든 지상군 역할보다는 무차별적 공중폭격을 중심으로 개입을 확대하면서 결국 현지의 민간인 보호라는 목표를 달성하지 못했고, 군사작전 종료 이후에는 내전 상황과 재건 사업에 막대한 재원을 투입하다가 상흔을 안고 후퇴해야만 했다. 이런 경험들은 국제사회가 국제 여론을 통한 지지와 비군사적 제재, 군사적 관여로 이어지는 단계적 개입의 경로를 망설이는 요인이 된다.

다시 말해 민주화 과정에서 국제사회의 지지는 중요하지만 직접적 규정력으로서 한계가 있고 결국 국내 시민사회의 지속적인 투쟁과 이를 묶어낼 대안 세력의 존재 여부가 중요한 변수가 된다. 또한 민주화는 경제 발전에 따라 자동적으로 진전되기보다는 각 주체의 전략적 선택에 따른 우연의 결과에 좌우되는 경우가 많다. 예컨대 아웅산 수치는 국제사회의 지지 아래 군부 입장에서 외면할 수 없는 민주화의 구심점일 때도 있었지만 로힝야족 인권 탄압에 대한 침묵으로 국제사회의 지지를 잃으면서 군부의 쿠데타 결심에 영향을 미쳤을 것으로 보인다.

특히 민주화 과정에서 기존 세력과의 타협을 통한 온건한 이행은 과도기를 안정적으로 관리할 수 있다는 장점이 있지만 궁극적으로 기득권 세력의 온존과 부패로 이어져 근본적 개혁을 불가능하게 만든다. 미얀마 시민들은 이미 1988년과 2007년에 치열한 민주화 시위를 벌였고 2015년 민주 정권을 수립하는 데 성공했다. 그러나 다시 이를 무너뜨린 군사 쿠데타를 저지해야 하는 상황이 되었다. 자신들의 몫을 감당해내고 있는 미얀마 시민들에게 경의를 표하며 아시아 시민들과 국가들이 먼저 대화와 봉쇄를 포함한 다양한 방법으로 국제적 연대와 지지를 보내야 한다.

(2021. 03)

정치란 무엇인가?

　로빈슨 크루소가 무인도에 혼자 살 때 정치는 필요하지 않았다. 그러다가 금요일에 프라이데이가 도착하자 비로소 정치가 시작되었다. 정치는 기본적으로 둘 이상의 사람이 모여 살면서 서로 다른 생각과 계획, 자원을 갖고 다투기 시작할 때 생겨난다. 즉 사람들이 모여 살 때 그들 사이의 의견을 조정하고 타협하는 과정에서 정치는 필연적으로 등장한다. 이런 맥락에서 아리스토텔레스는 인간을 "정치적 동물"이라고 불렀고 러시아의 혁명가였던 니콜라이 부하린은 "그가 생각하는 사람이라면 결코 정치 밖에 서 있을 수 없을 것"이라고 말했다.
　미국의 정치학자 데이비드 이스턴은 정치의 기능에 초점을 맞춰 "가치의 권위적인 배분"이라는 정의를 내놓았다. 여기에서 '가치'는 사람들이 갖기를 다투는 희소한 자원을 일컬으며 '권위적'이란 국가가 개입하여 몫을 나누는 최종적인 결정의 의미를 강조한 것이다. 이 외에도 신해혁명의 주역이자 중국공산당 창당 멤버인 천두슈는 "정치란 먹는 것"이라고 갈파한 바 있고, 해롤드 라스웰은 "누가 무엇을 언제 어떻게 갖느냐"의 문제로 정치를 정의했으며, 막스 베버는 "국가의 운영과 이 운영에 영향을 미치는 활동"이라고 정치를 설명하기도 했다.

어떤 정의에 따르든 정치는 누구에게나 예외 없이 개인의 삶에 영향을 미친다는 점에서 중요한 문제다. 1992년 미국 대통령 선거에서 클린턴 후보 진영이 내세운 슬로건 "문제는 경제야, 바보야(It's the economy, stupid!)"가 주목을 끌었던 적이 있다. 그러나 조금 더 생각해보면 경제가 문제지만 해답은 정치에서 찾을 수밖에 없다는 사실을 우리는 곧 알 수 있다. 어떤 경제정책을 통해 어느 방향의 미래를 추구할지는 결국 정치가 정해야 하고 그런 정치의 결정에 따라 경제의 앞날도 좌우되는 것이다.

민주화 이후 절차적 민주주의가 정착된 상황에서 우리 사회의 근본적이고 광범위한 변화의 가능성은 정치에서 온다. 급격한 사회변혁을 통해 혁명을 추구하던 시대가 가고 민주화가 진전됨에 따라 아무리 사소한 변화도 제도적 절차를 따라야만 하는 민주주의 사회에서 가장 빠르고 큰 변화의 가능성은 결국 정치에서 찾을 수밖에 없는 것이다.

그러나 현대의 정치는 적어도 두 가지 문제에 직면해 있다. 첫째는 대의민주주의에서 우리를 대신해 의사 결정에 참여하는 대표자들을 어떻게 통제하느냐의 문제다. 즉 국민이 위임한 권력을 사유화하는 대표자들을 감시하여 사회 안전망 강화나 기후변화 위기 대처 등 국민과 시대의 요구에 따라 일하게 하는 것이다. 둘째는 선출되지 않은 권력에 의해 주요 사회 의제가 결정되는 정치의 사법화 현상을 막고 토론과 타협이 작동하는 정치의 우선성을 회복함으로써 국민주권의 원칙을 관철하는 문제다.

모두의 목소리가 반영되는 국민주권의 구현 과정에서 생기는 또 다른 어려움은 우리의 의사와 상관없는 결말이 권력의 기획에 의해 이미 정해져 있다는 '음모론'이나 자본의 힘에 의해 상황이 정해진다는 '결정론'의 존재이고 이러한 반정치적 담론들이 부추기는 정치적 무관심의 확산이다. 물론 경제적 불평등의 심화는 사회적 약자가 정치에 관심을 가질 여유를 아예 없애는 결정적인 역할을 한다. 그렇지만 어떤 경우에도 국민주권을 위협하는 이러한 도전에 맞서기 위해 가장 중요한 관건이 국민의 참여로부터 비롯되는 역동적인 정치의 부활이라는 사실에는 변함이 없다.

(2021. 02)

우리는 행복한가?

행복은 어떤 느낌을 말한다. 삶에서 의미를 찾았거나 즐거울 때 또는 어떤 일에 몰입할 때 얻게 되는 만족의 느낌을 행복이라고 부른다. 그러니까 행복은 사람에 따라 다를 수 있는 개인적 가치다. 그러나 사회적 정의나 공정도 결국 그 자체가 목적이 아니라 우리가 행복해지기 위해 필요한 조건이라고 생각하면 행복이 반드시 개인적 차원에서 결정되는 가치가 아니라는 점도 분명하다.

심리학자들은 행복이 우연한 행운이나 특권이 아니라 교육과 훈련을 통해 달성 가능한 마음의 상태라고 말한다. 특히 우리는 소득과 명예, 권력 같은 행복의 조건이 갖춰지면 행복해질 것이라고 믿지만 사실은 내 마음과 삶의 태도가 먼저 행복해지면 내가 바라는 행복의 조건이 뒤따를 확률이 높아진다고 주장한다. 행복의 조건과 행복의 결과 사이에 선후가 바뀌는 셈인데 이렇게 보면 우리에게 먼저 필요한 것은 행복을 이해하는 교육이다.

예컨대 행복해지기 위해 중요한 것은 마음, 목표, 관계의 세 가지 요소다. 우선 내 마음의 관점을 바꾸고 감사하며 비교하지 않아야 한다. 다음으로 목표를 세우고 만끽하며 몰입해야 한다. 마지막으로 다른 사람과 관계를 맺고 베풀며 용서해야 한다. 교육을 통해 이런 훈련을 꾸준히 하면 우리가 행복의 조건이라고 생각하는 건강이나 부를 얻을 확률이 높아진다.

그러나 정치학의 관점에서 보면 이러한 주장은 행복의 주관적 측면을 지나치게 강조함으로써 모든 불행의 원인이 개인의 마음가짐에 달린 것처럼 책임을 전가하는 듯한 인상을 준다. 이와 다르게 UN이 발간하는 『세계행복보고서』는 행복의 주관적 요소와 객관적 요소를 두루 반영하여 6가지 지표를 제시한다. 일인당 국민소득이나 신뢰의 거버넌스, 정신적 육체적 건강 지표가 객관적 요소라면 국민의 선택의 자유나 사회적 관계와 지지, 기부와 연대의 지표 등은 주관적 요소에 가깝다.

이 보고서에 따르면 한국의 행복 순위는 2016년 55위에서 2020년 61위로 하락했다. 일본이 62위, 중국이 94위다. 1위는 핀란드이고 네팔은 92위다. 특히 부탄이나 네팔의 순위가 낮게 나타난 것을 보면 헬레나 호지가 『오래된 미래』에서 제시한 라다크의 사례가 행복을 너무 주관적 요소 중심으로 파악했다는 점을 알 수 있다. 물론 오래된 옛 삶의 가치나 방식이 우리의 미래에 유효한 길이 될 수 있다는 점은 최근 들어 뚜렷해졌다.

코로나19 위기 이후 우리는 이웃의 안전이 곧 나의 안전이고 자연과 더불어 살지 않으면 인간의 삶도 지속 가능하지 않다는 점을 깨닫고 있다. 모두가 초연결사회에 살고 있지만 역설적이게도 개인들은 더 고립되어 있고 따라서 공동체의 복원은 더욱 절실하다. 또한 최소한의 생계를 유지하기 위한 소득이 없으면 어떤 내면의 강인함도 행복을 위한 조건으로 충분치 않다는 것도 자명하다. 그러니까 우리가 행복해지기 위해서는 탁월한 영혼을 향한 개인의 노력과 함께 최소한의 사회경제적 조건이 동시에 충족되어야 한다.

아리스토텔레스는 덕에 따른 정신의 탁월함을 행복이라 정의했고 여기에 소득과 신분 등의 외적 요소가 더해져야 한다고 봤다. 고대에 행복의 외적 요소는 타고난 우연으로서 누구도 통제할 수 없었다. 그러나 현대의 국가는 복지 제도를 통해 모든 시민에게 기본적인 삶의 조건을 제공하는 것을 목표로 한다. 만약 최소한의 생계를 위한 소득이 보장된다면 행복해지기 위해 더 중요한 요소는 우리 내면의 강인함이 된다.

(2021. 01)

미국은 쇠퇴하고 있는가?

역사상 모든 제국은 쇠퇴했다. 미국도 예외일 수 없고 따라서 미국이 쇠퇴한다고 해서 그렇게 놀랄 일은 아니다. 폴 케네디는 그의 책 『강대국의 흥망성쇠』에서 제국이 쇠퇴하는 공통의 원인으로 제국주의적 과대 팽창(imperial overstrech)을 꼽았다. 즉 자신의 경제력이 부담할 수 있는 수준을 넘어선 과도한 군사적 팽창이 가장 큰 쇠퇴의 원인이라고 본 것이다. 어떤 원인에서든 미국의 쇠퇴 여부는 중국의 부상과 관련하여 긴장을 불러일으키는 질문이 된다.

중국은 미국이 이끄는 세계무역 질서에 참여함으로써 오늘날과 같은 빠른 성장을 이룩했다. 1978년 중국의 GDP(국내총생산)는 1,400억 달러로 미국의 2조 3,500억 달러에 비하면 6%에 불과했다. 그러나 40년이 지난 2018년 중국의 GDP는 13조 4,600억 달러로 미국의 20조 5,100억 달러와 비교해 65% 수준에 육박했다. 더구나 중국은 2035년 전후로 약 38조 달러 선에서 미국의 GDP를 추월할 것으로 예상되고 있다.

다양한 수치에서 드러나는 미국의 쇠퇴 경향과 중국의 뚜렷한 부상은 압도적인 패권 국가의 존재와 힘의 불균형으로 인해 유지되던 평화의 시기가 가고 새로운 패권을 둘러싼 치열한 경쟁 속에서 국제 질서의 불안정성이 심화될 것을 예고한다. 그런 가운데 한국을 비롯한 많은 나라가 중국 편승이나 미국 편승, 또는 미중 사이의 절충을 놓고 고심을 거듭한다. 그러나 미국의 쇠퇴를 기정사실화하고 누구도 미국의 쇠퇴를 막지 못할 것이라는 주장은 과장된 측면이 있다.

우선 모든 국가에서 쇠퇴의 징후는 언제든지 나타날 수 있지만 중요한 점은 그 징후를 어떻게 관리하느냐에 따라 상당 기간 쇠퇴를 지연시킬 수 있다는 사실이다. 특히 제국주의적 과대 팽창의 측면에서 미국은 고립주의와 개입주의를 오가며 외교 안보 정책의 방향을 조정하는 능력을 보여왔다. 굴욕을 감수하면서 베트남과 아프가니스탄에서 철수했고 네오콘의 공세도 민주당 집권 이후 약해졌으며 동아시아에서 전략적 유연성이란 이름 아래 미군을 축소 재배치하는 것도 과대 팽창을 스스로 조정 중인 사례일 것이다.

나아가서 미중 패권 경쟁이 사실은 관세전쟁이 아닌 기술 패권 경쟁을 그 본질로 한다는 점도 미국의 일방적 쇠퇴를 반박하는 맥락으로서 중요하다. 미국은 인공지능(AI), 빅데이터, 항공 우주 관련 첨단산업의 기술혁신을 통해 자본주의 발전을 주도해왔고 기술 경쟁을 뒷받침하는 연구 개발, 생산성, 교육의 차원에서 여전히 세계에서 가장 앞서 있다. 미래의 첨단 기술은 대부분 산업 기술인 동시에 군사기술로도 쓰인다는 점에서 패권을 꿈꾸는 국가에는 사활적 경쟁의 영역이고 이 분야의 기술혁신에서 미국은 아직 상대적 우위를 점하고 있는 것이다.

오히려 미국의 쇠퇴 가능성에 대한 우려는 전혀 다른 곳에서 온다. 어떤 국가든 국내 문제를 우선 해결해야만 대외적 리더십을 발휘할 수 있다는 점을 생각할 때 2020년 미 대통령 선거에서 드러났듯이 빈부 격차의 심화와 계층 상승의 단절, 이러한 균열이 인종 및 종교와 겹치면서 화해하기 힘든 두 개의 미국으로 나뉘는 현상은 미국의 쇠퇴를 보여주는 가장 강력한 근거이다. 아직 기대하기는 어렵지만 만약 중국이 경제의 총량에서 미국을 추월할 뿐 아니라 자유주의 세계가 직면한 불평등의 확산과 계층 이동의 단절이라는 사회문제까지 해결한다면 이는 민주주의와 시장경제를 주장하는 진영을 총체적으로 흔드는 심각한 도전이 될 것이다.

(2020. 12)

정서적 양극화와 사회적 연대

더불어민주당과 문 대통령의 지지율 하락 원인에 대해 의견이 분분하다. 가장 큰 이유는 부동산 폭등과 검찰 개혁을 둘러싼 소란일 것이다. 기본적으로 부동산이나 교육 문제처럼 관련된 시장이 존재하고 시민들의 실질적인 이해가 얽혀 있는 정책들은 여야가 끊임없이 대화하고 타협하면서 조정해야 한다. 부동산 문제는 근본적인 해결이 어렵고 어떤 정책이 나와도 이를 우회하려는 사람들의 욕망이 시장을 움직여나간다. 따라서 시장의 목소리를 듣고 야당의 제안을 검토하고 시간을 견디며 관리하는 것이 최선일 것이다.

반면 공수처법 등 검찰 개혁과 관련된 정책들은 시장이 존재하지 않고 국민들의 물질적 이익과 관련된 것도 아니다. 이 문제는 경제적 이익보다 각자 추구하는 가치가 더 중요하고 따라서 자신들이 개혁의 가치와 정의를 추구한다고 믿는 쪽이 신속하게 처리하고 난 후 그 결과에 대해 정치적 책임을 지면된다. 그런데 현 정부는 정반대로 하고 있다. 신중해야 할 임대차 3법은 전격적으로 밀어붙이고 검찰 개혁은 부담스런 정치적 결단을 회피한 채 법적 절차를 밟으며 정치 고유의 영역을 사법부의 판단에 맡기고 있다.

이와 같은 상황은 한국 민주주의가 직면한 도전과 위험성을 그대로 보여준다. 우선 우리 사회가 경제적 불평등과 상대적 박탈감의 문제를 해소하는 최대 정의의 실질적 민주주의로 나아가지 못하면 공정한 절차를 강조하는 최소 정의의 절차적 민주주의도 쉽게 무너진다는 점이다. 또한 법의 지배라는 이름 아래 정치의 영역을 법이 대신하고 사전에 공공 영역에서 토론을 통해 결정되어야 할 주요 사안들이 사후에 소송절차를 밟아 결정되는 정치의 사법화 역시 반정치적 태도를 확산시키면서 민주주의를 위협한다.

시민들의 분노와 절망이 반정치적 태도로 나타나는 현상에 대해 최근의 연구들은 이념적 양극화가 아닌 정서적 양극화의 위험을 지적하고 있다. 즉 이념에 따른 분포를 보면 오히려 중도가 많은 것으로 나타나 양극화로 보기 힘들지만 우리 사회의 갈등이 심각하다고 인식할수록 자신이 지지하는 정당을 긍정적으로 인식하는 반면 자신이 지지하지 않는 정당을 더욱 부정적으로 인식하는 정서적 양극화를 발견할 수 있다. 정서적 양극화는 상대를 혐오한다는 뜻이고 혐오는 실재하지 않는 상황에 대한 감정이라는 점에서 해소가 쉽지 않다.

상대를 감정적으로 배제하는 정서적 양극화의 궁극적인 위험성은 민주주의의 두 핵심 요소인 '다수결'과 '소수의 권리 보호'의 작동을 불가능하게 만든다는 점에 있다. 즉 시민들이 다수결을 받아들이는 규범적 전제로서 첫째, 다수가 될 가능성이 열려 있는 공정한 경쟁 규칙의 존재와 둘째, 다수가 소수의 권리를 보호하기 위해 노력해줄 것이라는 다수와 소수 사이의 신뢰를 든다면 정서적 양극화는 규칙에 대한 불신과 신뢰의 부재를 초래해 민주주의의 작동 자체를 방해한다.

  결국 정서적 양극화는 자신이 지지하지 않는 정당이 정부를 구성했을 때 정부와 대통령에 대한 무조건적 불신이 반복적으로 나타날 가능성이 높음을 의미한다. 따라서 더 늦기 전에 정쟁이 아닌 정책을 중심으로 한 정치적 경쟁과 합리적인 유권자 육성을 목표로 한 시민교육, 그리고 적극적 사회 통합 정책을 통한 사회적 연대의 회복이 이뤄지도록 노력해야 한다. 무엇보다 시민들은 선거와 대의민주주의가 정치권에 대한 상벌의 기능을 수행할 수 있도록 합리적인 기준에 따라 자신의 선호를 표명해야 한다.

(2020. 11)

기후변화와 지구적 정의

　　민주주의국가들 사이에서 전쟁이 발발할 가능성이 낮다는 민주평화론처럼 민주주의 사회에서는 식량 부족으로 인한 기근의 가능성이 낮다는 주장이 있다. 기근은 근본적으로 식량 부족의 문제이기보다 분배의 문제라고 보는 것이다. 민주주의 사회에서 기근은 심각한 도전이지만 우리는 아직도 어떤 지역은 먹을 것이 넘쳐나는데 다른 지역은 굶주림에 시달리는 현실을 목격하게 된다. 세계적인 차원에서 보면 어떤 나라는 부유하고 어떤 나라는 여전히 가난해서 잦은 기근과 높은 유아사망률을 보인다. 지구적 정의의 관점에서 이런 현실은 어떻게 설명되고 개선될 수 있을까?

　　피터 싱어는 기부의 의무를 통한 세계적 빈부 격차 문제의 해결을 주장한다. 윤리적인 관점에서 보면 식량과 의료의 결핍으로 인한 고통과 죽음은 나쁜 것이다. 출근길에 물에 빠진 아이를 보면 시간이 늦든 옷을 망치든 상관없이 그 아이를 구하러 달려가는 것처럼 우리는 불필요한 소비를 줄이고 아이의 생명만큼 중요한 것을 희생하지 않는 선까지 기부를 해야 한다. 즉 기부를 통해 우리는 결핍으로 고통 받는 사람들을 그에 상응하는 손해를 보지 않으면서 구할 수 있다. 싱어가 보기에 나쁜 일이 일어나지 않게 막을 수 있는 힘이 나에게 있고 그 일을 한다고 해서 그만큼 중요한 걸 희생하지 않아도 되는데 그 일을 하지 않는 것은 나쁜 것이다.

존 롤스 역시 원조의 의무를 말하지만 그의 원조에는 일정한 중단점이 있다. 그는 빈부 격차의 원인으로 자원의 불균등한 배분보다 각국의 정치 문화적 요인이 더 클 수 있다고 주장한다. 따라서 원조는 가난한 나라의 부를 증가시키는 것이 아니라 자신의 문제를 합리적으로 관리할 수 있도록 도와서 국제사회의 구성원이 되도록 하는 선에서 그쳐야 한다. 반면 토마스 포기는 세계적 빈곤이 식민지 착취라는 역사적 요인과 선진국에게 유리하게 구성된 불공정한 지구적 제도와 질서에 크게 기인하기 때문에 석유 등 국제 생산물의 1%를 의무적으로 징수하는 지구적 자원 배당금(global resource dividend)을 통해 빈부 격차 해소에 쓸 것을 제안한다.

추상적으로 보이는 지구적 정의 논의에 활력을 불러일으킨 최근의 계기는 기후변화를 둘러싼 문제들이다. 기후변화는 공간적으로 국경을 넘어 지구상의 모든 생명과 인류에게 영향을 미치고 동시에 현재 세대와 미래 세대 사이의 비용 전가 문제를 제기한다는 점에서 근본적으로 윤리 문제이며 철학적 연구의 필요성을 제기한다. 여전히 기후변화에 적응하며 사는 것이 예방하는 것보다 훨씬 비용이 적게 들기 때문에 예방에 사용할 돈으로 현재의 빈곤을 구제하는 것이 더 합리적이라는 주장이 있고 기후변화의 원인인 환경오염에 가장 큰 책임이 있는 선진국들은 예방에 소극적이다.

이런 시기에 한국 정부의 기후변화에 대한 적극적인 인식은 반가운 변화다. 지난 7월 시작된 한국판 뉴딜 정책은 그린 뉴딜과 디지털 뉴딜을 두 축으로 추격형 경제에서 선도형 경제로, 탄소 의존

경제에서 저탄소 경제로, 불평등 사회에서 포용 사회로의 전환을 목표로 한다. 누구도 가보지 않은 미래의 시간과 새로운 가치에 기반한 발전 모델의 제시를 통해 세계 선도 국가를 추구하며 사회 안전망 확대 및 고용 전환 프로그램을 통해 산업구조의 정의로운 전환을 내세우는 이 정책은 코로나19 위기 이후 우리 사회에 필요한 변화의 방향을 잘 반영하고 있다. 그러나 지구적 정의의 관점에서 보면 세계 선도 국가로서 부담해야 하는 국제사회에 대한 기여와 책임의 문제를 충분하게 담고 있지 않다는 점에서 아쉽다.

(2020. 10)

대통령의 세 가지 임무

어느 국가나 대통령이 해야 할 일은 많겠지만 대통령의 임무를 크게 나눈다면 첫째 경제, 둘째 안보, 셋째 사회 통합 세 가지로 구분할 수 있다. 이 가운데 경제는 세계적인 경기 흐름의 영향을 받고 안보는 지정학적 위치에 따라 규정받는다. 반면 사회 통합은 대통령의 정치력이 가장 잘 발휘될 수 있는 정치 본연의 영역이다. 사회 통합의 수준은 경제와 안보 역량에 영향을 미치고 궁극적으로 민주주의 실현의 주요 변수가 된다. 물론 사회 통합은 경제 및 안보 분야의 성과와 밀접하게 연관되어 있기 때문에 따로 떼어내 이야기하기는 쉽지 않다.

우리나라에서 대통령은 적어도 1,600여만 명의 서로 다른 이해를 갖는 시민들의 지지가 모여 결정된다. 그것이 재산세가 되었든, 특목고 문제가 되었든, 또는 자유의 회복이 되었든 어떤 공약에 대해 자신의 이익을 계산한 시민들의 거대한 이해가 집적되어 선출되는 것이다. 이러한 과정이 국가가 갖는 이익집단의 집합적 총체로서의 성격을 보여준다면 동시에 국가는 동료 시민의 최소한의 인간적인 삶을 위해 재분배의 사회정의를 실현하는 윤리적 공동체라는 성격도 갖는다. 그러니까 사회 통합은 적어도 국가가 갖는 이러한 두 가지 성격을 함께 고려하면서 추구되어야 한다.

국가가 갖는 이익집단의 집합적 총체라는 성격에서 중요한 사회 통합의 요소는 시민들이 이익을 다투는 과정에 모든 참가자가 승복할 수 있는 공정한 경쟁의 규칙을 제공하는 것이다. 정의를 구현하는 윤리적 공동체라는 국가의 두 번째 성격에서 중요한 사회 통합의 요소는 모두가 동의할 만한 가치와 비전을 제시함으로써 시민들이 공동체에 소속감을 느끼도록 하나의 정체성을 만들어내는 것이다. 예컨대 노력과 능력에 비례한 차등 분배를 선호하는 한국인에게 각자의 노력과 능력을 공정하게 평가해주는 것이 중요한 첫 번째 사회 통합의 요소라면, 천부적인 재능과 타고난 환경이라는 운의 요소를 사회제도를 통해 통제함으로써 모두에게 평등한 출발의 기회를 보장하는 것은 두 번째 사회 통합의 요소다.

사실상 시장 중심의 분배와 개인의 책임을 전제하는, 능력에 비례한 차등 분배 주장은 곧 세습된 자원을 동원한 불공정 경쟁의 현실과 만나게 된다. 따라서 두 번째 사회 통합 요소인 국가에 의한 재분배와 사회적 연대가 여전히 중요하고 대통령은 시민들이 각자의 이념적 입장과 경제적 이해의 차이를 뛰어넘어 연대할 수 있도록 공동의 정체성을 만들어내야 한다. 시민들이 공유하는 공공재로서의 정체성이라는 상징적 허구를 만들어내는 가장 정치적인 작업은 역설적이게도 대통령의 정치적 중립을 요구한다. 이 과정에서 선거와 투표를 둘러싼 절차적 민주화가 사회경제적 불평등을 해소하는 실질적 민주화로 진전되지 않으면 사람들은 쉽게 포퓰리즘의 유혹에 빠지고 민주주의는 후퇴한다.

좋은 삶에 대한 규정은 시대와 개인에 따라 다르다. 공적 생활에서 행복을 느끼는 아리스토텔레스적 시민, 공적 생활보다는 사적 영역에서의 덕이 곧 행복이라고 생각하는 스토아적 시민, 공적 생활보다는 사적 영역의 쾌락이 행복이라고 주장하는 에피쿠로스적 시민 등 좋은 삶의 모습은 개인의 가치와 기준에 따라 다양하게 나타난다. 그러므로 좋은 정치란 시민들이 선택한 좋은 삶의 방식을 존중하고 개인들이 꿈꾸는 평등한 삶의 기회를 보장하는 정치일 것이다. 이 과정에서 공공성을 고양하는 공정한 절차와 무임승차를 배제하는 제도적 장치는 국가 운영의 토대인 사회 통합을 가능하게 만든다. 즉 사회 통합은 대통령이 좋은 정치를 위해 해야 할 다른 어떤 임무보다도 중요한 과제다.

(2020. 09)

'사이다' 정치의 함정

　우리 사회에는 좌파, 우파를 막론하고 어느 정부가 들어서든 직면하게 되는 세 가지 난제가 있다. 첫째 부동산, 둘째 교육, 셋째 통일이다. 이 문제들은 지금까지 모든 정부가 도전했지만 어떤 정부도 해결하지 못했다. 그나마 나은 평가가 어느 정도 선에서 적절히 관리했다는 것이다. 특히 부동산은 우리의 욕망을 시장이란 이름 아래 감춘 결집체이기 때문에 인간의 이기심에 의해 가격이 상승하면 사람들은 그 결과를 두고 정부가 시장을 이기지 못했다고 비웃는다. 최근 부동산 불안정이 방역 대책과 함께 정권을 흔드는 표적이 되면서 정국이 더욱 요동치고 있다.

　정부의 부동산 정책을 둘러싼 딜레마는 인간의 이기심을 인정하고 그것이 만든 결과를 시장을 통해 타협해낸 자본주의적 인간관의 성공과 창조적인 인간의 본성이 교육에 의해 완전하게 구현될 수 있다고 믿었던 사회주의적 인간관의 실패를 연상시킨다. 사회주의는 무엇보다도 자본제적 생산양식에 고유한 시장의 무정부성을 계획에 의한 의식적 통제로 대체하려는 시도라고 볼 수 있다. 즉 고립된 분업과 분절된 소상품 생산을 억제함으로써 자본주의적 시장을 폐지하고 과학적 예측을 통해 동요의 근원을 봉쇄하려는 노력이 가장 큰 특징이다. 그러나 인간의 욕망이 충돌하는 시장의 무정부성을 계획으로 완전하게 통제할 수 있다는 믿음은 현실사회주의의 몰락과 함께 오래전에 실패했음이 입증되었다.

따라서 부동산이나 교육, 통일처럼 성공이 쉽지 않은 운명의 정책들에서는 그 결과보다 오히려 민주적인 의사 결정의 절차들이 더 중요해진다. 예컨대 일원적 민주주의관이란 선거에 승리하여 다수의 지지를 획득한 여당은 다음 선거까지 국가의 주요 정책이나 법률을 자신들이 적절하다고 판단하는 바에 따라 채택, 제정할 수 있다고 보는 입장이다. 반면 이원적 민주주의관이란 선거에 승리한 국회 다수파나 대통령의 결정이 곧바로 다수의 지배로 승인되는 것이 아니라 주요 국정 현안은 매번 국민 다수의 지지 여부를 확인해야 한다는 시각이다. 그러니까 어떤 입장도 이론적으로 가능하지만 정책 결과에 대한 국민의 지지 여부에 따라 정권의 정당성 수준은 전혀 달라진다.

민주주의는 다수결 원칙을 한 축으로 하지만 동시에 소수의 권리 보호를 다른 한 축으로 한다. 따라서 대의민주주의의 대표자들은 다수와 소수가 서로를 존중하면서 타협하고 합의하는 것이 원칙이다. 만약 일원적 민주주의관에 따라 다수결을 밀어붙인다면 그 결과에 대해 국민의 지지를 얻어야 한다. 물론 부동산처럼 인간의 욕망과 통제의 유혹이 맞부딪히는 복잡한 문제를 한마디로 정리할 수 있는 정치는 없다. 사람들은 이러한 난제를 일거에 해결할 정책과 정치인을 기대하지만 복잡한 문제는 복잡한 상태로 이해할 필요가 있다. 즉 분화하는 사회구조를 반영해 생겨나는 복합적인 문제는 더 정밀한 제도를 통해 신중하게 풀어가야 하는 것이다.

결국 우리 사회에서 미래의 정치는 서로의 이해관계에 따라 대화와 타협을 통해 이익을 주고받는 지루한 일상이 될 확률이 높다. 지역, 세대, 계층, 이념의 전통적인 균열에 더해 인종, 문화, 종교적 소수집단이 빠르게 증가하는 상황에서 모든 사회집단을 만족시킬 거대 담론이 존재할 가능성은 낮다. 그러니까 현대사회에서 우리의 이해를 단번에 만족시켜줄 사이다 정치란 애초에 없는 것이다. 우리는 이제 강력한 개혁 군주와 같은 한 명의 위대한 정치인을 통해 모든 문제를 해결할 수 있다는 환상이 사라진 다문화적 정치 상황에 익숙해 져야 한다.

(2020. 08)

대통령이 되는 5개의 경로

영국 의회에는 매주 수요일마다 총리가 의원들의 현안에 답하는 '총리의 질의응답 시간(Prime Minister's Question Time)'이 있다. 질문을 원하는 의원들이 일어서면 의장이 지명하고 총리는 곧바로 여야를 가로질러 놓여 있는 탁자 앞으로 나와 대답을 한다. 야당 대표와 마주 보는 탁자의 넓이는 전통적으로 서로 칼을 뽑아 겨눠도 닿지 않을 정도의 거리로 정해져 있다. 1시간가량 진행되는 이 질의응답을 보고 있으면 영국의 외교정책부터 런던의 하수구 문제까지 막힘없이 대답하는 총리의 국정 파악 능력에 놀라게 된다.

어떻게 총리가 보좌진의 도움 없이 모든 현안에 즉각 대답할 수 있을까? 개인차를 떠나 제도적인 이유를 찾자면 의원내각제의 힘이다. 초선 의원이 된 이후 야당의 경우라도 '그림자 내각(shadow cabinet)'의 차관보나 차관, 장관을 맡아 각 부처를 돌면서 중진 의원(front bencher)이 되기까지 20여 년을 보내면 거의 모든 국정 현안을 빠짐없이 파악할 수 있다. 1997년 집권한 영국 노동당 소속 토니 블레어 총리의 경우 닐 키녹 노동당 대표의 전폭적인 지원 아래 일찍이 각 부처에서 순환 근무 경험을 쌓은 끝에 예외적으로 빠르게 정치 입문 14년 만에 총리에 올랐다.

대통령제의 최대 단점은 정치 지도자가 되기 위한 체계적인 훈련 과정이 마련되어 있지 않다는 점이다. 공적인 의사 결정 과정에 대한 아무런 경험이나 훈련이 없는 사람을 불쑥 불러내는 일은 위험하다. 그렇지만 한국의 경우 대통령이 하는 일과 비슷한 의제들을 다루면서 대통령이 되기 위한 훈련을 할 수 있는 5개의 직위가 있다. 첫째 국무총리, 둘째 서울시장, 셋째 경기도지사, 넷째 여당 대표, 다섯째 야당 대표다. 서울시장과 경기도지사가 여타 지방자치단체장과 다른 점은 외교와 국방을 경험할 수 있다는 사실이다.

민주화에의 기여나 산업화 경험 또는 도덕성 등이 여전히 중요하지만 거기에 더해 이와 같은 5개의 직위를 거쳤다면 더 안정적으로 국정을 운영할 준비가 되어 있다고 보아야 한다. 국민들도 어떤 후보가 이러한 자리를 거치면서 경제, 안보, 사회 통합 등 국정 현안에 대한 문제 해결 능력을 갖췄는지 따져보면 된다. 만약 한 후보가 이 5개의 직위 가운데 2개나 3개의 자리를 거쳤다면 더 훈련받고 검증받았다는 뜻이다. 8월의 여당 대표 선거가 치열한 이유는 여기에 있다.

한 가지 흥미로운 점은 갑작스런 박원순 시장의 유고와 이재명 지사의 대법원 판결로 한국 정치의 흐름이 자유주의 가치를 지지하는 다원적 세계주의와 포퓰리즘에 열광하는 고립적 민족주의의 대결이라는 세계적 추세를 반영할 가능성이 높아졌다는 사실이다. 예컨대 유럽의 경우 1990년 독일통일 전후로 자유주의 혁명이 확산하던 시기가 있었다면, 그후 30년 동안 점점 자유주의의 성취를 파괴하려는 반혁명 세력의 등장이 분명해졌다. 반혁명 세력이란 프랑스의 국민전선이나 스페인의 포데모스처럼 좌파와 우파를 막론하고 법의 지배나 대의민주주의의 가치를 부정하면서 국민을 향한 직접 호소를 통해 권력을 추구하는 포퓰리스트 세력을 말한다.

한국의 여당 내부에서 자유주의 대 대중주의라는 두 가지 흐름을 중심으로 노선 경쟁이 치열해지면 야당이 어떤 입장을 취할지에 따라 정치의 흐름이 달라질 것이다. 어떤 경우든 한국 사회가 지역이나 이념의 주술적인 힘에 복종하는 '닫힌 사회'가 아니라 인간이 가진 비판의 힘을 자유롭게 사용할 때 유지되는 '열린사회'를 지향해야 한다는 점은 분명하다.

(2020. 07)

'흑인의 생명도 소중하다'와
차별금지법 갈등

　1992년 4월 한인들이 큰 피해를 입었던 미국 'LA 폭동'의 발생 원인 가운데 하나는 그 전해 3월에 있었던 사건으로 거슬러 올라간다. LA에서 슈퍼마켓을 운영하던 한인 두 모 씨는 CCTV로 흑인 여학생이 자기 가방에 음료수를 집어넣는 것을 확인하고 그가 도둑이라고 확신한 나머지 계산대 앞에 선 그의 가방을 잡아채며 음료수를 내놓으라고 소리쳤다. 실랑이 끝에 여학생은 가방으로 두 씨의 머리를 쳤고 돌아서서 가는 여학생을 향해 두 씨는 권총을 발사했다. 여학생은 현장에서 사망했고 두 씨는 살인죄로 기소됐다.

　그러나 이후 CCTV를 확인한 결과 여학생은 음료수를 카운터에 올려놓았고 음료수 값을 치를 2달러를 손에 쥐고 있던 것으로 드러났다. 더구나 흑인 여학생은 인근 고등학교의 우등생이었다. 재판은 잦은 흑인 강도에 시달리던 두 씨가 충분히 착각할 여지가 있었으며 따라서 정당방위를 인정한다며 사회봉사와 보호관찰을 선고했다. 분명히 자신의 눈에 보이는 것이 사실이라고 믿었던 두 씨의 착각이 불러온 돌이킬 수 없는 결과에 대해 흑인들은 격렬하게 분노했고 그 분노는 이어진 소요 사태에서 한인 상가에 대한 공격으로 폭발했다.

편견은 우리의 생각을 일정한 틀 속에 가둠으로써 사실이 아닌 것을 사실처럼 보게 만드는 착각을 불러일으킨다. 편견은 또한 개인들이 갖는 차이를 무시하고 특정 집단에 대한 선입견을 바탕으로 그 집단에 속한 개인을 재단한다. 따라서 그러한 편견을 가진 사람들은 특정 집단에 대한 혐오를 합리화하고 자신들이 드러내는 차별을 정당화한다. 편견에 기반한 혐오는 실제 일어난 사실이 아니라 미래에 자신이 오염될 수 있다는 위험의 상상에 근거해 있다. 즉 혐오는 실제 발생한 손상이나 위해가 아니라 자신이 오염될 가능성을 없애기 위해 특정 집단을 배척하는 사회적 무기로 사용되는 것이다.

2020년 5월 미국 미니애폴리스에서 백인 경찰의 무릎에 눌려 질식사한 흑인 남성 조지 플로이드의 죽음을 계기로 다시 촉발된 '흑인의 생명도 소중하다(black lives matter)' 시위는 미국 사회가 여전히 편견과 혐오를 중심으로 흑인과 백인이라는 두 개의 민족으로 나뉘어 있음을 보여준다. 흑인 이외에 아시아인과 히스패닉이 있지만 이들은 거주지, 수입, 정치적 태도 등에서 백인에 가까운 모습을 보이기 때문에 미국이 흑인과 그 이외의 집단으로 나뉜다는 사실에는 변함이 없다. 따라서 흑인이 느끼는 위협과 절망을 안다고 말하는 것조차 조심스러운 일이다. 미국은 흑인의 사회 통합에 실패한 대가로 적극적 차별 시정 정책(affirmative action)과 다문화주의 정책(multicultural policy) 등 다양한 제도적 노력을 기울였지만 집단에 대한 편견과 상상 속의 위험에 기초한 혐오를 없애지 못했다.

우리 사회도 미국과 크게 다르지 않다. 한국의 차별금지법 제정을 둘러싼 담론 투쟁의 흐름은 보통 세 주체에 의해 좌우된다. 첫째는 사회적 소수자 집단이고 둘째는 종교 집단 그리고 셋째는 기업 집단이다. 사회적 소수자 집단은 헌법에 명시된 차별 금지에 근거해 법 제정을 주장하고, 종교 집단은 동성애 허용 가능성을 이유로 반대하며, 기업 집단 역시 비정규직, 장애인, 성 평등에 따른 고용 의무에서 생겨나는 시장의 자율성 제약을 이유로 반대한다.

앞으로의 논쟁에서도 이 쟁점과 주체들은 다시 등장할 것이고 서로를 향해 전투적으로 편견과 혐오를 동원하며 충돌할 것이다. 누군가가 우리는 코로나 이전의 시대로 다시 돌아갈 수 없을 거라고 말하지만 그 시절 일상에 만연하던 혐오와 차별은 경로를 우회하며 끈질기게 살아남는다.

(2020. 06)

5.18 민주화운동 40주년과
세계사적 의의

프랑스의 철학자 모리스 메를로퐁티는 "모든 정치적 변혁은 과거에 비하면 혁명적이지만 미래에 비하면 반동일 뿐"이라고 말한 바 있다. 과거의 어떤 사건이 끊임없는 해석과 재평가를 거치면서 안정적인 역사적 지위를 획득하기는 쉽지 않다. 5.18 민주화운동은 1980년 신군부에 의해 고립된 광주에서 시작되어 아시아 민주화운동의 전범이 되었고 세계 인권사의 한 축을 담당하는 사건으로 발전했다. 물론 이 과정은 민주, 인권, 평화를 중심으로 5.18 민주화운동의 가치와 정신을 지속적으로 재규정하고 확장시켜온 한국 민주주의의 진전에 의해 가능했다.

1980년 5월 광주는 신군부 세력의 계엄 확대를 통한 정권 장악 시도에 시민들이 정면으로 저항한 현장이었고 고립 속의 짧은 승리와 시민 공동체의 출현을 거쳐 계엄군이 시민들을 무차별적으로 폭행하고 학살한 반인도적 범죄의 현장이었다. 패배로 끝난 듯했던 5.18 민주화운동은 1987년 6월 항쟁의 기폭제가 되었고 민주주의 이행의 역사에 새로운 길을 제시한 1996년의 반전을 가져왔다. 5.18의 가해자들이 서울지법에서 12.12 군사 반란과 5.17 내란 혐의로 사형과 무기징역 등을 선고받은 것이다. 그후 1997년 12월 김영삼 대통령과 김대중 대통령 당선자의 합의에 의해 가해자들은 사면 복권되었고 5.18 민주화운동의 기록들은 2011년 유네스코 세계기록유산에 등재됨으로써 세계사적인 지위를 확고히 하였다.

    5.18 민주화운동은 권위주의적 국가가 시민의 자유를 위협하던 시절의 고전적 사회운동 유형에 속한다. 민주화 이후 그러한 위협은 주로 국가가 아닌 자본으로부터 오며 우리는 결국 사회경제적 평등이라는 최대 개념의 민주주의가 제대로 정착되지 않으면 경쟁의 절차를 중심으로 한 최소 개념의 민주주의도 무너질 수 있다는 점을 항상 염두에 두어야 한다. 5.18 민주화운동은 또한 민주화에서 인권으로 담론의 초점을 이전 확장하면서 조사, 명예 회복, 처벌, 보상, 기념 순으로 이루어진 화해와 상생에 이르는 길을 제시했지만 코로나19 위기 이후 인간뿐 아니라 생명을 가진 모든 것과의 공존을 추구하는 인권 개념의 근본적인 전환 요구에도 답해야 한다.

    물론 지역의 사건에서 세계사적 의의를 찾는 과정은 신중해야 한다. 예컨대 한나 아렌트가 유대인 강제송환의 실무자였던 아돌프 아이히만의 1961년 재판에서 두 가지 점이 잘못되었다고 주장하면서 첫째, 피고를 인류에 대한 범죄가 아니라 유대인에 대한 범죄로 기소한 점, 둘째, 국제 법정이 아니라 예루살렘에서 재판을 진행한 점을 지적했을 때 그는 이 재판이 이스라엘이라는 하나의 국가 차원을 넘어 세계사의 보편적 차원에서 인정받기를 원했다.

    그러나 이러한 시도는 성취의 가능성과 위험을 동시에 안고 있다. 보편적 인권이 갖는 상징적 허구의 힘을 무시해서는 안 되지만 구체적인 지역의 맥락을 떠나 추상화된 논의는 국적, 인종, 종교

등과 상관없이 보편적 인간 일반으로 환원된 개인의 인권을 역설적이게도 사라지게 만들기 때문이다.

지난 40년 동안 시련 속에서 지속된 5.18 민주화운동의 재해석과 계승 과정은 보편적 인권이라는 상징적 허구를 향한 인간의 열망이 실질적 효력을 가질 수 있음을 보여주었고, 동시에 5.18 진상조사위원회 활동을 통해 민간인 학살 및 인권유린 과정에서 등장한 인물과 현장의 모습을 추적하는 지역에서의 작업이 여전히 중요함을 말해준다.

(2020. 05)

좌파는 정말
한국의 주류가 된 것일까?

유럽에서 좌파와 우파의 개념은 세 차례의 과정을 거쳐 변화해 왔다. 우선 경제적 차원에서 시장 중심의 분배를 강조하는 우파와 국가 중심의 재분배를 강조하는 좌파가 전통적으로 자리 잡았고, 이후 사회적 차원에서 권위에 대한 존중을 강조하는 우파와 권위로부터의 해방을 강조하는 좌파가 등장했다. 최근에는 시장에 의한 분배와 국가에 의한 재분배라는 사회경제적 차원의 좌, 우파 구분은 약화하고, 극우 정당이 대표하는 고립적 민족주의와 녹색당이 대표하는 다원적 세계주의라는 사회 문화적 차원의 좌, 우파 개념이 지배적으로 등장하기 시작했다.

한국의 좌, 우파 개념도 이러한 내용을 비슷하게 공유하지만 코로나 위기를 겪으면서 다원적 세계주의 대 고립적 민족주의라는 좌우 개념이 훨씬 선명하게 나타났다. 세계주의에 대한 우려에도 불구하고 한국의 방역 정책은 민주적 투명성, 생명 존중의 책임성, 열린사회의 세계주의를 표방하면서 개인의 권리보다 공동체의 가치, 고립보다 연대가 더 중요해지는 미래 사회의 비전을 보여줬다. 물론 코로나 위기는 지구적 차원에서 초연결 사회가 가져온 부정적 폐해를 드러냈고 분권과 연대의 적절한 균형의 필요성을 상기

시켰다. 즉 경계를 나눠 지역에서 위기를 막아내는 분권이 필요하고, 동시에 정보를 공유하고 자원을 나누는 지구적 차원의 연대가 필요한 것이다.

2020년 4월 총선 결과에 대한 가장 단순한 해석은 아마도 지역주의 투표로의 회귀라는 평가일 것이다. 그러나 나름의 절박한 이유와 근거가 있어 선택한 사람들에게 그저 지역색을 쫓아 투표했다고 단정하는 것은 모욕적이다. 우선 지역주의 투표라는 설명만으로는 호남에서 지역 정당인 민생당의 현역 의원들이 살아남지 못한 것이나 대구에서 더불어민주당이 25%에서 35% 안팎의 지지를 얻은 사실이 설명되지 않는다. 가장 설득력 있는 주장은 사람들이 각자의 보수나 진보 이념의 정체성에 따라 자신을 대리하는 정당과 오랜 기간 함께하면서 생겨난 정당 일체감에 따라 투표했다는 주장일 것이다.

전통적으로 한국 사회의 균열을 특징짓는 지역, 세대, 이념, 계층의 변수 가운데 우리 사회의 선거를 둘러싼 담론 대결은 점점 보수 우파와 진보 좌파의 이념 투쟁으로 변화해왔다. 이제 많은 사람이 보수 우파라는 자신의 정체성을 개인의 자유나 시장경제의 필요성과 함께 당당하게 말한다. 물론 유권자 선호 이전에 먼저 형성된 과거의 정당들이 새로운 정당의 등장을 가로막고 유권자 선호 자체에도 제약을 가하고 있다. 그러나 기존의 특정 정당에 대한 지지를 바탕으로 그 정당을 자신의 정체성의 한 부분으로 여기는 사람들이 여전히 존재한다. 따라서 어느 지역의 누가 어떤 선택을 했든 절차에 따르고 결과에 승복한다면 존중하는 것이 당연하다.

한국 사회에서 주류의 교체는 첫째, 인물의 교체, 둘째, 정책의 교체, 셋째, 세력 관계의 역전을 포함한다. 그동안 진보 좌파는 인물을 바꿨고 그 인물이 새로운 정책을 추진했지만 이를 뒷받침할 세력 관계의 역전이 완전하게 일어나지는 않았다. 이번 총선 결과는 세력 관계의 역전이 비로소 완성되었음을 의미하고 여당의 압승에는 코로나 위기가 가져온 세계의 변화 방향이 국가의 역할 강화와 다원적 세계주의 등 진보의 가치와 더 친화력을 갖는다는 점이 자리 잡고 있다. 다시 말해 시대의 흐름에 맞는 이념 정체성이 여전히 중요하고 그 위에 실용적인 문제 해결 능력을 누가 갖췄느냐에 따라 주류는 언제든지 교체될 수 있는 것이다.

(2020. 04)

국가 안보와 인간 안보

최근의 코로나 바이러스 위기는 폭넓은 공공 의료 시스템의 구축과 투명하고 신속한 행정 서비스 체계가 인간 안보의 중요한 구성 요소이며 기존의 안보 개념은 주권을 둘러싼 정의로부터 탈정치화할 필요가 있음을 보여준다. 국가를 중심으로 군사적 수단을 사용해 영토를 보전하고 정치적 독립을 유지하는 것을 국가 안보라고 한다면 인간 안보는 개인을 기근이나 질병, 억압 및 갑작스런 일상의 중단에서 오는 고통과 위험으로부터 보호하는 것을 목표로 한다.

다시 말해 기존의 국가 안보 개념이 주권을 중심으로 한 정치 공동체의 수호를 우선시했다면 인간 안보 개념은 그렇게 수호된 국가 안에서 개인의 자유와 자아실현을 어떻게 증진할 것인지에 우선을 둔다. 그러니까 국가 안보에서 인간 안보로의 전환에는 적어도 두 가지 이행이 전제되어 있다. 첫째는 영토에 대한 보호에서 사람에 대한 보호로의 이전이고, 둘째는 군사적 수단에 의한 안보에서 개인의 지속적 발전을 통한 안보로의 이전이다. 즉 외부의 군사적 공격보다는 내부의 환경오염, 전염병, 인권침해 등에 따른 위험이 공동체의 안보에 더 심각하게 영향을 미친다고 보는 것이다.

인간 안보 개념은 1990년대부터 등장하기 시작해 기존 안보 논의의 패러다임을 바꾸는 도전을 계속해왔지만 지역에 따라 편차를 두고 확산되어왔다. 예컨대 유럽연합의 '글로벌 전략 2016'은 인간 안보를 핵심 개념으로 설정하고 이를 추구하는 것이 자신들의 전략적 주요 목표라고 규정한다. 그러나 동아시아 지역에서 인간 안보 개념은 주권 중심의 국가 안보가 지배적인 이 지역의 현실에서 기존 안보 패러다임과의 갈등 가능성을 안고 있다.

　　일본이 그나마 지진이나 해일 등 자연재해에 취약한 환경 때문에 상대적으로 일찍부터 인간 안보 개념을 발전시켜왔다. 그러나 일본의 인간 안보는 공포로부터의 자유보다는 결핍으로부터의 자유에 더 초점을 맞추고 있다. 그 이유로는 두 가지를 추론할 수 있는데 첫째, 일본 자위대의 독특한 군사적 지위 때문에 국가를 보호한다는 주장보다 개인을 보호한다는 주장이 군사력 보유 정당화에 더 좋은 논리였고, 둘째, 공포로부터의 자유를 강조할 때 발생하는 군 위안부나 강제 노동 등의 과거사 문제에 휩쓸려 들어가는 것을 피하려는 의도가 있었다.

　　중국은 인간 안보 개념을 쓰지 않는 대신 비전통 안보 등의 표현을 주로 쓰고 이 개념이 중국의 전통 사상인 인민 중심 표현 등에 이미 담겨 있다고 주장한다. 중국은 쓰촨 대지진이나 코로나 위기에서도 외부의 인도주의적 지원이 국내의 정치적 불안정으로 이어지는 것을 막기 위해 고심했다. 한국 역시 공식적인 안보 논의에 인간 안보 개념이 등장하지는 않지만 공적 개발원조에 이 개념을 적용하여 사용하고 있다.

　　국가 안보에서 인간 안보로 초점이 이동함에 따라 주권 개념 역시 국민을 '통제할 수 있는 권리'에서 그들을 '보호해야 할 책임'으로 의미가 변화하고 있다. 여기에 더해 최근의 위기는 주권이 개인을 보호하는 방식 역시 변화해야 함을 보여준다. 이성과 과학에 근거한 근대의 계몽 프로젝트는 인간 이외의 모든 사물을 타자화하면서 인간을 해방시킨 것이 아니라 물질문명의 노예로 전락시켰다는 의심을 받아왔다. 현재의 위기는 우리 인간이 타자화하여 이용하고 파괴한 자연과 동물들의 생태계 역시 서로의 영역을 존중하며 인간과 공존해야 할 '생명'으로 연결되어 있다는 사실을 상기시킨다.

(2020. 03)

오스카상의 로컬과 보편

아카데미 시상식과 영화 〈기생충〉을 보면서 세계가 이미 우리 안에 들어와 있고 우리 또한 세계 체제에 깊숙이 편입되어 있음을 실감한다. 긍정적이든 부정적이든 세계와 우리 사이에 물리적 거리는 사실상 없으며 오히려 문제는 우리 의식 속에서 재생산되는 중심과 주변의 이분법이다. 우리 안의 중심과 우리 안의 세계에 대해 봉준호 감독은 지난해 10월 미국 매체 '벌처(Vulture)'와의 인터뷰에서 "그동안 오스카상을 받지 못했던 것은 이상하지만 그렇게 큰 문제는 아니다. 오스카상은 국제영화제가 아니라 매우 로컬(local)한 영화제일 뿐"이라고 말했다.

그는 "가장 개인적인 것이 가장 창의적인 것"이라는 자유주의자의 언어로 오늘날 지구적 문제가 된 양극화의 모순과 사회경제적 갈등의 심화를 고발하면서 〈살인의 추억〉, 〈괴물〉, 〈설국열차〉를 통해 "국가 공권력을 조롱하고 사회 불만 세력의 행동을 부추기는" 전형적인 예술인의 자세를 보여왔다. 자신의 문제를 직접 보지 못하고 서구인들에 의해 주어진 프리즘을 통해 자신을 우회해서 보는 비주체적인 태도를 오리엔탈리즘이라고 한다면 봉 감독은 이 모든 것을 뒤바꾸어 원래 자신이 주인이었던 것처럼 아카데미 무대 위에 서 있다.

　서구 중심주의는 서구의 문명이 인류 역사에서 도달한 가장 높은 단계의 문명이며, 이 문명은 세계의 어느 지역에나 적용 가능한 보편적 생활양식이고, 따라서 누구든지 근대화하고 싶다면 유일하게 검증된 서구화의 길을 따라야 한다는 주장으로 이루어져 있다. 우리는 이러한 주장이 계몽이라는 이름 아래 때로 야만적인 폭력을 동반해왔음을 익히 알고 있다. 이에 반해 다문화주의는 서구에 저항하는 지역의 거점을 구축하고 단일한 기준에 의한 문화의 비교 불가능성을 주장하며 서로 다른 문화의 평행한 공존을 지지한다. 물론 다문화주의는 혼종의 거부를 통해 얻은 고립된 장에서 '스스로 선택한 인종 분리'를 실천하고 있다고 비판받기도 한다.

　인간은 사물도 순수의식도 아닌 의식과 몸의 통일체다. 따라서 세계 내의 존재인 인간의 자유는 몸과 생활 세계의 상호주관성으로 인해 공동체 안에서 비로소 가능해진다. 결국 공동체를 떠난 인간의 존재는 불가능하며 모든 공동체가 하나의 지역을 이루고 그 지역들은 대화와 교류를 통해 합의 가능한 보편을 찾아낸다. 애초에 보편은 서구로부터 주어지는 것이 아니라 지역 사이의 끊임없는 대화를 통해 발견되는 것이다.

　지구화는 한편으로 국민국가의 경계를 넘는 노동과 자본의 영향 아래 개인을 고립되고 무능한 소비자라는 보편적 종족으로 바꿔왔다. 시민이 탈정치화하고 민주주의가 후퇴한 곳에서 사람들은 차이에 노출될수록 정체성의 정치를 지지하고 분리주의를 주장하는 다양성의 모순에 빠져든다. 그러나 우리는 새로운 집단의 유입으로 인해 정체성의 위기에 직면했을 때 대화와 교류를 통해 더 크고 넓은 정체성을 만들어내야 한다.

  봉 감독의 오스카상 수상은 1980년대 한국 사회에서 성장한 한 개인이 영화라는 공통의 언어를 통해 고립과 분리가 지배적인 오늘의 세계에서 무엇보다도 우리 안의 세계를 재구성함으로써 세계의 보편성을 구성하는 데 기여했다는 의미를 갖는다. 바꿔 말해 이러한 성취는 중심과 주변의 물리적 거리와 이분법을 극복하고 세계의 모든 지역이 단지 지역으로 존재한다는 전제 아래 지역 사이의 대화를 통해 보편의 가능성을 탐색해온 개인들의 뛰어난 성취라고 믿는다.

(2020. 02)

탈진실 시대의 정치와 지식인

도널드 트럼프 미국 대통령은 탈진실(post truth) 시대를 상징하는 대표적인 정치인이다. 그는 트위터를 통해 직접 시민들과 소통하면서 기성의 언론 권력에 저항하고 있다고 말한다. 트럼프는 사실을 왜곡하고 통계를 조작한다고 비난받지만 더 거대한 악을 무찌르기 위해 불가피한 전략적 선택이라고 그를 지지하는 사람도 많다.

탈진실 시대란 대중 여론을 형성하는 데 객관적 사실보다 개인의 신념이나 감정에 대한 호소가 더 큰 영향을 미치는 시대적 현상을 가리킨다. 애초에 탈진실이라는 개념은 누구도 객관성과 공정성을 독점하지 못하기 때문에 맥락과 해석에 따라 서로 다른 진실이 존재할 수 있다는 자유주의의 상식에서 출발했다. 그러나 합리적 오류 가능성이란 상식은 곧 진실을 무시하고 시민들의 선입견과 감정을 이용해 원하는 목적을 달성하려는 반자유주의 세력에 의해 도전받기 시작했다.

소셜 네트워크 서비스(SNS)는 개인을 넘어선 교량형 사회적 자본을 만들어낼 기술적 가능성 때문에 기대를 모았지만 의외로 탈진실 시대를 확산시키는 데 강점이 있음이 드러났다. 사람들은 누구나 정치적 편견을 갖고 있고 자신과 비슷한 생각을 가진 사람을 신뢰하는 경향이 있다. SNS는 이러한 틈새를 파고들어 폐쇄적인 개인적 연고를 강화하는 방향으로 작동하고 있다. 가짜 뉴스에 혼란스러워 하던 개인들은 스스로 잘못된 정보, 자극적인 사실들을 만들어내고 정치적 낙인찍기에 동참한다.

모두가 소통의 혼란이 만들어낸 기회를 이용하고 의도적으로 미디어의 타락을 장려하는 사이 통계 자료를 모으는 기관들이 커지고 진실 산업(fact industry)이 팽창하고 있다. 진실은 그것이 진실이기 때문에 경쟁에서 승리하는 것이 아니라 정교화된 마케팅과 더 나은 홍보 및 선전과 함께하기 때문에 승리한다. 토니 주트의 언급처럼 우리 모두 거짓을 말하고 그들 역시 거짓을 말한다. 중요한 사실은 그 거짓말을 하는 사람이 우리 편인가 아니면 상대편인가일 뿐이다.

그러나 상대화하고 부유하는 진실 가운데서 과학적 검증을 통해 그것이 진실임을 확인하는 방법이 없는 것은 아니다. 예컨대 근대의 과학 이론은 스스로를 입증하기 위해서 최소한 4가지 조건을 요구한다. 객관성(objectivity)은 누가 실험해도 동일한 결과가 나옴을 뜻하고, 신뢰성(reliability)은 반복해서 실험해도 동일한 결과가 나옴을 의미하며, 타당성(validity)은 모든 과정에서 측정해야 할 것이 제대로 측정되었는지를 뜻하고, 비교 가능성(comparability)은 결과를 일반화하는 표준을 제시할 수 있는지를 가리킨다.

물론 과학성의 무미건조함에 실망한 사람들이 개인의 목소리를 찾아서 이른바 주관성(subjectivity)에 주목한다. 그러나 개인의 목소리도 과학적이기 위해서는 다른 목소리와 함께 만나고 토론하는 상호주관성(intersubjectivity)의 단계에 이르러야 한다. 즉 그가 이승만이든 박정희든, 또는 김구든 김대중이든 역사에서 그와 함께 논쟁하고 부딪친 다른 목소리들과 동시에 듣지 않고 한 사람의 목소리만을 따라가면 찬양과 숭배에 그친다.

랄프 다렌도르프의 지적처럼 지식인의 가장 기본적인 책임은 우리가 가진 지혜를 의심하고, 당연한 것들을 궁금해하고, 모든 권위에 의문을 제기하며, 내가 아닌 누구도 감히 묻지 못했던 것들을 묻는 데에 있다. 탈진실 시대에 복잡한 사회경제적 현실의 한 면만을 고의적으로 보여주려 하는 사람은 정치인은 될 수 있지만 지식인은 아니다.

(2020. 01)

페미니즘이 변하고 있다

올 연말에 들려온 소식 가운데 가장 신선한 충격은 34세의 여성 정치인 산나 마린이 핀란드의 새로운 총리가 되었고 심지어 연정에 참여한 핀란드의 4개 정당 대표가 모두 여성이며 전체 각료 19명 가운데 12명, 그리고 핀란드 국회의원의 47%가 여성이라는 사실이었다.

우리가 실체를 알 수 없는 북핵 위기나 미중 패권 경쟁 담론에 사로잡혀 있을 때 정작 우리 삶과 밀접한 연관을 갖는 우리 사회 내부의 중요한 의제들은 관심 밖으로 밀려난다. 여성의 권리 신장과 성 평등 문제도 그러한 의제 가운데 하나일 것이다.

여성 혐오를 뒤집어 보여주는 미러링이나 사회적 공개 처벌의 효과를 가져온 미투 논쟁 등이 주춤하는 사이 페미니즘의 세계적인 흐름은 일련의 보편주의적 전환을 보여주고 있다. 페미니즘 연구의 방법론 차원에서 보면 비판으로부터 구성으로의 변화가 두드러지고, 내용의 차원에서는 평등에서 자유로 이동하고 있으며, 분석의 대상으로 보면 특정 젠더에 대한 관심으로부터 일반적인 사회정의에 대한 관심으로 이동하고 있다.

한국의 경우에도 세계적 맥락에서 보이는 보편주의적 전환과 비슷한 흐름을 확인할 수 있다. 정치학자 김민정의 연구에 따르면 특히 2016년 강남역 여성 혐오 살인 사건을 계기로 그 이후 전개되는 한국 여성운동은 적어도 세 가지 특징을 보여준다.

첫째는 엘리트 여성들의 대리자 운동에서 일반 여성들의 직접행동주의로의 전환이다. 2016년 이전까지의 한국 여성운동이 소수의 여성들에 의한 대중 설득을 통해 남성 위주의 각종 정책을 바꾸는 데 중점을 두었다면 2016년 이후 여성들은 여성운동 단체나 페미니스트 운동가가 내세우는 깃발 아래 모이는 것을 거부하고 직접 자신들의 요구를 말하고 집회를 조직하는 등의 변화를 보여주고 있다.

둘째는 사회적 성에서 생물학적 성으로의 논의 초점의 이동이다. 2016년 강남역 사건이 생물학적 여성의 몸에 대한 공격이었다는 이해가 자리 잡은 이후 여성에 대한 사회적 억압의 기초는 여성의 몸에 대한 억압에서 시작된다는 인식의 전환 아래 어떻게 하면 여성의 몸을 억압하는 관습으로부터 벗어나느냐가 페미니즘의 중요한 관심사가 되었다.

셋째는 남성과의 평등에 대한 관심에서 독자적인 자유로의 관심의 전환이다. 그동안 한국의 여성운동은 호주제나 여성할당제처럼 많은 논의가 양성평등의 논리 아래 전개되었고 이 과정에서 여성의 자유에 관한 논의는 상대적으로 적었다. 2016년 이후 한국의 여성운동은 남성과 상관없이 여성이 원하는 것을 선택하고 마음껏 할 수 있게 내버려두라는 자유의 주장을 펴기 시작했다.

정치철학자 수전 오킨은 존 롤스의 『정의론』이 한 가족의 가장인 남성만을 대상으로 자유롭고 평등한 개인을 설정하고 있다고 비판하면서 해방 노예에게 약속된 40에이커의 땅과 한 마리의 노새조차 없는 여성이 처한 구조적 현실을 날카롭게 지적한 바 있다. 오킨이 특히 주목한 부분은 가정이라는 사적 영역에서 일어나는 여성 차별이었다.

전쟁은 인간의 마음에서 시작되기 때문에 평화의 방어벽을 우선 세워야 할 곳도 인간의 마음이라고 유네스코헌장은 말한다. 그러나 국가를 중심으로 전쟁 시뮬레이션이 난무하는 국제정치의 건조한 현실에서 세계의 주체로서 인간에 대한 고려는 찾아보기 힘들다. 마치 가상의 게임을 하듯 이른바 전문가들은 유행처럼 국제정치의 작동 방식을 전략적인 언어로 묘사한다. 그러는 사이 우리의 삶을 규정하는 다양한 의제는 정당한 목소리를 내지 못한 채 휩쓸려 간다. 공포를 동원하는 그들의 언어를 거부하고 치열하게 우리 삶의 미시적인 의제들을 지켜내야 한다.

(2019. 12)

건설적 모호성과 지도자의 용기

북아일랜드 평화 프로세스에서 등장하는 가장 흥미로운 개념은 건설적 모호성(constructive ambiguity)이다. 1960년대 후반부터 본격화된 신·구교도 사이의 폭력적인 갈등으로 3,000여 명이 희생된 불행한 역사를 끝맺은 1998년의 성금요일협정은 제7조에서 무장해제에 관한 내용을 다루고 있다. 이 조항은 구체적인 제도화의 형식이나 운영 방식을 설명하는 다른 조항들과 비교할 때 의외로 간단하다.

제7조는 모든 관련 당사자는 무장해제가 협상의 필수 불가결한 요소임을 인식하고 서로 노력하며 국제위원회의 감시 아래 2년 안에 완전한 무장해제를 이룬다고 짧게 언급하고 있다. 이러한 모습으로 7조가 써진 데 대해 아직 완전한 합의에 이르지 못한 어려운 사안을 추상적이고 원칙적인 수준에서 간략하게 언급함으로써 협상 참여를 쉽게 만드는 건설적 모호성을 보이고 있다고 평가한다.

실제 구교도 계열인 아일랜드공화국군(Irish Republican Army)의 무장해제는 1998년 협정 체결보다 한참 후인 2001년에서야 시작되어 2005년에 완결되었다. 신교도 계열의 무장해제는 더 오랜 시간이 걸려서 얼스터 민병대는 2009년에, 얼스터 방위 연합은 2010년에 무장해제를 완료했다. 그러니까 협정 이후 12년 만에 끝난 무장해제를 협정의 우선 조건으로 제시했더라면 1998년의 역사적인 협정은 성립 자체가 불가능했을 것이다.

건설적 모호성이 넓혀놓은 공간에서 정치 지도자의 리더십 역할은 커진다. 영국 총리 토니 블레어는 1998년 평화협정에 대한 국민투표에서 찬성을 이끌어내기 위해 무장 단체 수감자가 석방되기 전에 아일랜드 공화군의 무장해제가 이뤄질 것이라고 지지를 호소했다. 물론 무장 단체 수감자가 석방되고도 한참 동안 무장해제는 이뤄지지 않았고 블레어의 당시 결과적인 거짓 호소는 도덕적으로 잘못되었지만 정치적으로 올바른 행위가 있을 수 있는가에 대한 논쟁을 불러일으켰다.

북아일랜드 평화 프로세스에는 당연히 비밀 채널도 존재했다. 북아일랜드 공화주의자와 영국 정부의 비밀 채널은 1993년에 『옵서버』가 보도하고 2008년 브랜든 더디가 골웨이대학에 문서를 기증하면서 밝혀졌다. 대화의 시도가 곧 배신으로 여겨지던 분쟁의 시대에 그리고 갈등이 격화하여 비관적 전망이 압도적일 때 비밀 채널을 포함한 모든 방법을 동원하여 대화를 시도한 정치 지도자들의 노력은 평화 프로세스의 성공에서 지도자의 판단과 용기의 중요성을 보여준다.

정치 지도자는 평화 프로세스가 가져올 불확실성에도 불구하고 국민들에게 상황이 통제되고 있고 안전하다는 느낌을 제공할 수 있어야 한다. 정치 지도자는 또한 갈등의 시대를 더 이상 긍정하지 않으면서 동시에 평화의 시대를 준비하기 위해 기존 입장을 바꿔야 하는 이중적 상황이 불가피할 때 시민들을 설득하여 평화협정에 대한 지지를 이끌어내야 하고 집단 정서와 신념의 변화에 따른 새로운 정체성 형성을 지지해야 한다.

  데카르트는 그의 책 『방법서설』에서 '문제가 복잡하면 나누라'고 했다. 우리는 때로 우리가 해결할 수 없는 문제를 미완으로 남겨둔 채 더 나은 해결책을 찾아낼 미래 세대의 지혜에 맡기고 앞으로 나아가야 한다. 완전한 모범 답안을 찾을 수 없어서 한 발자국도 나아갈 수 없었다는 변명은 의외로 반정치적이고 반역사적인 태도다. 건설적 모호성이나 미래 세대의 지혜는 평화를 위한 남북 관계나 역사 화해를 위한 한일 관계에서 정치 지도자가 참고할 만한 개념들이다.

(2019.11)

신패권주의와 반지성주의

밥 우드워드 워싱턴포스트 기자가 쓴『공포: 백악관의 트럼프』에선 한반도 상황과 관련하여 외교 안보 문제에 문외한인 트럼프 대통령이 신경질적으로 두 가지 질문을 한다. 첫째는 한반도에서 대규모 미군을 유지함으로써 얻는 이익이 무엇인가이고, 둘째는 미국이 한국을 위한 방위비로 막대한 지출을 하고 있는데 한국은 여전히 미국의 친구인가이다.

당시 국방장관이던 짐 매티스는 미군이 안정적인 민주주의를 위해 한반도에 주둔하고 있으며 한국은 자유선거와 활기찬 자본주의를 가진 민주주의의 요새라고 대답한다. 트럼프가 여전히 불만을 표시하자 알래스카에서는 북한의 미사일 발사를 감지하는 데 15분이 걸리지만 한반도에서는 7초면 알 수 있다고 추가한다. 그래도 트럼프가 한반도 주둔 미군의 중요성을 이해하려 하지 않자 매티스는 미군이 제3차 세계대전을 막기 위해 그곳에 주둔하고 있다고 냉정히 말한다.

2018년 12월 미국이 시리아에서의 철군을 발표하자 매티스는 이에 항의해 국방장관직을 사퇴하면서 미국의 이익을 지키기 위해 동맹을 존중하는 것이 중요하고 실무자들은 이러한 사실을 무시하는 트럼프를 애처럼 취급해왔다고 폭로했다. 최근 시리아에서 미군의 철수가 실제 단행되자 미국의 협조 세력이었던 쿠르드족은 터키의 공격에 직면하여 시리아의 독재자 아사드와 러시아의 푸틴에게 도움을 요청했고 중동 지역 정세는 또다시 혼돈으로 빠져들고 있다.

트럼프 대통령의 고립주의적 결정이 가져오는 이러한 혼란은 트럼프 개인의 독특한 성격보다는 엄연하게 미국 정치의 한 흐름을 이루는 잭슨주의 전통의 연장선상에 있다고 볼 수 있다. 미국 7대 대통령이었던 앤드류 잭슨의 반엘리트주의, 반도시주의, 인종주의 전통은 개인의 자유를 강조하고 작은 정부, 미국적 가치의 보존을 주장하는 공화당의 우파 포퓰리즘 티파티 운동(Tea Party Movement)과 결합하여 트럼프의 신패권주의로 재등장했다.

백인과 기독교를 두 축으로 하는 미국적 정체성의 강화를 통해 미국의 이익을 극대화하려는 트럼프의 신패권주의는 자유주의 전통 아래 국제 문제에 개입을 선호하는 '팽창'보다는 단기적 협상을 바탕으로 배타적인 거래를 통해 국가 이익을 도모하는 '고립'을 추구한다. 따라서 한미 방위비 분담 협상처럼 전통적인 동맹이 거래적 현실 앞에 내평개쳐지는 모습도 미국 정치가 자신의 힘을 과시해온 다양한 전통 가운데 하나이고 트럼프의 개성은 이러한 전통을 더 극적으로 만드는 요소이다.

아마도 힘을 중심으로 한 강대국 패권 정치의 부활과 함께 나타나는 가장 심각한 현상은 반지성주의의 확산일 것이다. 국제정치뿐만 아니라 국내 정치에서도 힘을 통해 이익을 관철시켜나가는 과정이 일상화하면서 규범적 가치와 원칙은 조롱의 대상이 되고 있다. 노동의 가치를 무시하는 편견에 더해 이성의 역할마저 폄훼하는 현상이 늘면서 신자유주의적 경쟁을 내면화한 개인들은 합법이란 이름 아래 폭주한다.

결국 대화와 토론의 상징적인 공간으로서 의회의 역할이 살아나야 할 것이다. 의회정치가 활발한 나라에서는 정치사상이 풍요롭게 발전하고 높은 수준의 정치사상은 현실의 타락을 품위 있게 견제한다. 우리는 생각의 힘과 그 힘을 통해 드러나는 인간의 존엄함을 믿는 인문주의의 고양을 통해 반지성주의의 확산을 막아야 하고 이성에 근거한 합리적 대화와 공감에 바탕을 둔 안정적인 소통을 통해 공존의 정치를 복원해야 한다.

(2019. 10)

운의 평등과 공정한 경쟁

최근 조국 법무부 장관을 둘러싼 찬반 논쟁은 우리 사회에 엄연히 존재해왔지만 실제 우리 눈에 잘 보이지 않던 계급과 신분의 문제를 전면에 드러내는 계기가 되었다. 모든 인간은 자유롭게 태어났고 그 존엄과 권리에서 평등하다는 세계인권선언의 이상과 우리가 마주하고 있는 현실은 거리가 있다. "인간은 자유롭게 태어났으나 도처에서 쇠사슬에 묶여 있다"는 장자크 루소의 말이 여전히 호소력을 갖는다. 그렇지만 인류의 역사는 자유롭고 평등한 개인이라는 이상을 구현하기 위해 쇠사슬로 묶인 현실을 개선하는 과정이었음을 기억할 필요가 있다.

예를 들어 자유주의 평등 이론 가운데 운 평등론자(luck egalitarian)들은 개인의 삶에 영향을 미치는 환경을 '운'과 '선택'으로 나누고 자신의 선택으로 인한 불평등은 정당하지만 운으로 인한 불평등은 정당하지 못하다고 본다. 따라서 운의 차이를 어떻게 사회제도적으로 통제해서 운의 불평등에 의해 영향 받는 개인에게 평등한 삶의 기회를 부여하느냐에 관심을 쏟는다. 물론 여기서 초점이 되는 개인의 재능이나 여건은 우리가 인위적으로 바꿀 수 없는 자연적 사실(natural fact)이다. 즉 개인이 선택하지 않은 뛰어난 예술적 재능이나 남과 다른 여건을 어떤 사회도 인위적으로 제거할 수 없다.

그러나 천부적인 재능과 타고난 여건에서 더 나은 계층이 있고 그렇지 못한 계층이 있을 때 사회의 제도는 그렇지 못한 계층의 사람들에게 평등한 기회를 줄 수 있게 설계되어야 한다. 만약 사회의 방향과 제도가 재능과 여건을 가진 사람들에게 더 유리하게 구성된다면 이들은 그 자체로 이미 보상받은 것에 더해 사회적인 보상까지 확보하면서 이중으로 유리한 상황을 맞게 될 것이다. 따라서 존 롤스는 그의 정의의 원칙에서 사회적 불평등이 정당화될 수 있는 예외적인 경우는 그것이 그 사회에서 가장 불리한 여건에 처한 계층의 상황이 개선될 수 있게 만들 때라고 주장한다.

사회적 권리의 보장을 통해 노동자계급의 상황을 개선시킨 복지국가의 등장도 이처럼 운에 의한 불평등을 조정한 사례다. 20세기 중반에 복지국가를 설계한 영국의 이론가들은 국가에 의한 재분배를 통해 "모든 노동자가 신사가 될 수 있을 것"이라고 믿었다. 사회 구성원에게 인간다운 삶을 보장하는 제도 아래서 노동자계급은 자부심을 갖는 노동자로 대를 이어 재생산될 수 있었다. 그러나 전쟁을 함께 치러낸 제2차 세계대전 직후의 강한 사회적 연대에 근거해 가능했던 이와 같은 합의는 1979년 마거릿 대처 총리의 등장과 함께 신자유주의의 물결이 세계를 휩쓸면서 무너지기 시작한다.

시장에 의한 분배와 개인의 책임을 강조하는 신자유주의는 한국사회에서도 1997년 경제 위기 이후 본격적인 패러다임으로 자리 잡았다. 이른바 '97년 체제'는 그동안 지배적 담론이었던 발전국가 모델을 해체하고 신자유주의를 정착시켰다는 점에서 민주화의 결실인 '87년 체제'보다 훨씬 더 근본적인 변화를 우리 사회에 가져왔다. 특히 87년 체제에서 국민을 중심으로 강조되던 사회적 연대와 공공성은 97년 체제에서는 개인의 권리를 중심으로 한 경쟁의 공정성에 대한 강조로 바뀌었다.

그러나 신자유주의 체제에서 공정한 경쟁은 천부적인 재능과 타고난 여건이라는 운의 문제를 통제하지 않고서는 무의미하다. 일부 명문대 학생들이 공정한 절차를 외치는 시위를 할 때 우리가 느끼는 불편한 감정도 그들이 자신이 가진 재능과 여건을 당연하게 전제한 경쟁을 주장하고 있다는 점에서 생겨난다.

(2019. 09)

강대국 국제정치의 비극

제2차 세계대전이 연합국의 승리로 귀결되어가던 1945년 2월 처칠과 루스벨트, 스탈린은 크림반도의 얄타에서 만났다. 사실상 서로의 이익을 보장하며 전후 질서를 구획해가던 회담에서 스탈린이 폴란드 국경선을 300km 서쪽으로 옮기자는 제안을 했고 루스벨트는 이에 동의했다. 이른바 커즌선으로 불리는 폴란드 동쪽의 영토를 소련이 차지하고, 그 대신 오데르 나이세강 동쪽의 독일 땅을 폴란드에 줌으로써 1,200만여 명의 강제 이주가 불가피하게 발생할 결정이었다.

루스벨트가 스탈린의 이런 무자비한 제안을 받아들인 이유는 몇 가지 정황으로 짐작할 수 있다. 우선 두 사람이 대지주의 아들과 구두 수선공의 아들로서 전혀 다른 배경을 가졌지만 의외로 서로에게 인간적인 호감을 가진 사이였고, 아직 냉전이 본격화하기 전 미국과 소련이 전후 세계 질서 운영에서 우호적인 협력이 가능할 것으로 믿고 있던 시기였다. 그러나 무엇보다 중요한 이유는 동아시아에서 일본군의 강력한 저항에 고전하고 있던 미국이 소련의 대일전 참전을 유도하기 위해 폴란드 영토 문제에서 소련의 주장을 용인해줬다는 점일 것이다.

당시 소련과 독일이 싸운 동부전선에서 270여만 명의 독일군이 전사했고 소련군은 800여만 명이 죽었다. 반면 미군은 41만여 명, 영국군은 38만여 명이 전사하거나 실종되었다. 이런 상황에서 미 국무부는 20만 명의 미군 희생이 일본전에서 추가로 나올 수 있다는 보고서를 올리고 있었다. 실제로 1945년 4월 오키나와 전투에서 미군은 일본군의 결사 항전에 가로막혀 3달 가까이 공방을 지속하면서 1만 2,000여 명의 전사자를 냈다. 미국은 국내에서 루스벨트의 지지율을 떨어뜨릴 미군 희생자가 계속 늘어나지 않도록 소련군이 미군 대신 희생해주기를 원했고 그만큼 미국으로선 소련의 대일전 참전이 중요했다.

어쨌든 얄타에서 스탈린은 독일전이 끝나고 나면 2-3개월 안에 대일전에 참전할 것을 약속했다. 그러나 결국 원자폭탄이 히로시마에 투하된 후인 1945년 8월 8일에야 대일 선전포고를 했고 다음 날인 9일 만주 전선에서 157만여 명의 병력으로 일본을 향해 공격을 개시했다. 참전의 대가로 사할린 남부와 쿠릴열도의 섬 등을 보장받은 소련군은 예상 밖의 속도로 빠르게 남하하여 미국으로 하여금 38선을 중심으로 하는 한반도 분할 점령안을 제안하게 만들었고 이는 오늘날까지 지속되고 있는 남북 분단의 시작점이 되었다.

폴란드의 영토 변경과 한반도의 분단 과정에서 분명한 점 두 가지는 첫째, 폴란드와 한국 누구도 자신들의 운명을 결정하는 이 역사적인 순간에 협상의 주체로 대표되지 않았다는 점이고, 둘째, 강대국들은 철저하게 자신들의 이익을 우선하여 약소국의 이해에 반하는 상상을 초월한 결정도 서슴지 않았다는 점이다. 따지고 보면 트럼프의 미국 우선주의가 새삼스러운 것은 아니다. 어떤 강대국도 역사에서 자신의 이익을 우선하지 않은 경우는 드물고 상대적 힘의 지속적인 우위를 추구하다가 결국 비극적 결말에 이르곤 했다.

  따라서 국제정치에서 누군가가 우리의 이익을 대신해 중재해줄 것이라고 믿는 것은 환상이다. 동시에 한국이 처한 안팎의 어려움을 힘을 중심으로 한 현실주의적 접근을 통해 이해하는 것은 중요하지만 그 해결책마저 현실주의적 관점에서 찾는 것은 강대국 중심의 기존 질서로부터 한 발짝도 벗어나지 못하는 길일 수 있다. 스스로를 강대국의 일원으로 착각하는 현실주의적 현실주의자보다는 민주주의와 시장경제 중심의 국제 규범을 지지하는 현실주의적 이상주의자가 되는 게 더 바람직하다. 경제력 규모 세계 12위, 국방비 규모 세계 10위의 한국은 스스로의 힘을 믿고 운명을 가르는 역사적 순간에 당당하게 자신을 대표하는 목소리를 내야 한다.

(2019. 08)

국민이 된다는 것과
애국의 의미

 인간이 정치 공동체에 속하지 않는다는 것은 어떤 의미일까? 자연 상태의 인간에 대해 홉스는 외롭고, 가난하고, 형편없고, 잔인하고, 부족하다고 묘사한 바 있지만 한나 아렌트는 아예 인류의 범주로부터 추방당한 것이라고 설명하고 있다. 제2차 세계대전으로 유럽 전역에서 무국적자가 증가하자 이들의 비참한 상황에 대한 관심이 증가했다. 무국적자는 정치 공동체에 참여가 불가능한 이들, 사실상 도덕과 법 사이의 모호한 공간에 버려진 이들을 가리켰다. 국가가 없다는 것은 곧 권리가 없다는 것을 의미했다.

 아렌트가 보기에 인간의 권리는 오직 정치 공동체의 구성원이라는 조건이 갖춰져야 가능한 것이다. 이러한 권리는 결코 선험적인 인간의 존엄에 근거하지 않으며 우리가 흔히 생각하는 인간의 선험적 존엄이란 현실에 존재하지 않을 뿐 아니라 인류가 만들어 낸 가장 잘못된 신화이다. 결국 아렌트는 모든 사람에게 어떤 권리보다 우선해서 보장되어야 하는 기본적 인권으로서 정치 공동체에 속할 권리의 중요성을 강조하고 있다. 물론 정치 공동체의 존재는 인권의 실현에 불가피하지만 항상 오류의 가능성을 안고 있다. 특히 국가의 법적 수단들은 시민의 권리를 보호하기도 하지만 동시에 지배의 프로젝트로 작동하기도 한다.

국가 내부의 불평등이 계급이나 젠더, 인종에 의해 영향을 받는다면 지구적 차원에서의 불평등은 국가에 따른 시민권의 차이에 의해 크게 영향을 받는다. 예컨대 소득 하위 5%의 미국인은 세계 소득분포에서 보면 상위 40%에 해당하고 덴마크의 소득 하위 5%에 속하는 사람은 세계 소득분포에서 상위 10%에 해당한다. 이런 지표를 보면 더 안전한 삶과 정치적 권리, 경제적 기회를 위해 자신이 태어난 곳을 떠나 국경을 넘는 사람들을 이해할 수 있다. 현실적으로 개별 국가의 시민권은 글로벌 맥락에서 가치를 달리하며 사람들의 선호에서 차이를 보인다. 예를 들면 가장 경쟁력 있는 첫째 범주의 시민권은 서유럽과 북미, 오스트레일리아, 뉴질랜드, 그리고 아시아에서 한국과 일본을 들 수 있다.

세계적 차원의 분배적 정의가 아직 비현실적이라는 점에서 현실적인 정의에 관한 선택은 더 작은 단위에서 일어난다. 그러나 너무 작은 단위의 공동체는 자원의 한계로 말미암아 의미 있는 분배 자체가 지속되기 어렵고, 너무 큰 단위의 공동체는 분배에 관한 합의를 이끌어내기가 쉽지 않다. 이런 제약들 가운데서 국민국가는 현실적인 분배적 정의의 단위로 기능하고 있다. 국민국가에서도 사회정의와 민주주의의 실현을 위해 여전히 정체성과 애국심은 중요하다. 그러나 애국심은 혈연적 민족의 패권적 지위를 위한 것이 아니라 개인 및 집단 정체성을 형성하는 과정에서 귀속적 애착과 합리적 반성의 균형을 통해 생겨난 정치적 가치와 원칙을 위한 것이어야 한다.

국가 정체성은 배제와 포용의 역학 속에 형성되며 자기 시대를 살아가는 각각의 세대에 의해 끊임없이 재구성된다. 이 과정에서 국가 정체성의 추상적 가치들은 개인적 이해의 요구들과 균형을 이뤄야 하며 개인의 이익에 반하는 희생이 집단적 정체성의 이름 아래 강요되어서는 안 된다. 자신이 속한 정치 공동체에 대한 애국심은 이러한 균형들 위에서 생겨날 때 비로소 의미를 갖게 된다.

한일 갈등이 악화되는 가운데 애국심이 중요한 개념으로 등장하고 있다. 한 나라의 국민으로 산다는 것은 생각보다 강한 운명을 공유하고 있음을 의미하고 기본적 인권을 보장하는 정치 공동체로서 국가는 그 생존을 위해 국민들의 헌신적인 애국심을 요구한다.

(2019. 07)

한일 관계와 역사 화해

미중 패권 경쟁의 격화 속에 한일 관계의 악화도 심상치 않다. 적극적인 관계 개선 노력 없이 현재와 같은 정체 상태가 지속되는 원인에 대해 세력 전이론(power transition theory)에 기반한 설명이 있다. 압도적인 패권 국가가 존재할 때 이 국가와 주변 국가들 사이의 힘의 불균형 속에서 오히려 평화가 유지된다는 세력 전이론에 따르면 동아시아 지역은 일본에서 중국으로 패권 국가의 지위가 넘어가는 상황에서 갈등이 심화되고 있다.

1895년 청일전쟁 승리 이후 지속되던 일본의 패권적 지위는 2010년 중국의 국내총생산(GDP)이 6조 1,000억 달러로 일본의 5조 7,000억 달러를 처음으로 추월하면서 역전된다. 한국과 중국, 일본의 GDP는 1990년 한국을 기준으로 대략 1대 1.3대 11.2였다면 2010년에는 1대 5.6대 5.2로 변화한다. 2010년을 기점으로 한 중국과 일본 사이의 세력 전이도 놀랍지만 한국과 일본의 힘의 크기도 1910년 이후 가장 대등한 상태로 들어섰다. 이러한 세력 전이와 힘의 균형 상태가 오히려 동아시아에 구조적인 갈등의 심화를 가져오고 있는 것이다.

한일 관계 악화의 더 직접적인 원인은 오늘날 한일 양국을 비롯한 동아시아에서 여전히 과거를 인질로 삼은 현재가 계승되는 역사 화해의 부재에서 찾을 수 있다. 과거는 공유하지만 그 해석은 공유하지 못하는 아시아 국가들의 불신과 증오가 아시아 미래의 발목을 잡고 있는 셈이다. 피해자는 누구나 정당한 복수를 꿈꾼다. 그러나 복수가 복수를 불러오는 사회 붕괴의 위기 속에서 가해자와 피해자는 화해의 필요성을 자각하고 공감하게 된다.

한나 아렌트의 주장처럼 과거에 대한 '용서'와 새로운 미래에 대한 '약속'은 정치의 부재를 극복하고 정치적 권위를 성립시키는 조건이다. 인간은 불완전한 존재이고 미래를 향한 존재라는 점에서 어떤 행해진 일에 대한 돌이킬 수 없는 인간 행위를 해방시키는 것이 곧 용서이고 행위의 예측 불가능성을 극복하기 위해 필요한 것이 약속이며 용서와 약속의 과정을 통해 사유하고 행위하는 인간의 정치가 완성된다.

역사 화해는 기본적으로 정치적 관용을 의미하는 근대적 가치이며 전근대적인 도덕적, 종교적 용서와 다르다. 화해에 이르기 위한 사과와 배상, 용서의 틀은 도덕적 비난에 기초한 복수를 꿈꾸거나 교환경제로서 조건적 용서를 강조하다 보면 정치적 목적을 위해 용서를 강요하는 용서의 정치적 수단화에 빠지게 된다. 지구적 차원의 정의는 실현 가능한 정치적인 차원과 근본적인 선을 추구하는 윤리적 차원의 경계에서 섬세한 균형을 필요로 한다. 이러한 균형을 고려하면서 이제 일본과 비슷한 실력을 갖게 된 한국은 역사 화해의 문제를 주도적으로 해결해나갈 필요가 있다.

예컨대 우선 시민교육이 중요하고 초국적 제도화가 중요할 것이다. 교육의 예로서 동아시아연구원과 겐론이 실시한 여론조사에 따르면 한일 양 국민의 서로에 대한 호감과 비호감도는 매우 분명한 두 가지 특징을 보인다. 첫째는 세대가 어릴수록 상대 국가에 대한 호감도가 높고, 둘째는 상대 국가를 방문한 경험이 있는 사람이 그 국가에 대한 호감도가 높은 것으로 나타난다. 그러니까 우리 교육의 한 부분은 젊은 세대에게 초점을 맞춰 이웃 국가를 방문할 수 있는 기회를 갖게 하는 데 투자되어야 한다.

한일 관계의 악화를 걱정하는 사람들은 민주주의와 시장경제를 공유하는 두 나라가 협력하여 동아시아 질서를 주도해나갈 필요가 있다는 점을 강조한다. '인도태평양 전략'과 '일대일로'를 둘러싼 미중 패권 경쟁의 격화 속에 한일 양국은 양자택일의 상황보다는 국제 규범과 제도의 강조를 통해 국제 연대의 틀을 모색함으로써 미중 대결 구도를 협력 구도로 바꾸는 데 공조해야 한다. 대립과 갈등 그리고 불신으로 얼룩진 과거를 뛰어넘어 새로운 가능성의 공간으로서 동아시아를 만들어나가야 할 필요성이 그 어느 때보다 절실한 것이다.

(2019. 06)

3.1운동과 민족 통합의 원형

한국 사회에서 민족이란 단어는 1906년 무렵 처음 등장한 것으로 보인다. 초기에 지식인들 사이에서 쓰이다가 1919년 3.1운동을 계기로 널리 퍼졌다. 그러니까 우리의 근대가 처음부터 민족을 말했던 것은 아니다. 예컨대 1898년 만민공동회의 헌의 6조를 보면 민족이 아니라 개인의 생명과 재산의 보호를 주장하는 시민적 권리가 중심 내용을 이룬다.

『독립신문』도 국가 차원보다는 개인 차원의 자유를 강조하는 의미에서 독립이라는 개념을 주로 사용하였다. 그러나 외세의 개입과 제국주의의 침략이 본격화하면서 개인의 자유와 권리를 바탕으로 한 근대적 담론들은 급속하게 민족주의 담론으로 대체되어갔다.

민족의 신화를 비판하는 학자들은 민족이 오랫동안 지속된 문화인종적 공동체로부터 발전되었다기보다는 역사적으로 발명된 전통(invented tradition)이라고 본다. 민족의 연속성이나 문화적 순수성은 민족주의에 의해 만들어진 신화일 뿐이며 민족주의가 필요에 따라 민족을 만들어냈다는 것이다.

이 주장에 따르면 민족은 19세기 이후 교육의 확산과 미디어의 역할, 정치적 사회화를 통해 구성된 것이다. 특히 근대 이전의 한국 사회는 양반과 노비가 한 민족이라는 의식을 갖기 힘든 수직적 위계질서의 신분 사회였고 양반들은 자신들을 중국 중심의 세계주의적 문명의 일원으로 생각했지, 평민, 노비와 함께 한민족 공동체의 일원이라고 생각하지 않았다.

반면 근대의 민족과 전근대적 문화 인종 공동체 사이의 연속성을 강조하는 입장에 따르면 공동의 문화와 언어를 갖는 집단은 정치적 주권에 대한 자각을 바탕으로 자연스럽게 근대 민족으로 전환한다. 즉 한국 민족은 동일한 지역에서 혈연과 언어, 문화를 공유해온 오래된 문화 인종 공동체이고 현재의 민족은 과거의 문화 인종적 공동체의 연속선상에서 존재하는 것이다.

따라서 민족이 상상의 공동체(imagined community)인 것이 아니라 오히려 개인이 상상의 산물이고 추상적 실체일 수 있다. 자유롭고 평등한 개인이라는 실체를 현실에서 만나기는 쉽지 않다. 즉 개인이 상상과 추론을 통해서 태어난 추상적 존재라면 민족은 '추상적 개인이 입고 있는 현실의 옷'인 셈이다.

민족은 근대 국민국가의 등장과 함께 사회적 통합과 정치적 정당성을 달성하는 데 기여함으로써 민주주의 발전에 긍정적인 역할을 했다. 그러나 최근의 민족주의는 배제의 기제로 작동하는 경향이 더 강하다. 즉 20세기와 21세기의 민족주의는 서로 다른 얼굴로 등장하고 있다. 과거의 민족주의가 소수민족이 독립운동을 통해 인간 해방을 추구하는 과정에 지렛대를 제공하는 진보적 이념이었다면, 오늘날 우리가 목격하는 민족주의는 사회적 다수가 자신들의 이익을 배타적으로 점유하기 위해 고립을 정당화하는 이념으로 사용되고 있다.

미국과 유럽의 민족주의 부활 흐름은 세계가 통합을 강조하던 시대에서 고립의 시대로 이행하고 있고, 민족주의는 이러한 고립을 부추기는 강력한 배제의 이념으로 작동하고 있음을 보여준다. 즉 민족주의의 도전에 의해 다문화주의가 쇠퇴하고 나아가 민주주의마저 후퇴하는 악순환이 일어나고 있는 것이다.

올해 100주년을 맞는 3.1운동은 적어도 세 가지 중요한 특징을 갖는다. 첫째, 우리가 대개 알고 있듯이 제국주의에 저항하는 비폭력 민족해방운동이라는 점이다. 둘째, 우리 역사에서 본격적으로 민주 공화정에 대한 원칙을 천명하고 임시정부를 통해 그것을 구체화했다는 점이다. 셋째, 우리 독립운동이 이념을 중심으로 분열되기 시작하는 1920년대 이전에 통합된 모습으로 진행된 마지막 운동이라는 점이다.

이러한 특징들은 3.1운동이 100주년을 맞는 오늘의 현실에도 유의미한 함의를 갖는다. 사회 문화적 소수의 인간 해방에 긍정적으로 기여하던 민족주의의 유산을 되살리는 일, 민주 공화정의 정신과 제도를 구현하는 일, 갈등과 분열로 점철된 우리 현실에서 통합의 원형과 모범을 찾는 일 등은 1919년의 3.1운동을 거울 삼아 우리가 풀어나가야 할 중요한 과제들이다.

(2019. 05)

브렉시트의 영향과
EU 비전의 부활

　영국의 유럽연합(EU) 탈퇴를 둘러싸고 우리의 관심이 영국 의회의 움직임에 집중되면서 영국의 EU 탈퇴가 EU의 앞날과 세계 질서에 가져올 영향은 간과되는 측면이 있다. 현재의 논의는 적어도 세 가지 질문을 중심으로 다시 검토해볼 수 있다.

　첫째는 영국과 EU가 북아일랜드 국경 개방 여부를 둘러싸고 갈등하는 이유는 무엇이고 이 국경 논쟁이 향후 세계 질서에서 상징하는 의미는 무엇인가이다. 둘째는 과연 브렉시트가 가져올 분열의 결과보다 우파 민족주의의 부활을 중심으로 한 동유럽과 서유럽 사이의 분열이 EU의 앞날에 더 큰 변수가 될 것인가라는 질문이다. 셋째는 만약 브렉시트 및 강대국 국제정치의 부활과 함께 EU가 쇠퇴한다면 이러한 전개는 세계 질서에 어떤 의미를 갖는가이다.

　우선 EU가 영국의 탈퇴에도 불구하고 북아일랜드 국경 개방의 유지를 요구하는 것은 이 정책이 신구교도 사이의 오랜 유혈 충돌을 종식시킨 1998년 북아일랜드 평화협정의 대표적 성과이기 때문이다. EU는 1995년부터 2013년까지 3기에 걸쳐 '북아일랜드 평화와 화해를 위한 프로그램'으로 약 1조 6,000억 원을 지원하면서 이 평화협정의 산파 역할을 하였다. 즉 평화를 향한 프로젝트로서 EU의 존재 의의를 상징하는 성공적인 정책 결과를 결코 양보할 수 없는 것이다.

반면 영국의 입장에서는 한시적으로 EU 단일 시장이나 관세동맹에 잔류하면서 북아일랜드 국경 통제를 관철시키지 못하는 것은 불완전한 주권 회복을 의미하므로 받아들일 수 없다.『뉴욕타임스』에 따르면 현재 가능성은 노딜 브렉시트 32%, 장기 연기 이후 재국민투표 28%, 브렉시트 철회 이후 잔류 13%로 나타난다. 어떤 결론에 이르든 브렉시트는 후기 지구화 시대의 고립주의 강화와 분리주의 심화의 물결을 상징하는 사건으로 기록될 것이다.

한편 브렉시트가 가져올 결과보다 중동부 유럽 국가에서 나타나는 삼권분립의 와해나 언론 자유 침해, EU의 난민 할당 거부 등 EU와 노선을 달리하는 우파 권위주의 정권의 활약이 EU의 앞날에 더 큰 분열 요소가 될 것이라는 지적이 있다. 2018년 9월에 EU는 민주주의와 법치주의의 훼손 책임을 물어 헝가리에 대한 제재를 결의한 바 있다. 또한 EU는 2014년부터 2020년까지의 예산에서 회원국 사이의 경제적 격차를 줄이는 통합 정책에 약 459조 원을 배정해 폴란드에 101조 원, 헝가리에 29조 원, 슬로바키아에 약 18조 원을 지원했다.

그러나 배타적 민족주의가 부활함에 따라 중동부 유럽 국가들이 EU로부터 얻을 수 있는 뚜렷한 경제적 이익에도 불구하고 정체성(identity)과 이해(interest) 사이에서 EU의 분열을 가져올 정체성을 선택할 확률은 여전히 적지 않다. 브렉시트에서도 드러난 이러한 신고립주의 경향은 해외 생산을 줄이고 공급선을 재편하면서 지구적 분업이 약화되는 탈지구화 시대의 구조적 변화를 반영하고 있다는 점에서 문제의 심각성이 있다.

만약 브렉시트와 동·서유럽의 분열 속에서 EU가 쇠퇴한다면 이는 힘을 중심으로 한 강대국 국제정치의 부활을 막을 유일한 글로벌 행위자가 사라짐을 의미한다. 오늘날 중동부 유럽에서 EU는 세력균형의 중심적 역할을 하고 있다. 이 지역은 EU의 확장 정책과 러시아의 에너지를 매개로 한 영향력 유지 경쟁이 치열한 가운데 중국도 일대일로 정책에 따라 인프라 구축 지원을 통한 진출을 시도하고 있고 EU는 다시 유럽-아시아 연계 정책을 통해 중국의 진출을 견제하고 있다.

미국 역시 나토(NATO)를 매개로 전략적 이해를 관철시키기 위해 노력하고 있는 가운데 중동부 유럽은 점점 강대국을 중심으로 한 세력 갈등의 전방위 지역이 되고 있다. 중국과 러시아의 공세적인 진출과 미국의 전략적인 두 개의 유럽 정책 아래 EU의 단기적인 쇠퇴는 불가피해 보인다. 그러나 힘을 중심으로 한 세계 정치의 갈등이 심화될수록 우리는 민주주의와 다자주의, 국제 규범을 강조하는 EU의 비전을 다시 필요로 하게 될 것이다.

(2019. 04)

제 2 부
세상 읽기의 어려움

미국은 여전히 우리의 대안인가?

"예루살렘이 이스라엘의 수도"라는 미국 트럼프 대통령의 공식 선언은 국제사회의 심각한 반대에 부딪히고 있다. 팔레스타인 무장 정파 하마스는 "지옥의 문을 연 결정"이라고 경고했고 구테흐스 유엔사무총장은 "팔레스타인과 이스라엘의 협상에서 결정되어야 할 문제"라고 지적했다. 2017년 말 트럼프 대통령의 이 선언을 거부하는 유엔총회 결의안은 128개국이 찬성하고 9개국이 반대하는 가운데 채택되었다. 유럽의 대부분 국가를 비롯하여 한국도 결의안 채택에 찬성했다. 미국의 압박에도 불구하고 이런 결과가 나오자 국제적 공감대를 벗어난 트럼프 대통령의 결정이 외교적 고립을 자초했다는 평가가 나오고 있다.

미국이 다자주의 무대에서 고립을 선택하는 것은 드문 일은 아니다. 혼자 서야 할 때는 언제든지 혼자 선다는 이른바 패권적 일방주의를 드러낸 경우는 유엔해양법협약이나 국제형사재판소, 파리기후변화협약 등에서도 찾아볼 수 있다. 유엔해양법협약은 미국의 주권을 국제법에 맡길 수 없고 해군 작전에 방해가 된다는 이유로 미 의회가 비준을 거부했고, 국제형사재판소에는 해외 작전에 참여한 미군의 기소 가능성과 정치적 악용 우려를 들어 가입을 거부하고 있다. 파리기후변화협약은 2017년 6월 트럼프 대통령이 미국의 탈퇴를 선언함으로써 세계에서 오직 내전 중인 시리아와 고립주의를 선택한 미국 두 나라만 가입하지 않은 상황이다.

아시아와 미국, 유럽을 세계 질서 형성의 3대 축이라고 한다면 아시아는 압도적으로 미국 지향의 국제 관계 역사를 가져왔고 한국 역시 사활적 동맹으로서 한미 관계를 주요 축으로 하여 대외 관계를 구축해왔다. 모두가 지구화(globalization)를 말하지만 한국의 현실은 오히려 미국화(Americanization)가 더 심화되었고 차라리 불문학이나 독문학이 번성하던 한국의 1960년대가 더 지구화된 시기였다고 말할 수도 있을 것이다. 즉 세계 질서에 대한 이해에서 우리는 미국의 영향력을 절대적인 것으로 인식한 다음 우리의 편향을 강화하는 방향으로 미국 중심의 세계 이미지를 끊임없이 확대 재생산해왔다. 결국 우리의 세계 인식은 공간이나 가치의 차원에서 아시아-유럽을 축으로 하는 세계 질서의 거의 절반을 고려하지 않아온 것이다.

최근의 북 핵 위기는 북한이 생존 및 정체성을 강화하는 차원에서 존재론적 안보 추구 행위를 하고 있고 미국 역시 이 사태를 미국의 안보에 중대한 문제로 이슈화함에 따라 정체성 충돌과 강화 경쟁으로 이어지고 있다. 정체성의 강화 경쟁에서 북한이 어떤 이유로든 핵을 쉽게 포기하지 않을 것이라고 본다면 이 위기는 군사적 접근만으로 해결 불가능하고 장기적, 규범적 관점에서 다자주의적 접근을 모색할 필요가 있다. 이 과정에서 국제정치의 주요 행위자로서 유럽연합의 역할을 생각해볼 수 있다. 유럽연합은 점증하는 신고립주의 흐름 속에서 국제법에 근거한 다자주의적 접근을 내세우며 국제정치에 대한 적극적인 개입을 천명하고 있다.

문재인 정부의 균형 외교, 실용 외교는 한미 동맹과 4강 외교를 기본으로 하되 국익 중심의 외교 다변화를 추구하고 있다. 외교 다변화는 수평적인 외교 지형 확대와 수직적인 외교 층위의 심화를 포함한다. 수평적 확대에는 아세안이나 유럽연합 등 새로운 파트너를 발굴해 관계를 강화해나가는 방법이 있고, 수직적 심화에는 도시 외교, 국가 외교, 지역 외교, 다자 외교, 정상 외교 등으로 개별 국가 중심의 기존 외교를 입체화하는 방식이 있다. 그러나 무엇보다 중요한 균형 외교의 초점은 미국을 중심으로 한 세계 질서 인식의 과도한 편향을 조정하는 것이다. 미국은 우리에게 여전히 중요한 동맹이지만 그 절대적 존재감 때문에 우리 외교의 상상력을 제약하는 장벽이 되고 있다.

(2017. 12)

카탈루냐 독립과
문화적 권리

최근 독립선언으로 국제사회의 주목을 받고 있는 카탈루냐는 바르셀로나를 중심으로 스페인 북동부에 위치해 있는 인구 750여만 명에 스페인 국내총생산(GDP)의 20%를 차지하는 부유한 지역이다. 카탈루냐는 1714년 스페인의 주축을 이루는 카스티야왕국에 합병된 이후에도 고유의 언어와 문화를 통해 독자적인 정체성을 유지해왔다. 1인당 GDP가 3만 5,000달러로 한국과 이탈리아보다 높고 만약 독립한다면 단숨에 세계 34위 정도의 경제 규모를 갖게 된다. 덴마크 인구가 570여만 명, 아일랜드가 470여만 명인 것에 비춰 보면 경제 규모나 인구 면에서 독립을 못할 이유는 없다.

2014년 독립 여부를 묻는 최초의 카탈루냐 주민 투표 결과 41% 투표율에 81%가 독립에 찬성하는 것으로 나타났고 2017년 스페인 경찰의 저지 속에 치러진 투표에서는 43% 투표율에 92%가 독립에 찬성하는 것으로 나타났다. 지난 10월 27일 카탈루냐 자치 정부가 독립선언을 하자 스페인 정부는 카탈루냐 의회를 해산하고 자치권을 박탈하면서 직접 통치를 선언했다. 곧이어 각료들을 반란죄로 체포했고 푸지데몬 자치 정부 수반과 4명의 각료는 브뤼셀로 탈출해 스페인의 체포영장이 청구된 상태에서 벨기에 법정의 심문을 기다리고 있다. 스페인 정부는 12월 21일에 카탈루냐 지역에서 총선을 실시할 것이라고 공표한 상태다.

카탈루냐 독립선언에 대해 유럽연합 집행위원장인 장 클로드 융커는 이런 시도는 유럽연합을 약화시킬 뿐이라며 반대 의사를 분명히 했고, 도날트 투스크 상임의장 역시 우리는 스페인을 상대할 뿐이며 카탈루냐 의회가 독립을 선언한다고 해서 회원국으로 인정받을 수는 없을 것이라고 주장했다. 트럼프 미국 대통령도 카탈루냐는 스페인의 일부이며 미국은 강하고 하나 된 스페인을 지키기 위한 스페인 정부의 노력을 지지한다고 말했다. 역사 속에서 전쟁, 조약 등을 통해 비자발적으로 합병된 소수민족의 독립 요구가 기존 세계 질서를 위협할 것을 걱정하는 이들의 반응이 크게 놀랄 일은 아니다.

이와 같은 반응은 소수민족이 독립을 추구하는 데 중요한 근거로 활용할 수 있는 문화적 권리를 둘러싸고 1948년 채택된 세계인권선언 논의 과정에서도 드러난다. 애초 이 선언의 27조 문화적 권리 조항은 인종, 언어, 종교적 소수가 자신들의 문화를 공공 영역에서 실천할 '집단 권리'를 인정하는 것이었다. 그러나 이 초안은 미국이 의장을 맡은 워킹 그룹에서 삭제되었다.

미국은 기본적으로 소수 문제가 유럽의 문제이며 미국 내에는 소수 문제가 없다는 이유를 제시했다. 벨기에는 히틀러가 1920년대 국제연맹 헌장에 규정되었던 소수의 권리에 근거해 다른 나라에 있는 소수 독일인의 지위를 문제 삼아 개입과 침략을 정당화했다는 점을 들어 문화적 집단 권리 조항에 반대했다.

문화적 권리는 지금도 문화적 소수의 권리와 정체성 보호를 통해 분리주의를 조장하고 궁극적으로 국민국가의 통일성을 위협할 수 있다는 두려움을 불러일으킨다. 그러나 1948년 세계인권선언 이후 70여 년간의 논의를 통해 오늘날 개인과 집단의 언어 및 문화에 대한 권리는 점점 보편적인 인권 가운데 하나로 간주되고 있다. 따라서 카탈루냐가 독자적인 문화적 정체성을 근거로 독립을 주장하는 것은 가능한 일이다.

다만 과거의 민족주의가 약소민족의 정치적 독립을 추구하는 해방의 이데올로기였다면 최근의 민족주의는 저성장이 일반화된 후기 지구화 시대에 사회적 강자들이 자신만의 배타적인 이익을 위해 고립을 목표로 하는 경우가 많다는 점을 고려할 필요가 있다. 카탈루냐는 자신들의 민족주의가 배타적 고립을 목표로 하는 것이 아님을 보여주는 동시에 어떤 방식으로 보편적 세계사 발전에 기여할 수 있는지를 설명할 수 있어야 한다.

(2017. 11)

대통령제와 의원내각제, 어떤 정부 형태가 더 나을까?

1948년 5.10 총선거로 구성된 제헌의회에서 헌법기초위원회가 제시한 우리나라 정부 형태의 초안은 의원내각제였다. 당시 선거에서 사실상 제1당을 차지한 한민당과 제헌의회 다수는 이승만의 영향력을 견제하기 위해 의원내각제를 지지하고 있었다. 이에 대해 이승만은 1948년 6월 21일 국회 본회의에서 대통령제를 관철시키기 위한 전원위원회를 개최하고자 한다.

그러나 이 시도가 좌절되자 이승만은 "이 헌법하에서는 어떤 지위에도 취임하지 않고 민간에 남아서 국민운동을 하겠다"며 장외 정치투쟁을 선언하였다. 그날 밤 김준연, 서상일, 조현영 등 한민당 중진 의원들은 계동 김성수의 집에 모여 이승만의 요구를 받아들이기로 결정했고 다음 날 대통령중심제로 급히 바꾼 헌법 초안을 통과시켰다.

의원내각제는 정치 지도자 훈련과 정치의 연속성, 지지와 대표의 일치 차원에서 장점을 가진 제도다. 의원들은 정부의 각 부처를 돌면서 국정 현안을 파악하고 정책 결정의 훈련을 통해 지도자로 성장한다. 또한 국민의 지지와 정당의 대표가 불일치할 때 언제든지 내각불신임과 의회 해산을 통해 새로운 선거를 시행함으로써 지지와 대표를 일치시킬 수 있다. 특히 의원내각제는 정치인의 경력을 염두에 둔 국민들에게 일찌감치 전문 정치인의 길을 선택하게 함으로써 정치와 비정치 영역을 뚜렷하게 분리하여 사회 각 분야가 자신의 자리를 지키면서 본연의 역할에 충실하게 만든다.

한국에서 의원내각제가 채택된다면 가장 찬밥 신세가 될 곳은 아마도 교수 사회일 것이다. 대통령제 아래서 관료는 어느 교수가 언제 장관이나 위원장으로 올지 몰라 그들을 대우하면서 보험을 들기 때문이다. 그러나 의원내각제가 아무리 이론적으로 좋은 제도라고 해도 국민이 싫어하면 도입할 수 없다.

우리나라에서 의원내각제에 대한 지지가 낮은 이유는 첫째, 1987년 직선제 개헌을 통해 쟁취한 대통령 직접 선출이라는 승리의 상징을 포기하는 것에 대한 국민들의 반감이 있고, 둘째, 국회의원에 대한 낮은 신뢰와 그들이 재벌과 결탁해 권력을 사유화할 경우 국민이 직접 견제할 방법이 사라진다는 것에 대한 불안감이 있다.

대통령중심제는 신속한 의사 결정과 책임정치의 구현이라는 장점이 있지만 체계적인 정치 훈련 없이 누구나 출마 가능하고 대통령 개인의 자질에 따라 정부의 안정성에 심각한 문제가 발생한다는 단점이 있다. 특히 한국에서 4년 중임제가 채택될 경우 첫 임기를 재선에 전력투구하고 재선에 성공하면 다시 모든 자원을 동원해 정권 재창출에 나설 것이다. 정부 기관들이 편법적인 방법으로 대통령 선거운동에 나서게 되면 어떤 이들은 8년마다 정권 교체가 가능할 것이라고 기대하겠지만 현실에서는 16년 만에 정권 교체가 겨우 가능할지도 모른다.

한 세력이 16년을 집권하면 승자 독식의 정치 문화가 강한 우리 사회에서 반대편은 인적, 물적 토대가 붕괴되어 재기가 쉽지 않게 된다. 어찌 보면 1987년 이후 30여 년 동안 우리 정치판이 깨지지 않고 지속된 것은 5년 단임제 덕분이었을 수 있다. 5년 단임제하에서는 대통령 임기 개시와 동시에 사실상 레임덕이 시작되기 때문에 야당은 마음속으로 선거 결과에 승복하지 않고 그 정도 시간은 버틸 수 있다고 생각하는 것이다.

우리가 대통령제를 채택하고 아홉 차례의 개헌을 해온 과정은 이승만, 박정희, 김영삼, 김대중 등 막강한 영향력을 지닌 정치인들의 존재와 그들을 따르는 정치 세력의 이해에 좌우된 측면이 있었다. 그러나 최근 시작된 개헌 논의에는 그런 존재감의 정치인이 없다는 점에서 시민 참여형 개헌이 필요하고 또 가능할 것이라는 기대를 갖게 한다.

다만 87년 개헌 때는 대통령을 우리 손으로 직접 뽑는다는 개헌 이전과 이후의 차이가 분명하여 국민적 합의가 쉬웠다면 지금은 어떤 정부 형태가 무슨 차이를 가져올 것인지에 대한 확신이 서로 다르기 때문에 개헌이 더 어려울 수 있다. 그러나 그럴수록 시민들의 의견이 더욱 중요하고 헌법이라는 문서의 계약 당사자로서 시민들의 선택이 개헌 논의의 중심을 이뤄야 할 필요가 커진다.

(2017. 10)

북아일랜드 평화 프로세스의
성공 요인

　한반도의 평화와 통일을 생각할 때 우리가 오랫동안 관심을 가진 나라는 독일이었다. 독일은 분단 과정에 국제정치적 요인이 크게 작용했고 냉전 시기 좌우 이념 대립을 대표했다는 점에서 한반도 분단 상황과 유사한 특징을 보여준다. 그러나 독일의 경우 동·서독이 직접 전쟁을 치르지 않았기 때문에 내전을 겪은 이후 지속적인 군사적 위협에 노출되어 있는 한반도와는 상황이 다르다. 반면 최근에 주목받는 북아일랜드 사례는 식민 지배와 내전을 거쳤고 구교도 공화주의자와 신교도 통합주의자 사이에 폭력적인 갈등이 지속됐다는 점에서 한반도의 현실에 시사점이 있다.

　1922년 아일랜드의 공식적인 독립 이후 영국의 일부로 남은 북아일랜드는 자치 정부를 구성해왔지만 신교도와 구교도 사이에 갈등이 계속되었고 1972년 영국 정부가 자치권을 회수하고 직접 통치를 선언함으로써 또 다른 갈등의 시대로 접어들었다. 이후 언어 인정 등 정체성 투쟁과 사회경제적 차별이 중첩된 양측의 갈등은 1998년 성금요일협정으로 큰 고비를 넘기게 된다. 이 평화협정의 주요 내용은 적대적인 세력의 상호 인정을 통해 권력 분점 정부 구성에 합의하고 아일랜드는 헌법 개정을 통해 북아일랜드를 포함시키던 영토 조항을 수정하며 서로가 상대방을 멸절하는 통일을 배제하고 평화적 공존을 추구한다는 것이다.

북아일랜드 평화 프로세스가 성공적으로 진행될 수 있었던 원인은 정책, 리더십, 국제적 차원으로 나눠 살펴볼 수 있다. 정책적 요인으로 이 협정은 북아일랜드 내 다양한 정당 및 시민 단체가 합의한 다자 협약과 영국과 아일랜드 정부가 맺은 국제 협약의 두 가지로 구성되었다는 점이다. 즉 시민사회를 평화협정의 주체로 이끌어내는 공동체 교섭 과정을 통해 북아일랜드 평화협정의 가장 독특한 측면인 다자 협약이 체결되었고 이 다자 협약의 이행을 정부 사이의 조약을 통해 보장하는 형식을 취했다. 물론 양국이 기대했던 것과 달리 2007년에 성립된 진정한 의미의 첫 연립정부는 급진파인 신페인당과 민주통합당 사이에 구성되었다.

리더십 요인으로는 영국 블레어 총리의 역할과 1998년 노벨평화상을 공동 수상한 사회민주노동당 존 흄과 얼스터통합당 데이비드 트림블의 노력을 들 수 있다. 블레어 총리는 1840년대 대기근으로 아일랜드 국민 120여만 명이 굶어 죽는 상황을 영국 정부가 방치한 사실에 대해 1997년에 영국 정부 대표로 첫 공식 사과를 한 바 있다. 그는 1998년 5월 실시된 국민투표에서 평화협정을 가결시키기 위해 협정안이 갖는 건설적인 모호성을 최대한 이용해서 아일랜드공화군(IRA)의 무장해제가 곧 이뤄질 것처럼 국민을 속였다고 비판받기도 한다. 아일랜드공화군의 무장해제는 2001년 10월에서야 비로소 시작되었다.

북아일랜드 평화협정의 성공에서 가장 큰 역할을 한 것은 미국과 유럽연합의 지원으로 대표되는 국제적 요인에 있다고 볼 수 있다. 유럽연합은 '북아일랜드 평화와 화해를 위한 프로그램'을 마련하고 1995년부터 2013년까지 3기에 걸쳐 약 1조 6,000억 원을 공동체 건설과 신뢰 구축, 청년 교육 등의 프로젝트에 지원했다. 미국 역시 '아일랜드국제기금'을 통해 1986년에서 2010년 사이에 약 1조 1,000억 원 지원했다.

이러한 노력들이 합쳐져 북아일랜드는 평화협정 이전 30여 년 동안 3,000여 명이 사망했던 끔찍한 시기를 지나 더블린 출신의 버나드 쇼가 『존 불의 다른 섬』에서 그렸던 "사실이 너무 잔혹하지 않고 꿈이 너무 비현실적이지 않은 나라"에 더 가까워졌다.

(2017. 10)

백인우월주의 폭동과 미국의 딜레마

2017년 8월 미국 버지니아주 샬러츠빌에서 발생한 백인우월주의자들의 폭력 시위는 미국이 안고 있는 인종 갈등의 딜레마를 다시 한번 보여준다. 미국 안에서 민주주의 및 인권의 확산을 추구하는 범세계주의적 흐름과 백인 및 기독교 중심의 미국적 정체성 회복을 주장하는 신고립주의적 흐름이 맞부딪히는 가운데 백인우월주의를 공개적으로 표명하는 시위가 열렸다는 사실은 미국 역사에서 반복되는 이들의 도전이 만만치 않음을 의미한다.

흔히 미국은 이민의 나라라고 일컬어진다. 이민의 주요 세력이 달라짐에 따라 초기 영국인이 주류를 이룬 앵글로아메리카 시대를 거쳐 유럽인이 주류를 이룬 유로 아메리카 시대, 아시아와 남미로부터의 본격적인 이민에 의해 시작된 다문화주의 시대, 그리고 최근에는 문화 집단 사이의 경계를 넘어서는 초민족 아메리카 시대를 향해 나아가고 있다고 말해진다. 미국은 다양한 인종으로 이뤄진 문화적 정체성의 표현을 장려함으로써 개인의 상상력을 해방시키고 이를 통해 궁극적으로 생산력의 극대화를 추구해왔다.

그러나 미국이 유색인종의 이민을 받아들이면서 다문화 시대로 나아간 지는 그리 오래되지 않았다. 미국은 1882년 중국인 배제법을 통해 중국인 이민을 금지했고 1907년 일본과의 신사협약을 통해 일본인 이민을 사실상 중단시켰다. 중국을 비롯한 아시아인의 이민이 정식으로 재개된 것은 1952년 이민법을 통해서였고 1965년 이민법이 국가별 할당제를 폐지함으로써 비로소 아시아와 남미로부터 본격적인 이민이 시작되었다. 미국은 아메리카 원주민에게도 1924년에서야 별도의 법제정을 통해 시민권을 부여한 바 있다.

흑인에 대한 차별 시정의 역사는 더 지난했다. 남북전쟁 직후인 1865년에서 1870년 사이에 수정된 헌법 13, 14, 15조는 각각 노예제 철폐와 시민권 인정, 투표권 부여를 명시했다. 그러나 현실에서 흑인 차별은 계속되었고 1896년 미국 대법원은 플레시 대 퍼거슨 사건에서 '분리하되 평등하게'라는 원칙 아래 인종 분리를 합헌으로 판결하였다. 이 결정은 1954년 브라운 대 교육위원회 사건에서 '인종 분리는 그 자체로 불평등'하다고 판결함으로써 뒤집혔다. 이후 계속된 시민들의 투쟁은 1964년 민권법 제정과 적극적 평등 실현 정책(affirmative action)의 도입으로 이어졌다.

그러나 적극적 평등 실현 정책은 그 정당화의 논리가 최근 들어 변화하고 있다는 점을 주목해야 한다. 초기에 이 정책은 노예제로 인해 역사적으로 누적된 차별을 교정하는 보편적 인권의 관점에서 도입되었다. 그러나 노예제의 직접적인 가해자와 피해자가 사라진 지금 이 정책은 인종 및 문화적 다양성이 가져오는 공리주의적 이익에 초점을 맞춰 정당화되고 있다. 소수 인종을 우대하는 미시간 대학의 입학 정책에 대한 2003년 대법원 판결도 다양성이 미국의 사활적 이해임을 강조하면서 이 정책을 지지하고 있다.

보편적 인권에 기초한 사회정의의 관점이 아닌 다양성의 공리주의적 이익에 근거한 정책의 정당화는 개인에게 그가 이 사회에 무슨 필요가 있고 어떤 기여가 있는지 입증할 것을 요구한다. 특히 이 논리는 경기후퇴 시기에 사회적 소수와 이민자에 대한 차별이 심해지는 배경이 된다. 결국 미국에서 백인우월주의의 공개적인 등장은 지구화가 가져온 빈부 격차 확대와 경쟁의 심화에 반감을 갖는 시민들이 고립주의를 선호하고, 해외 생산을 줄이고 공급선을 재편하면서 국가 간 노동과 상품의 이동이 줄어드는 탈지구화 시대의 구조적인 세계 질서 변화를 반영하고 있다는 점에서 더욱 우려를 갖게 하는 문제이다.

(2017. 09)

폴란드 촛불집회와
한국의 촛불혁명

아마도 우리는 교과서에 나오는 김광균의 시에서 애처로운 이미지의 폴란드를 처음 만났을 것이다. "낙엽은 폴란드 망명 정부의 지폐, 포화(砲火)에 이지러진 도룬 시의 가을 하늘을 생각게 한다"로 시작하는 「추일서정」에서 폴란드는 강대국의 국제정치에 휩쓸리는 비운의 나라였다. 그리고 나는 20대 후반 『부하린: 혁명과 반혁명의 사이』를 쓰면서 부하린이 1912년 망명 중이던 레닌을 찾아가 만난 곳이 폴란드 남부의 중세도시 크라쿠프였다는 사실을 알았다. 마침내 2009년 크라쿠프를 방문했을 때 그곳 사람들이 가진 유럽의 문화 수도라는 자부심과 중세 유럽에서 가장 넓었다는 광장에 깜짝 놀랐었다.

폴란드는 1795년 러시아, 프로이센, 오스트리아에 의해 분할된 이후 123년간 세계지도에서 사라졌다가 1918년 제1차 세계대전 종전과 윌슨의 민족자결주의의 영향 아래 독립했다. 그러나 1939년 독일과 소련의 동시 침공을 받아 바르샤바가 폐허로 변하는 경험을 했고 제2차 세계대전 후 소련의 영향력 아래 동유럽 공산주의 국가의 일원이 되었다. 이 전쟁의 와중에서 1940년 소련에 의해 2만여 명의 폴란드 군인과 경찰관 등이 살해되어 암매장당하는 카틴 숲 학살 사건이 일어났다. 2010년에는 카틴 숲 학살 70주년 추모식에 참석하러 가던 폴란드 대통령과 정부 요인들이 탄 비행기가 추락하여 80여 명의 탑승자 전원이 사망하는 불행한 사고가 있었다.

무수한 역경에도 불구하고 폴란드는 1980년대 자유 노조를 중심으로 한 시민들의 힘으로 동유럽 국가 가운데 제일 먼저 민주주의로의 이행을 시작했고 주기적인 정권 교체와 정당정치가 이뤄지는 동시에 유럽에서 가장 빠른 경제성장을 이룩했다. 과거사 청산을 위한 노력도 지속하여 1997년 정화법을 제정하고 국가기억원을 세워 100여 곳의 자료 보관소에 누적 두께가 9.3km에 달한다는 과거의 비밀문서를 파손 없이 보존하기 위해 노력하고 있다. 국가기억원에는 검사를 파견해서 비밀경찰에 협력한 사람들을 파악해 공직에서 배제하고 기소와 처벌까지 가능하도록 하고 있다.

폴란드의 체제 전환 과정에서 가장 중요한 변화는 1999년 나토(NATO) 가입과 2004년 유럽연합(EU) 가입이다. 이 두 사건을 계기로 폴란드는 러시아의 영향력에서 벗어나 서구 사회의 일원이 되겠다는 의지를 분명히 밝혔다. 여전히 에너지의 2/3를 러시아에서 수입하고 폴란드 농산물의 대부분을 러시아에 수출하는 상황이지만 러시아를 견제하기 위해 2018년 완공 예정으로 미사일 방어(MD) 기지를 폴란드 내에 건설하면서 자발적으로 미국을 불러들였다. 러시아와의 역사적 악연에 따른 두려움과 2014년 러시아의 크림반도 합병 이후 다음 목표는 폴란드가 될 수도 있다는 우려가 스스로 미·러 대결의 각축장이 되는 것도 불사하게 만든 셈이다.

이 과정에서 폴란드 국내 정치는 과거 사회주의 세력이 몰락하고 '법과 정의당'과 '시민연단'이라는 민족주의 우파 세력이 주도하는 양당 체제가 굳혀졌다. 최근 폴란드 시민들은 상대적으로 더 극우의 성격을 갖는 법과 정의당의 권위주의 강화와 삼권분립을 위협하는 사법 개악 시도에 맞서 촛불집회를 통해 저항하고 있다. 비운의 역사를 딛고 생존을 모색하는 것과 촛불을 통해 권위주의 정권에 저항하는 것까지 한국과 많은 점에서 닮았다.

다만 한국은 촛불집회 대신 촛불혁명이라는 표현을 쓴다. 한국 사회에서 가장 강력한 영향력을 갖는 두 축은 긍정적이든 부정적이든 '재벌'과 '미국'일 것이다. 혁명이 기존 질서의 근본적인 변화를 뜻한다는 차원에서 보면 한국에서 이 두 축에 대한 도전이 없다면 혁명이라는 표현을 쓰기는 어렵다. 촛불집회를 통해 절차적 민주주의를 회복한 것은 맞지만 부풀려진 개념을 쓰면서 현실을 공허하게 만드는 것은 바람직하지 않다. 우리는 이상이 현실을 견인할 것을 기대하지만 때로 이상은 무기가 되어 현실을 파괴하기도 한다.

(2017. 08)

국방 개혁과 문민 통제

오래전 육사에서 생도들을 가르쳤다. 육군 중위로 임관한 정치학 교관이었는데 생도들과의 생활이 점점 즐거워져 평생 이곳에서 살아도 좋겠다는 생각을 하곤 했다. 조국과 민족을 위해 생명을 바치고, 언제나 명예와 신의에 살며, 안일한 불의의 길보다 험난한 정의의 길을 택한다는 세 가지 생도 신조를 아직도 기억한다. 육사 생활을 마치면서 생도 문화의 독특함과 육사가 우리 현대사에 드리운 명암을 분석한 책 『국민의 군대 그들의 군대』를 펴냈다. 문민정부가 들어서던 1990년대 분위기에서 이 책은 꽤 주목을 받아 팔렸고 나는 덕분에 해외 유학을 떠날 수 있었다.

그러나 민주화 이후 30년이 지나고 군의 정치 개입 역시 한참 지난 일이지만 여전히 국방 개혁은 큰 진전이 없고 문민 통제라는 용어는 낯설게 남아 있다. 계속되는 한반도의 위기 상황이 국방 개혁을 주장하기 어렵게 만들었고 오히려 검찰 개혁 등의 의제에 가려 국방 개혁은 시민들의 관심에서 멀어진 느낌이다. 그러나 법무부 한 해 예산이 3조 원일 때 국방부 예산은 38조 원이라는 사실, 대부분의 시민은 평생 검찰과 상관없이 살 수 있어도 성인 남자 모두가 군에 입대해야 하는 현실은 국방 개혁이 우리 생활과 훨씬 더 밀접하게 연관되어 있음을 말해준다.

우리가 해결해야 할 국방 개혁은 크게 나눠 방산 비리 척결, 전시 작전권 환수, 군 구조 개편 등 세 가지다. 2015년 검찰 조사에서 드러난 방산 비리 총액은 1조 원 정도였고 그 가운데 8,000여억 원이 해군 관련 사업이었다. 방산 비리는 무기 구매에 쓰이는 11조 원의 전투력 개선비에만 해당하는 것이 아니고 약 27조 원의 전력 유지비에서 발생하는 일상적인 비리도 포함한다. 전시 작전권 환수 문제는 군사 주권 회복의 당위성과 미군을 활용하는 군사적 효율성 논리가 대립하는 가운데 우리 군의 독자적인 대북 군사 억제력 확보와 이에 따른 무기 체계 개선이 환수 여부와 시기를 결정짓는 변수다. 군 구조 개편은 육군 중심의 재래전 체제를 공군과 해군 중심의 현대전 체제로 바꾸면서 지휘 체계와 병력을 소수 정예화하려는 것이다.

정무적 판단을 필요로 하는 이런 국방 개혁의 내용을 보면 반드시 군인 출신이 국방장관을 맡아야 할 이유는 없다. 문민 통제란 민주적으로 선출된 대통령과 그가 임명한 국방장관이 국민의 뜻에 따라 군의 상황을 통제하는 상태를 말한다. 민주국가에서 문민 통제가 필요한 이유는 두 가지다. 첫째는 지휘체계를 중시하는 군이 본질적으로 그리고 불가피하게 비민주적인 조직이라는 사실, 둘째는 국경을 지키는 군이 사회와 분리되어 불가피하게 고립된 상태로 존재하는 조직이라는 사실이다. 본질적으로 비민주적이고 고립된 조직으로서 군은 민주적으로 선출된 대통령과 장관의 문민 통제를 통해 국민의 이해에 따라 민주적인 국가를 지키는 최후의 물리적 보루로서 기능한다.

생도들은 끊임없이 지휘관이 되는 길을 배우고 지휘관 결심의 순간을 준비한다. 지휘관 결심은 언제 누가 무엇을 위해 죽느냐 하는 긴박한 전투 상황을 전제하기 때문에 토론하고 투표해서 결정하는 민주적 방식과는 거리가 멀다. 이런 방식의 훈련을 평생 받아온 사람은 훌륭한 군인이 될 수 있지만 좋은 국방장관이 되기는 힘들다.

혹자는 민간인 출신 국방장관이 임명되면 장군들이 말을 잘 들을까 걱정한다. 그러나 합참의장과 소수의 장군을 제외한 대부분의 군인은 통수권자의 명령에 따라 전쟁에서 승리할 전략과 전술을 강구할 뿐 정치적이고 정무적인 판단을 하지 못하게 되어 있다. 단지 막연한 안보 불안감이 우리가 이룩한 민주주의의 수준에 걸맞지 않게 문민 국방장관에 의한 군의 문민 통제를 지연시켜온 것이다.

(2017. 07)

우주과학기술과 국가 전략

몇 해 전부터 우연한 계기로 우주개발계획 수립과 우주 국제 협력에 관한 과학자들의 회의에 참여하고 있다. 정치학자인 나를 제외하고 대부분 과학자로 이루어진 이 회의에 참여할 때마다 항상 흥분과 설렘이 있다. 과학자들의 언어로 오가는 대화를 듣는 것도 재미있지만 정치학자 입장에서 보면 매우 간단한 정책이나 예산 문제로 곤혹스러워 하는 과학자들을 보는 것도 흥미롭다. 올해에는 국가우주위원회가 매 5년마다 수립하여 보고하는 제3차 우주개발 진흥 기본 계획을 작성하는 작업이 진행되고 있다.

우주개발계획 수립에서 과학자들이 직면하는 어려운 문제는 발사체나 탐사선 개발 등의 기술적 차원보다는 자신들이 추구하는 우주 정책이 어떻게 해야 시민들의 지지를 받을 수 있고 우주과학기술 관련 정부 예산을 늘리기 위해 어떤 논리를 제시해야 하는가 등이다. 아시다시피 우주를 선거구로 하는 국회의원은 없고 지역구민도 없다. 현실적으로 우주 정책에 직접 영향 받는 지역의 시민이 없고 그 정책 효과가 일자리 창출 등으로 당장 나타나는 것도 아니기 때문에 국회나 여론의 지지를 얻기가 쉽지 않다. 이런 이유에서인지 지난 대선에서 문재인 대통령은 아예 우주 관련 공약을 내놓지 않았다.

우리가 어떤 정책을 정당화할 때는 대개 두 가지 논리 가운데 하나를 따른다. 첫째는 그 정책의 효과가 좋기 때문에 필요하다는 결과론적 정당화이고, 둘째는 결과와 상관없이 그 정책 자체로 필요하기 때문에 시행해야 한다는 의무론적 정당화이다. 우주과학기술은 당연히 직접적이고 즉각적인 효과를 따지는 결과론적 정당화가 쉽지 않고, 우리의 미래 생존과 관련된 국가 전략 차원에서 의무론적 정당화가 필요한 분야이다. 우주산업이 정부의 정치적 결단을 중심으로 논의되는 것은 이 분야가 첫째, 최첨단 기술의 집약체이고, 둘째, 대규모의 예산을 필요로 하며, 셋째, 장기적인 지원을 필요로 한다는 점 때문이다.

물론 우주산업에도 사회경제적 차원과 국가 안보 차원의 이해가 함께 존재한다. 미국의 우주산업이 군사적 프로그램으로 시작해서 상업적 적용으로 발전하고 있다면 유럽은 사회경제적 차원으로 시작해서 국가 안보를 강조하는 방향으로 선회하고 있다. 예컨대 미국 민간 기업인 일론 머스크의 스페이스엑스가 이미 발사된 로켓을 회수하여 비용을 대폭 절감함으로써 일반인의 우주 시대를 앞당기고 있다면 유럽우주국(ESA)은 갈릴레오 프로젝트를 통해 미국 의존에서 벗어난 독자적인 위성항법 장치 구축을 시도하고 있다. 대부분의 우주과학기술은 선진국 중심의 경쟁으로 진입 장벽이 존재하고 전략 기술임을 이유로 국제적 수출 통제 체제가 존재한다. 또한 이 기술들은 사이버전이나 대테러전, 우주전 등의 미래전과 군의 독자적 정찰 및 정보 획득 능력 확보와도 밀접한 관련을 갖고 있다.

우주과학기술의 발전은 국민적 지지 위에 정치적 결단이 필요한 국가 전략 차원의 문제지만 정치적 의지가 지나치면 목표에 이르지 못하고 표류하게 된다. 예컨대 2025년으로 예정됐던 달 착륙선을 2020년으로 앞당긴 박근혜 정부의 대선 공약은 장기적인 투자를 통한 독자 개발보다 국제 협력을 통해 기술을 사 오는 것을 선호하게 만드는 유인이 될 수 있었다. 우주 공간의 평화적 이용과 과학적 탐사를 통한 국가 안전과 경제 발전의 기여를 고려하면서 당장의 성과에 급급하지 않고 긴 호흡으로 미래 전략을 세우는 일은 장기적인 국가의 생존을 위해 중요하다. 우주개발은 어느 분야보다도 정치적 의지와 과학적 논리 사이의 균형이 필요한 분야인 것이다.

(2017. 06)

청와대 비서실장론

 매우 당연한 이야기지만 대통령은 오랜 정치 경험을 통해 충분히 준비된 사람이 선출돼야 한다. 앞서 언급했듯이 우리나라에서 대통령이 하는 일과 가장 유사한 업무를 하면서 국정 전반의 경험을 쌓을 수 있는 자리는 국무총리, 서울시장, 경기도지사, 여당 대표, 야당 대표 등 다섯 개의 자리다. 이 자리들은 경제 사회 문제는 기본이고 외교 안보까지 경험할 수 있다는 점에서 다른 선출직 자리와는 구분된다.

 물론 이런 자리를 거쳤다고 해서 모두 대통령이 되는 것은 아니지만 이런 자리에서 국정 경험을 쌓은 후에 대통령이 된다면 훨씬 안정적인 정책 결정을 해나갈 수 있을 것이다. 그런데 최근 문재인 대통령이 취임 직후 내린 신속한 결정들을 보면 바람직한 사전 경력에 대통령 비서실장도 추가해야 할 것 같다.

 행정학자 김정해 박사 등의 연구에 따르면 대통령 비서실장의 유형은 크게 세 가지로 나눌 수 있다. 첫째는 실세형으로 비서실장이 권력의 2인자 위상을 갖고 대통령의 통치 방향을 의회와 행정부를 상대로 관철하려는 유형이다. 권위주의적 유형으로도 불리는 이 유형에는 이후락, 노재봉, 김기춘 등이 있었다.

둘째는 조정형으로 비서실 내부에 대한 장악력을 바탕으로 대통령의 국정 방향을 의회 및 행정부와 원만히 조정해나가는 유형이다. 박관용, 문희상, 임태희 등이 이에 속했다. 셋째는 실무형으로 대통령의 일정 관리 등 비서 기능과 비서실 내부의 행정 관리 등으로 그 역할을 국한하는 소극적 유형이다. 김계원, 이범석, 강경식 등이 이에 해당했다.

비서실장의 유형은 대통령의 업무 스타일 및 비서실의 운영 방식과도 연계되어 있다. 대통령의 업무 스타일은 자신이 모든 국정 현안을 직접 챙기는 권한 집중형과 국정 현안의 우선순위 및 중요도에 따라 최종 의사 결정을 제외한 대부분의 처리를 비서실장에게 맡기는 권한 위임형으로 나눌 수 있다.

또한 비서실 운영 방식은 조직의 서열 중시를 통해 질서를 유지하는 노태우, 김대중 정부의 위계형이나, 김영삼 정부처럼 대통령이 비서실 내에 여러 개의 채널을 두고 직접 의견을 듣는 경쟁형, 노무현 정부처럼 비서실장, 정책실장, 안보실장으로 책임을 나눠 견제와 균형을 유지하는 협력형으로 나눠진다.

위계형의 비서실에서는 경직된 운영으로 위기에 대응하는 순발력이 떨어질 수 있고, 경쟁형에서는 비서실장을 무력화시키는 실세 수석이 등장한다. 반면 협력형 비서실에서는 체계적인 논의와 신속한 의사 결정의 어려움이 있다. 협력형의 체계성 부족이라는 단점을 노무현 정부에서는 이지원 시스템을 통해 정책 결정 라인에 있는 모든 사람이 비서관의 보고 사항과 대통령의 결정 사항을 공유하는 방식으로 해결했다. 권한 집중형 대통령 아래서 비서실장은 실무형에 머무는 경우가 많고 권한 위임형 대통령 아래서는 실세형이나 조정형 비서실장이 등장한다.

문재인 대통령은 권한 위임형 대통령 아래서 조정형 비서실장을 지냈고 협력형 비서실 운영 방식을 경험했다. 이런 청와대 경험을 면밀하게 복기한 결과들이 현재 진행되는 발 빠른 조치들을 가능하게 했을 것이다. 문 대통령이 경험했던 과거의 청와대 체계는 평화가 안정적으로 지속되는 시기에 가장 이상적인 운영 형태라고 볼 수 있다.

그러나 참여정부 초기의 청와대 운영에서 되짚어봐야 할 두 가지 점은 첫째, 권력의 분산이라는 바람직한 정책 방향은 개혁 추진을 위해 필요한 강력한 권력 기반 유지와 균형을 이루어야 하고, 둘째, 국민들에게 신선한 충격을 주는 권위주의 해소 역시 대통령 개인의 성품에 근거한 채로 제도적 정착에 이르지 못하면 정권이 바뀐 후 다시 쉽게 권위주의로 회귀한다는 점이다.

(2017. 05)

정치인은 왜 거짓말을 할까?

17세기 영국의 정치인이자 외교관이었던 헨리 워튼은 "대사란 자국의 이익을 위해 거짓말을 하려고 해외에 파견된 정직한 신사"라고 말한 적이 있다. 이 말에 대해 우리 외교부의 한 차관보는 외교관이 공식적인 자리에서 거짓말을 하지는 않지만 경우에 따라 오해의 소지를 남기는 모호한 표현을 사용할 때는 있다고 설명했다. 이 간단한 설명에는 '거짓말'과 유사하지만 의미가 약간 다른 '정보의 조작'과 '정보의 은폐' 개념이 포함되어 있다.

미국 시카고대의 정치학자 존 미어샤이머는 『왜 리더는 거짓말을 하는가?』라는 책에서 거짓말과 조작, 은폐를 구분하여 설명한다. 거짓말이란 자신은 사실이 아니라는 점을 알고 있으면서 다른 사람이 그것을 사실로 믿게 하려는 의도를 갖고 하는 발언이다. 정보의 조작은 어떤 목적을 위해 특정 사실을 강조하거나 축소하는 것을 말한다. 은폐란 어느 입장을 뒤집거나 약화시킬 수 있는 정보를 숨기는 행위를 뜻한다. 물론 모두 속임수의 일종이다.

예컨대 미국의 부시 행정부는 2003년 이라크를 침공할 때 두 가지 이유를 들었다. 첫째는 당시 이라크 대통령 사담 후세인이 9.11 테러를 일으킨 알카에다와 연계되어 있다는 점이었고, 둘째는 이라크가 국제 평화에 위협이 되는 대량 살상 무기(WMD)를 갖고 있다는 점이었다. 그러나 두 이유를 뒷받침할 충분한 증거가 없다는 사실을 당시 정책 결정자들은 전쟁 전에 이미 알고 있었음이 밝혀졌다. 그럼에도 전쟁을 정당화하기 위해 정보의 조작과 은폐를 시도했고 때로는 명백한 거짓말도 서슴지 않았다.

대개 정치인은 국가의 이익을 위해 거짓말을 했다는 공리주의적 이유를 제시한다. 거짓말을 통해 공익을 늘리면 유능하다는 평가도 뒤따른다. 그러나 미국의 트럼프 대통령은 공익을 위해 거짓말을 한다는 전통적인 이해에서도 벗어나 있다. 단순한 통계나 분명한 사실도 왜곡하는 트럼프의 일상적인 거짓말은 대체로 세 가지 목적을 가진다. 첫째, 말 그대로 불특정 다수의 시민을 속이고자 하는 의도다. 둘째, 자신을 지지하는 세력의 결속을 다지고 충성심을 확인하려는 장치다. 셋째, 자신의 거짓말을 통제하지 못하는 반대 세력의 좌절감을 끌어내기 위한 것이다.

물론 트럼프 지지자들은 그의 거짓말을 기성 질서에 저항하기 위한 수단으로 인식한다. 예컨대 트럼프의 사소한 거짓말과 비교하면 힐러리 클린턴의 자유와 진보, 여성 인권의 담론은 도달 불가능한 목표이자 상투적인 거대한 거짓말이다. 트럼프는 우리의 이익을 위해 우리의 언어로 나에게 직접 말하는 사람이지만 클린턴은 추상적이고 고상한 거짓말로 기득권 세력을 대변하고 있는 악녀다. 거짓말이 게임의 중요한 요소가 되자 모든 것이 불분명해지면서 소통이 난잡해지고 정치가 희화화되며 시민들의 혐오도 증가한다.

명백한 가짜 정보와 거짓말이 난무하는 사회는 부정적인 대가를 치르게 된다. 우선 자신이 갖고 있는 정보가 정확한지 확인하기 위해 시간과 자원을 쓰면서 사회적 거래 비용이 증가한다. 또한 신뢰할 만한 정보와 투명성이 결여된 상황은 시민들의 올바른 선택을 방해하여 정치에서 책임을 묻기 힘들게 만든다.

그리고 무엇보다도 거짓말은 시민들 사이의 상식적인 소통 경로를 파괴함으로써 진실의 추구를 핵심으로 하는 법치주의의 근간을 해친다. 현실 정치에는 목적을 달성하기 위한 공포의 조장이나 전략적 은폐가 항상 존재한다. 진실만을 추구하는 도덕성이 역사의 진보를 보장하지는 않지만 도덕성 없는 유능함 역시 오래 지속되지 못한다.

(2017. 04)

로마조약 60주년, 유럽연합의 미래

　지금 유럽연합은 로마조약 60주년을 기념하기 위해 분주하다. 유럽 통합을 주도했던 초기의 6개 회원국, 프랑스, 독일, 이탈리아, 벨기에, 네덜란드, 룩셈부르크는 1957년 3월 25일 로마조약을 맺고 본격적인 경제통합의 시동을 걸었다. 로마조약에 초대받았지만 참여하지 않았던 영국은 로마조약 60주년을 기념하는 올해에도 함께 하지 않는다.

　브렉시트 이후 유럽연합은 올해 발표한『유럽의 미래에 대한 백서』에서 5가지 시나리오를 제시하고 있다. 첫째, 현 체제를 유지하면서 점진적 발전을 추구하는 길, 둘째, 유럽연합의 기능을 단일 시장만으로 축소하는 길, 셋째, 국가별로 통합에 차이를 두는 다중 속도와 다층 체제를 인정하는 길, 넷째, 의제 수를 줄이고 효율성을 높이는 길, 다섯째, 모든 영역에서 통합의 폭과 속도를 강화하는 길 등이다.

　이 가운데 정책 사안별로 채택 여부와 시행 시기를 달리할 수 있는 세 번째의 다중 속도, 다층 체제 접근법이 유럽연합의 유연성을 높일 수 있다는 점에서 프랑스, 독일, 이탈리아 등의 지지를 받고 있다. 그러나 동유럽 국가들은 이 길을 따를 경우 동유럽에 대한 경제적 지원이 줄어들거나 동유럽 국가들이 뒤처질 것이라는 우려를 제기한다. 즉 다중 속도, 다층 체제는 결국 통합이 아닌 분열을 조장할 수 있으며 로마조약의 교훈은 더 강력한 통합의 길로 나아가는 것이라는 점을 주장하고 있는 것이다.

『유럽의 미래에 대한 백서』가 유럽연합의 대내적 발전을 다루고 있다면 대외 정책은 지난해 발표한『유럽연합의 글로벌 전략』에 담겨 있다. 2003년에 발표했던『유럽연합의 안보 전략』과 비교하면 현재의 전략 보고서는 두 가지 점에서 차이가 있다. 첫째, 2003년에 언급하지 않았던 유럽 시민의 이익을 증진하기 위한 글로벌 전략이라는 점을 분명하게 밝히고 있다. 둘째, 군사 안보적 차원에서 남중국해를 포함한 세계 각 지역에 독자적 방위 능력을 갖춘 강력한 개입 의지를 천명하고 그 방법은 국제법에 근거한 다자주의적 접근을 추구한다고 말하고 있다.

그러나 두 가지 전략은 모두 딜레마를 안고 있다. 첫째, 유럽 시민의 직접적인 이해를 대변하는 기능이 강화될수록 유럽연합이 갖는 규범적 성격은 약화될 확률이 높다. 유럽연합의 규범적 성격은 유럽의 이상적인 미래 비전을 공유하는 엘리트 사이의 합의의 문화와 시민의 요구에 직접 책임지지 않는 '선출되지 않은 권력' 때문에 가능한 측면이 있었기 때문이다.

둘째, 독자적인 방위 능력을 갖춘 군사 안보의 주요 행위자로서 세계 각 지역에 개입하려는 시도도 불가능한 목표로 남을 가능성이 크다. 대내외의 적을 설정하고 군사적 목표를 정하는 과정은 훨씬 높은 수준의 합의와 희생을 요구하기 때문에 현재 수준의 통합으로는 회원국 사이의 의견 차이가 분열로 이어질 가능성이 높은 것이다.

마키아벨리는 『로마사 논고』에서 누구라도 전쟁을 시작하기는 쉽지만 끝내는 것은 마음대로 되지 않는다고 말한 바 있다. 이렇게 보면 틸러슨 미 국무장관이 최근 밝힌, "대북 정책에서 전략적 인내 시기가 끝났고 선제 타격도 고려한다"는 강경 입장은 한반도 문제의 해결이 아니라 시작일 뿐이라는 점을 뜻한다.

트럼프 등장 이후 세계적인 신고립주의 흐름 속에서 유럽연합은 거의 유일하게 국제법에 근거한 다자주의적 접근을 대표하는 세력으로 남아 있다. 유럽연합마저 유럽 시민의 이익을 강조하면서 유럽과 비유럽 사이의 벽을 높이고 군비 확장의 길을 간다면 인류사의 새로운 정치체제의 실험이라는 의미는 퇴색하고 단지 거대하고 배타적인 국민국가의 확대재생산만이 남게 된다.

(2017. 03)

유럽과 미국, 연대와 분열

흔히 미국은 자연, 유럽은 문명으로 비교된다. 자연은 한눈에 알아보기 쉽지만 익숙해지면 곧 감동이 시들해지는 반면 문명은 이해하는 데 시간이 걸리지만 깊이를 알아갈수록 더 빠져든다. 유럽을 떠나온 사람들이 건설한 미국은 유럽의 문명에 주눅 드는 경향이 있고 유럽은 미국의 자연과 풍요로움을 부러워한다.

유럽은 자신들이 20세기에 이미 성취한 국민건강보험제도가 2010년 미국에서 오마바 케어라는 이름으로 어렵사리 통과되자 미국이 마침내 20세기에 들어섰다고 비꼬았고, 미국은 자신들이 제공하는 안보 우산 아래서 챙긴 복지로 자랑을 일삼는 유럽을 '군사적 피그미'라고 조롱했다.

미국과 유럽의 차이는 유럽이 규칙과 협력을 존중하는 다자주의적 칸트의 세계를 추구하는 반면 미국은 힘에 근거한 일방주의적 홉스의 세계를 추구하기 때문이라고 설명되기도 한다. 유럽연합(EU)이 주장하는 '규범 권력'이란 바람직한 정책을 모범으로 제시할 수 있는 능력이자 이 정책의 확산을 통해 영향력을 행사하는 권력을 일컫는다.

이에 대해 미국은 19세기 유럽이 강했을 때 유럽 역시 힘을 위주로 한 국제정치를 주도했고 이제 힘이 약해지자 규범 권력을 주장하는 것이라며 이 개념은 기본적으로 약자의 논리라고 비판한다. 숲속에서 곰이 소동을 피울 때 미국처럼 총을 든 사냥꾼과 유럽처럼 겨우 칼을 들고 있는 사냥꾼은 대처 방식이 다를 수밖에 없다는 것이다.

미국과 유럽은 제2차 세계대전 전후로 나치와 소련이라는 공동의 적을 상대로 연대했고 공산권이 붕괴되자 미국이 유럽의 안정을 전제로 아시아로 눈을 돌리면서 분열의 단초가 싹텄다. 그러나 곧 테러리즘이라는 공동의 적이 등장했고 2001년 9.11 테러가 일어났을 때 르몽드는 "우리 모두가 미국인이다"라며 연대를 표명하기도 했다.

그렇지만 이라크 전쟁이 끝난 후 미국과 함께 전선에 남아 있던 이는 대서양 동맹의 한 축인 영국의 토니 블레어뿐이었다. 결국 테러의 근원적 배경인 중동 갈등은 유럽의 친팔레스타인 정책과 미국의 친유대 정책이 부딪히며 두 진영을 분열시키는 문제임을 다시 한번 확인시켜주었다.

트럼프 정부 등장 이후 미국과 유럽의 분열은 더욱 표면화되고 있다. EU 주재 미국대사로 내정된 시어도어 맬럭은 EU가 "초국가적이고 선출되지 않았다"고 비판한 바 있다. 미국의 신고립주의가 백인과 기독교에 근거한 미국적 기원의 확인을 통해 국가의 경계를 분명히 하고, 시민들의 목소리를 직접 대변하는 직접민주주를 강화하는 것을 목표로 한다는 점에서 보면, EU는 선출되지 않은 권력이면서 동시에 실체가 불분명한 초국가적인 모습으로 주제넘게 강대국 행세를 하고 있는 셈이다. 따라서 트럼프는 러시아와의 관계 강화를 통해 중국의 팽창주의와 EU의 규범 권력을 견제하면서 세계 질서를 단순화하려는 의도를 내보이고 있다.

그럼에도 EU는 지난해 유럽 시민의 이익을 강조하고 적극적인 군사 안보 활동을 주장하며 국제법에 근거한 다자주의 접근을 옹호하는 내용의 '2016 EU 글로벌 전략'을 발표했다. EU와 트럼프 정부는 자유주의적 개방 대 보호주의적 패권, 초국가적 네트워크 대 국민국가적 배타주의로 대립하고 있다.

물론 현실의 국제정치에서는 여전히 미국 없이 어떤 문제도 해결할 수 없고 미국 또한 혼자서는 어떤 국제 문제도 해결할 수 없다. EU가 브렉시트에도 불구하고 규범 권력을 목표로 미국과 구별되는 초국가적 실험을 지속하는 한 서구의 쇠퇴와 자유주의 국제 질서의 해체라는 거대 담론은 아직 때 이른 주장일 것이다.

(2017. 02)

개헌, 국가주의적 지름길의 유혹

국가를 만들 때 가장 먼저 필요한 요소는 공동체의 운명을 결정할 주권자인 시민의 존재다. 그다음은 이들의 의사를 모아 어떤 나라를 세울 것인가에 대한 청사진, 즉 헌법을 제정하는 것이다. 마지막 단계는 시민들이 합의한 헌법에 따라 국가기구를 설치하고 운영하는 것이다.

이것이 규범적으로 추론할 수 있는 국가 구성의 순서라면 유럽연합은 이른바 국가주의적 지름길(statist shortcut)이라고 불리는 정반대의 절차를 밟아 만들어졌다. 즉 가장 먼저 엘리트들이 하향식 계획을 통해 유럽연합의 기구를 만들었고, 2000년대 들어서야 그 작동 원칙을 총괄하는 헌법 제정을 시도했으며, 마지막으로 이 모든 결정을 정당화시켜줄 원천인 유럽 시민을 만들어내기 위해 지금도 계속 노력 중이다.

물론 위로부터의 국가주의적 계획 덕분에 유럽연합은 짧은 시간에 놀라운 발전을 보이면서 20세기 역사를 바꾸는 역할을 하게 되었다. 그러나 동시에 유럽의 정체성을 공유하며 자발적으로 참여하는 유럽 시민의 부재는 유럽연합을 위기에 빠뜨리는 근본적 원인이 되고 있다. 그래서 역사가들은 유럽 통합이 문화로부터 시작되어야 했다는 평가를 내놓는다.

그러나 애초부터 문화에 초점을 맞춰 아래로부터 유럽연합을 구성하는 길을 택했다면 유럽연합은 제2차 세계대전 이후의 험난한 시기를 헤쳐 나오지 못한 채 이미 좌초했을지도 모른다. 결국 모든 역사적 변화는 위로부터의 계획과 아래로부터의 참여가 어느 지점에서 적절하게 만나야 가능할 것이다.

오늘날 우리 사회의 개헌 논의에 대한 우려는 다양한 개혁 의제를 헌법을 매개로 단순화하는 과정에서 여전히 국가주의적 지름길의 강한 유혹을 벗어나지 못하고 있다는 데 있다. 최근 국정 농단 게이트에서 왜 그토록 유치한 집단에 의해 정상적인 국가 운영이 왜곡되고 정책 집행의 보루인 관료들이 뚫렸을까? 이런 현상이 추상적인 개헌을 통해 사라질 수 있을까?

시민 각자가 자신이 맡은 위치에서 기대되는 공정한 판단과 책임 의식을 저버린 채 사익을 추구하는 집단에 휘둘린 사태는 개헌으로 해결되지 않는다. 즉 법과 원칙을 비웃는 부당한 권력을 비판함으로써 절차적 민주주의를 회복하고 사회경제적 불평등을 해소함으로써 실질적 민주주의를 심화하는 것은 개헌을 한다고 해서 보장되는 문제가 아닌 것이다.

물론 개헌은 우리 사회가 지향하는 가치와 원칙을 집대성하는 의미가 있고 그 과정은 내용 차원에서 권력 구조와 시민 기본권에 대한 논의, 주체 차원에서 정치권과 시민사회의 참여가 동시에 균형 있게 이루어져야 한다. 한국 사회가 개헌을 위한 역사적 전환점을 맞은 것은 분명하고 개헌에 대한 논의 역시 활발하게 이루어져야 하지만 탄핵과 대선 국면에서 시민사회가 아닌 정치권에 의해 주도되는, 기본권이 아닌 권력 구조에 대한 논의가 압도적인 현실은 우리의 우려를 증폭시킨다.

다양한 문화와 가치가 공존하는 다문화 시대의 정치는 대화와 타협이 끊임없이 요구되는 일상적인 과정이 될 확률이 높다. 우리는 이제 한 번의 선거, 한 차례의 개헌, 한 명의 위대한 정치인에 의해 모든 문제가 단숨에 해결될 것이라는 환상을 버리고 그렇지 않은 복잡한 상황에 익숙해져야 한다.

우리 안의 민주화는 국가주의적 지름길이 아니라 시민들 스스로 생각의 힘을 믿고 그 힘을 통해 드러나는 인간의 존엄함을 지지하는 독립적 개인이 될 때 가능하다. 광장의 촛불집회에 모인 시민들이 보여준 희망은 바로 그들이 아래로부터 그리고 자신으로부터 이러한 변화를 다짐하며 실천하고 있다는 점이다.

(2017. 01)

공화국과 시민

홉스는 신민의 자유는 주권의 무제한적 권한과 일치하기 때문에 개인이 콘스탄티노플의 군주제 아래 거주하든 아니면 루카의 자유국가에 거주하든 자유의 크기는 아무 차이가 없다고 말한 바 있다. 물론 홉스의 주장은 틀렸다. 만약 어떤 사람이 술탄의 신민이라면 그 사람은 루카의 시민보다 덜 자유롭다. 콘스탄티노플에서 자유는 순전히 술탄의 선의에 의지하고 있기 때문이다.

즉 군주제에서 법의 근원은 군주의 의지와 동일하기 때문에 만약 술탄이 마음을 바꾼다면 신민의 자유는 어느 순간 줄어들거나 사라져버릴 것이다. 그러므로 콘스탄티노플에서 가장 자유로운 신민이 누리는 자유가 루카의 가장 비천한 시민이 누리는 자유보다도 못한 것이다.

민주주의 시대에도 여전히 군주가 되려는 정치인이 있고 술탄을 꿈꾸는 자본이 있다. 그들이 우리의 자유를 위협하는 한 시민은 항상 깨어 있어야 한다. 마키아벨리는 공화국을 유지하기 위해 시민이 갖춰야 할 세 가지 덕목을 제시한다.

첫째, 뇌물이 난무하는 사회적 부패의 대가는 역사에서 언제나 노예로의 전락이었기 때문에 시민들은 결코 뇌물을 받아서는 안

된다. 둘째, 모든 시민은 자신의 정부가 야망에 찬 개인이나 자기 이익만을 추구하는 소수집단의 손에 들어가는 것을 막기 위해 반드시 노력해야 한다. 셋째, 시민들은 자신의 공동체를 정복하기 위해 침략하는 외부의 적에 맞서 언제든지 싸울 단호한 의지를 갖고 있어야 한다.

공화국의 시민이 갖춰야 할 덕목이 이와 같다면 정치 지도자가 갖춰야 할 최소한의 덕목은 민주적 의사 결정 능력과 공인 의식일 것이다. 민주적 의사 결정 능력이란 대화와 토론을 통해 다수 의견과 소수 의견을 구별해내고 이를 조정하여 대안을 제시하고 설득할 수 있는 능력인 동시에 채택되지 않은 소수 의견을 존중하고 그들의 권리를 보호할 정책을 제시할 수 있는 능력이다.

공인 의식이란 정치 공동체의 일을 책임 맡아 대부분의 시간을 사람들의 눈에 노출된 광장에서 보낼 때 그 긴장을 견뎌낼 능력을 가리킨다. 보통의 시민들은 주로 사적인 공간에서 개인으로 지내다가 정치 공동체가 필요로 할 때 광장에 나선다. 그러나 정치 지도자는 대부분의 시간을 광장에 머물면서 힘겨운 도덕적 과부하 상태를 견뎌내야 한다.

세계적으로 기존 질서에 대한 불신이 높아가는 가운데 민주주의는 도전받고 있다. 냉전 이후 시민들이 대규모로 모이는 집회 자체가 많지 않고 설령 있다고 해도 주로 인종, 문화, 종교 갈등과 관련된 유혈 투쟁이 대부분이었다.

2016년 한국의 촛불집회는 87년 체제 이후 절차적 민주주의 아래서 성장한 독립적인 개인들이 모였다는 점에서 그 숫자도 놀랍지만, 그들의 주장이 사적 이익을 추구하는 부패한 권력을 비판하고 법과 원칙이라는 민주주의의 추상적 가치들을 지지하고 있다는 점에서 민주주의의 후퇴라는 세계적인 흐름을 뒤바꾼다는 의미가 있다.

혹자는 이를 시민혁명으로 부른다. 혁명은 변화의 폭이 넓고 속도가 빠르며 변화 내용이 근본적인 것을 뜻한다. 촛불집회가 없었다면 대통령 탄핵소추안 가결이 불가능했을 것이라는 점, '재벌도 공범이다'라는 구호가 보여주듯 촛불집회가 우리 사회의 사회경제적 불평등과 구조적 모순으로 눈을 돌린다는 점에서 혁명적 성격을 갖는 측면이 있다.

그러나 아직은 그 결과를 예측하기 힘든 진행 중인 혁명이라고 표현하는 것이 적절할 것이다. 다만 광장의 주인이자 주권자로 나섰던 젊은 세대의 집단 경험의 기억이 앞으로도 오랫동안 한국 민주주의를 견인하는 버팀목 역할을 할 것이라는 점은 분명하다.

(2016. 12)

광화문의 정치학

광화문에 다시 시민들의 목소리가 넘쳐난다. 한국 현대사의 결정적인 변화들은 대부분 제도권 밖에서 시민들의 집합적인 행동에 의해 시작되었고 그들의 목소리가 최종적으로 모인 곳은 광화문이었다. 광화문은 그 탄생부터 정치적이고 권력적인 공간이다. 조선시대 경복궁의 남쪽에 세워진 정문으로서 관청이 늘어선 육조대로를 앞에 두었던 광화문은 그 상징적 위상 때문에 항상 역사적 대결의 공간으로 호명되었다. 광화문에서 벌어진 집회가 아무리 평화적이어도 그 이면에는 늘 역사의 흐름을 가를 치열한 전투와 시대적 긴장이 자리 잡고 있는 것이다.

광화문에서 벌어진 최초의 근대적인 직접민주주의의 경험은 1898년 만민공동회일 것이다. 오늘날 촛불집회의 기원이 되는 만민공동회는 당시 서울 인구가 20여만 명일 때 1만여 명의 시민이 광화문에서 동쪽으로 열린 종로에 모여 장작을 피우며 벌인 철야집회이다. 3월의 1차 만민공동회는 부산 절영도 저탄소 조차 반대 등의 주장을 통해 제국주의 열강의 경제 침탈을 물리쳤고, 10월의 2차 만민공동회는 7인의 대신을 파면하고 박정양을 수반으로 하는 개혁파 정부를 출범시켰다. 3차 만민공동회는 11월부터 12월 25일까지 42일 동안 철야 집회를 통해 헌의 6조를 인정받고 광무 계약을 체결하는 성과를 거뒀다.

지금의 헌정 질서를 탄생시킨 1987년의 6월 항쟁은 학생과 노동자가 앞장서고 넥타이 부대로 불린 중산층이 광화문에 합류하면서 대통령 직선제 개헌을 쟁취했다. 불완전한 타협으로 평가되는 이 과정은 흔히 사회화, 정치화, 제도화의 3단계의 모델로 설명된다.

첫 번째 사회운동의 단계는 시민들이 주도했지만, 정치화 단계에서는 기존 여야 정치인들이 협상을 전담했고, 마지막 제도화 단계는 애초에 국면을 주도했던 시민들이 배제된 상태에서 소수의 지도자나 법률 전문가들의 무대로 바뀌었다. 지금도 시민들은 마지막 단계에서 개혁 주체가 배제되는 이러한 상황을 우려한다. 그러나 제도화 단계의 방향 역시 근본적으로는 시민들의 지속적인 참여 여부에 의해 규정받을 것이다.

87년 체제 출범 이후 30여 년 동안 우리 사회의 절차적 민주주의는 공고화되었다. 바꿔 말하자면 강화되는 법의 지배라는 원칙 앞에서 법의 적실성을 회복하고 법의 한계를 깨뜨리려는 사회운동의 역할도 법을 통해 이뤄져야 하는 상황이 되었다. 시민들은 새로운 사회계약을 원하지만 지금 상황은 자연 상태에서 주권을 위임하는 홉스적인 원계약 상황이 아니라 민주화로 성취한 기존 질서 위에서 계약 내용을 수정하는 신계약적 상황이라고 볼 수 있다. 그러므로 탄핵에 의한 대통령 퇴진이나, 유고에 의한 대통령 권한 대행 선출, 개헌을 통한 대통령의 임기 단축 등 현재의 정당한 헌법 질서 안에서 가능한 모든 절차를 충분히 고려해야 한다.

우리는 2016년의 역사적 상황이 어떤 경로를 밟아 어디로 향해

갈지 정확하게 알 수 없다. 각 진영마다 누군가는 치밀한 계획을 세우겠지만 모든 계획은 사건들이 부딪히며 만들어내는 역사의 우연을 피할 수 없을 것이다. 혹자는 프레임을 말하고 로드맵을 말하지만 한나 아렌트의 말처럼 "모든 이론은 우리가 행동하기 전에 그 의미에 대해 말할 것을 요구"하고 그 과정에서 "우리의 행동이 갖는 혁명적 창의성을 파괴"한다.

결국 어떤 이론으로도 포괄할 수 없는 시민들의 용기 있는 행동이 역사의 새로운 국면을 열어가는 가장 중요한 변수가 될 것이다. 시간은 누구의 편도 아니며 역사는 우리의 행동 없이 정의가 저절로 구현되지 않았다는 사실을 보여준다.

(2016. 11)

그리스 패러독스와
민주주의의 위기

영국의 유럽연합 탈퇴 투표에 가려져 그리스의 국가 부채 위기는 사람들의 관심에서 멀어졌지만 요즘도 그리스 국민들은 유럽연합의 회원국으로 남은 채 천문학적 규모의 빚을 갚느라 고생하고 있다. 그리스는 구제금융을 지원받는 조건으로 약속한 2015년부터 2018년 사이 GDP 대비 3.5%의 재정 흑자를 달성하기 위해 부가가치세를 13%에서 23%로 인상했고, 반부패 계획 및 공공 행정개혁을 실행 중이며, 67세로 정년을 연장하여 조기 은퇴를 막는 연금개혁 속에 국민들은 1/3씩 연금이 깎이는 고통을 감수하고 있다.

그리스는 1944년부터 1949년까지 좌파와 우파 사이의 내전을 거쳤고 1967년부터 1974년까지 군사정권 시기를 거쳤지만 이후 민간 우파 세력의 집권과 1981년 전후 첫 좌파 정부 등장, 1989년 우파 정당과 공산당의 연립정부 구성 등을 통해 민주주의로의 이행과 공고화를 이룩했다. '그리스 패러독스'는 이처럼 민주화의 성공적인 완수와 민주적 제도의 존재에도 불구하고 정치체제의 비효율과 후견주의가 계속되어 국가 부도 위기를 지속적으로 겪는 그리스 현실을 일컫는 말이다.

이런 모순이 생겨난 과정에는 적어도 두 가지 계기가 중요하게 작용했다. 하나는 민주화 과정에서 좌, 우파의 타협과 소극적 과거 청산이고, 다른 하나는 그리스 민족주의 문화를 서구화를 통해 개혁하고자 했던 1981년의 유럽연합 가입이다.

그리스의 유럽연합 가입을 주도했던 우파는 그리스가 과거의 고립적인 문화로 후퇴하지 않기 위해서는 유럽과의 교류가 중요한 기회라고 생각했고 1974년 집권 이후 공산당을 합법화하고 왕정을 폐지하며 군부의 이익을 존중해주는 타협을 추진했다. 반면 좌파는 한때 유럽연합이 작은 나라의 주권을 위협하고 자본주의 체제의 주변부에 위치한 그리스 농업을 망치며 독자적인 국가계획 수립을 불가능하게 하여 그리스 산업을 황폐화시킬 것이라고 비판했다. 그러나 1981년 집권 이후 좌파는 이데올로기와 실용 정책은 다르다는 설명과 함께 반유럽연합, 반나토, 미군 기지 철수 등의 정책을 폐기했다.

이처럼 온건화를 채택한 정치 엘리트들 사이의 정책 수렴은 그리스의 민주주의로의 이행 과정을 안정화시켰다. 그러나 서로의 이익을 인정하고 보장해주는 타협은 기득권 세력의 온존과 부패의 지속으로 이어져 근본적인 개혁을 불가능하게 만들었다. 그리스의 좌, 우파 정당이 서민을 보호하는 가부장적 국가주의와 개인적 연고를 중시하는 정당 후견주의라는 특유의 문화를 자신들의 지지 기반 확장을 위해 적극 활용한 결과 어느 정당이 집권하든지 정책 집행의 투명성이 떨어지고 세금 회피와 부패가 일상화되는 현상이 나타났다.

그리스의 위기는 단순히 국가 부채 위기일 뿐 아니라 유럽의 금융 체계 위기와 유로존 내의 불평등 성장에 따른 경쟁력 위기가 혼합된 것이다. 그러나 이 모든 위기의 근원에는 지지자에게 줄 반대급부를 위해 유럽연합 회원국에게 주어지는 높은 신용도를 이용해 대외 부채를 손쉽게 늘려간 그리스 정부의 선택이 자리 잡고 있다. 즉 '그리스 패러독스'는 유럽의 거대 자본에 항복한 가부장적 국가주의 전통의 실패를 의미하지만 단순히 국제 투기 자본의 위협에 시달리는 약자의 저항 이미지만으로 설명할 수는 없는 것이다.

결국 그리스 사례는 국내 정치에서의 무원칙한 타협의 위험과 국제정치에서의 무분별한 휩쓸림을 경고하고 있고, 사회경제적 평등이라는 민주주의 공고화의 최대 정의가 정착되지 않으면 공정한 절차를 강조하는 최소 정의의 민주주의도 그 존재 기반이 무너지면서 무의미해진다는 것을 보여준다.

(2016. 10)

아시아 인권재판소의 가능성

아시아는 지역 전체를 대표하는 인권재판소가 없는 세계에서 유일한 곳이다. 유럽이 1959년부터, 미주가 1979년부터, 아프리카가 2004년부터 지역을 포괄하는 인권재판소를 설립해 운영해온 것과 비교하면 아시아의 늦은 발전 상황을 알 수 있다. 전 세계 인구의 60%, 약 44억 명이 아시아에 거주하는 가운데 인권재판소가 부재하는 원인으로는 지리적 광범위함과 문화적 다양성, 많은 국가가 경제적으로 빈곤하고 권위주의적인 정부가 집권하고 있는 현실 등이 꼽히기도 한다.

아시아 인권재판소의 부재는 더 근본적으로 아시아의 지역 통합 수준과 연관이 있다. 유럽의 경우 1949년 출범한 유럽평의회가 주관하여 유럽인권협약을 채택했고 이에 근거해 재판소가 설립되었다. 그러나 아시아에서는 중국과 일본의 패권 경쟁 속에 미국에 의한 외부적 균형이 유지되는 가운데 역내 국가들이 상호 간 위계질서 없이 각자 자율성을 갖는 무정부 상태를 선호하면서 구속력을 갖는 공동 기구 설립을 위한 양보와 상황 변경을 선택하지 않고 있다.

아시아에서 인권재판소가 설립될 수 있는 경로로는 다음과 같은 세 가지를 예상할 수 있다. 첫째는 지리적으로 인접하거나 문화적으로 유사한 동남아시아, 중앙아시아 등의 소지역 국가들이 지역별 인권 보장 기구를 만들어 운영하면서 확대해가는 것이다. 둘째는 기존의 지역 협의체인 동아시아정상회의나 아시아태평양 경제협력체, 아세안지역안보포럼 등에 기반한 인권 보장 기구를 구상하는 것이다. 셋째는 아시아태평양 국가인권기구포럼이나 아시아헌법재판소연합과 같이 아시아에 존재하는 인권 기구 협의체를 바탕으로 인권재판소 설립을 시도하는 것이다.

아시아 인권재판소의 중요성은 세계의 보편적 규범을 지역화하고 지역의 고유한 문화를 지구화하는 과정에서 이를 매개하는 공론장을 제공한다는 데 있다. 국제 인권 논의의 기초가 되는 1948년 세계인권선언은 보편적이고 추상적인 권리들을 제시하면서 각 지역의 문화적 차이를 의도적으로 고려하지 않았다. 당시에는 문화에 대한 논란이 문화상대주의를 불러일으킴으로써 제2차 세계대전 이후 간신히 확보한 보편주의의 토대를 무너뜨릴 수 있다는 두려움이 있었다. 결국 세계인권선언의 규약들은 애초부터 서로 다른 문화와 전통을 갖는 각 지역의 인권재판소를 통해 해석과 논쟁을 거쳐 실천되어야 하는 과제를 안고 있었다.

최근 국제 인권 규범의 발전 방향은 국가가 아닌 개인이 주체가 되어 국가와 국제사회를 상대로 자신의 권리를 주장할 수 있는 근거를 강화하는 것이다. 이렇게 확보된 개인들의 권리를 보장하기 위해서도 지역의 인권재판소는 중요하다. 국가의 정책을 상대로 개인들이 자신의 권리가 침해된 부분에 대해 아래로부터 도전한다면, 각 지역의 인권재판소는 국가를 넘어서는 위로부터의 비교와 검증을 통해 보편적 가치와 원칙을 찾아나갈 수 있다.

　북핵 위기와 남중국해 사태를 둘러싸고 동아시아 정세는 급속히 국가 중심으로 재편되고 있다. 어떤 경우라도 고립된 국가 중심의 사유에서 벗어나 문화적 다양성을 인정하는 가운데 민주적 개인성을 성취하는 것이 중요하고, 문화적 자결권의 이름 아래 비인간적인 지역의 관습을 정당화하거나 보편성의 이름 아래 서로 다른 지역의 삶의 방식을 무시하는 태도는 견제되어야 한다. 국가들의 아시아를 넘어선 시민들의 아시아를 모색하는 과정에서 아시아 인권재판소는 중요한 제도적 장치가 될 수 있을 것이다.

(2016. 09)

브렉시트 이후 새로운 질서

지난 6월 영국의 유럽연합 탈퇴 국민투표가 주었던 충격은 점차 사라지고 있는 것으로 보인다. 세계 금융시장에 미친 여파가 곧 가라앉았고 우리나라에 끼친 직접적인 영향도 특별한 것이 없었기 때문이다. 한국의 수출에서 유럽이 차지하는 비중은 2015년 기준 9.1%, 영국이 1.4%이고, 국내 유가증권시장에서 외국인 투자 비중은 2016년 5월 말 기준 32.5%, 그 가운데 영국의 비중은 외국인 전체의 8.4%에 그치기 때문에 브렉시트의 초점을 경제에 맞출 경우 큰 의미를 찾기 힘든 게 사실이다.

그러나 이 투표 결과가 향후 세계 질서에 어떤 변화를 가져올 것인지는 여전히 주목할 필요가 있다. 영국 차원에서 보면 영국이 과연 이 사건을 계기로 새로운 민주주의의 유형을 만들어낼 수 있을지 아니면 자신들도 그 의미를 몰랐던 우연한 소란에 그칠지가 흥미롭다. 영국은 제2차 세계대전 이후 최초로 복지국가를 탄생시켰고 대처리즘이라는 신보수주의 정치 모델을 만들어 세계 정치의 방향을 바꾼 바 있다.

브렉시트 역시 대의민주주의의 적실성에 대해 중요한 문제를 제기한다. 선거구민의 단순한 대리인이 아닌 독립적이고 탁월한 대표와 공공선을 향한 중립적인 심의를 전제하는 대의민주주의는 영국에서처럼 정치 지도자가 정작 중요한 문제에 직면해 위임된 심의를 포기하고 국민에게 결정을 떠넘길 때 그에 대한 불신이 폭발하면서 심각한 신뢰 위기를 맞는다.

직접민주주의가 항상 믿을 만한 대안이 되는 것도 아니다. 정치인들의 거짓말 선동에 적나라하게 노출된 지난 브렉시트 투표에서 영국의 18세에서 24세 사이의 청년층 73%가 유럽연합을 지지했지만 36%만이 투표에 참여했다. 그러나 65세 이상 노년층은 40%가 유럽연합을 지지하고 83%가 투표에 참여했다. 유럽 전역에서 유럽연합에 대한 지지는 청년층에서 높고 노년층에서 낮다. 그러나 투표 참여율은 반대로 나타난다. 만약 유럽 통합의 미래에 대해 국민투표가 실시된다면 어느 나라에서든지 통합 반대 세력이 이길 확률이 높을 것이다.

유럽 차원에서 보면 가장 중요한 관심사는 역시 통합이 지속될 것인가 아니면 후퇴할 것인가이다. 유럽은 근대 공화국의 출범이라는 인류사의 성취와 세계대전이라는 인류사의 파괴를 모두 주도한 지역이다. 이 유산을 극복하기 위해 통합을 추진했지만 노동시장의 경쟁 심화와 유럽의 정체성 위협을 이유로 반EU, 반이민을 외치는 극우 정당들은 통합 저지에 앞장서고 있다.

반면 하버마스 같은 철학자는 신자유주의의 물결에 낙오하는 사회적 약자를 보호하기 위해 정치적 사령탑이 필요하기 때문에 통합을 지지한다고 주장한다. 유럽연합은 이제 재정 통합까지 고려하는 높은 단계의 통합을 지속할지 아니면 자율과 분권을 보장하면서 연대하는 국민국가 연합체로 후퇴할지 고민할 것이다.

세계 차원에서 브렉시트가 제기하는 질문은 미국 중심의 패권 체제가 안정될 것인가 아니면 신고립주의에 근거한 새로운 질서가 등장할 것인가이다. 미국의 아시아 회귀 정책은 유럽의 안정을 전제로 중국 패권의 부상을 견제하겠다는 의도였다. 그러나 유럽의 분열을 틈타 러시아가 크림반도를 병합한 사건 등에 대응하기 위해 미국이 다시 유럽에 신경을 써야 하는 상황은 동북아 국제 정세에도 영향을 미친다.

또한 브렉시트 이후 영국이 중국 주도의 아시아인프라투자은행에 가장 먼저 참여한 것처럼 중국과의 경제협력에서 돌파구를 찾으려 할 수 있고 이런 영중 관계 변화도 한국에 영향을 미칠 것이다. 이와 같은 상황은 한국이 직접적인 경제 이해뿐 아니라 브렉시트 이후 새로운 세계 질서의 등장에도 관심을 기울여야 함을 말해준다.

(2016. 08)

1968년 포웰 연설과 반이민 선동

영국의 보수당 의원 에녹 포웰은 1968년 영국 총선에서 이민을 주제로 대중을 선동한 영국 최초의 정치인으로 기록된다. "우리는 미쳤다, 국가 전체가 말 그대로 미쳤다, 매년 5만 명의 이민자 가족의 입국을 허용함으로써 우리는 장례식에서 스스로를 화장할 장작더미를 쌓아 올리고 있다. 늘어나는 이민자에 의해 로마인들이 그랬듯이 우리는 티베르강이 붉은 피로 물드는 것을 보게 될 것이다." 실제 매년 최대 2만 명을 5만 명으로 과장한 포웰의 이 연설은 세계를 아우르는 다인종, 다문화 제국으로서 대영제국의 위상을 포기하고 백인 중심의 작은 잉글랜드로의 선회를 부추긴 공개적인 첫 시도였다.

사람들이 이민자에 대해 갖는 경계심은 자연스런 감정이다. 동질적인 이웃들에 익숙해 있는 원주민에게 서로 다른 인종과 문화, 종교를 갖는 낯선 이의 등장은 긴장과 두려움을 불러일으킨다. 반면 사람들은 새로운 곳에 정착하기 위해 애쓰는 이민자에 대해 연민과 인도주의적 감정도 동시에 느낀다. 사람들이 갖는 경계심과 인도주의적 감정의 균형이 무너지고 낯선 이에 대한 공포가 사람들을 지배하는 시점은 정치적 목적을 위해 사실을 왜곡하고 과장하는 정치인들의 선동이 개입할 때다. 그들은 이민자가 당신의 안전과 복지를 위협하고 있다고 주장한다.

이민 및 난민의 증가와 복지국가의 앞날을 연계하는 것은 반이민 진영의 가장 강력한 논리다. 이 논리의 전제는 다양성이 증가하고 정체성의 정치가 강해지면 이질적인 시민들 사이에 합의가 어려워지고 재분배 정책에 대한 관심이 줄어들면서 복지국가가 쇠퇴한다는, 이른바 다양성과 재분배 교환 가설이다. 그러나 많은 경험 연구는 이민자의 숫자보다는 여성 인구, 노령 인구, 좌파 정부의 집권 여부 등이 복지 예산 지출의 주요 변수임을 보여준다. 우리가 복지국가 쇠퇴의 모든 원인을 사회적 소수에게 돌리면서 교환 가설에 의지할 때 그것은 이방인에 대한 공정하지 못한 비방 속에 그들을 낙인찍음으로써 결국 스스로 원하는 목적을 실현해가는 자기 충족적 예언이 될 수 있다.

한국 사회에서 다문화주의를 둘러싼 갈등이 아직 본격화하지 않고 있는 원인은 대체로 세 가지 방향에서 찾을 수 있다. 첫째, 다문화 이행의 속도와 폭을 결정하는 가장 중요한 변수인 이주자 다수가 아직까지 다문화적 권리보다는 동일 임금, 동일 노동조건 등 자유주의의 보편적 권리를 요구하고 있다. 둘째, 우리가 이룩한 민주주의가 세계 수준에서도 손색없는 보편적 인권을 이주자에게 보장해야 한다는 한국 정부와 민주화 세대의 정치적 올바름이 다문화주의에 대해 너그러운 환경을 만들고 있다. 셋째, 이주자와 정부를 매개하는 시민사회 내부에서 다문화주의가 아직 극우 집단의 의제로서 본격적으로 설정되지 않았고 이주자 지원 시민 단체 대부분이 신 앞에 인간의 평등을 주장하며 보편적 담론을 펼치는 종교 단체라는 사실이다.

그러나 이주자들 사이에서 영주를 원하는 비율이 늘어나고 한국 정치 현실에 대한 관심이 높아지는 추세는 특별한 주목을 필요로 한다. 다문화적 갈등이 본격화하기 전에 우리가 우선 해결해야 할 일은 사회적 소수의 선호를 표현할 정치적 권리 보장과 민주적 공론장을 만들어내고 자유주의의 보편적 세례를 통해 우리 사회의 부정적 관습을 타파하는 것이다. 우리가 이룩한 민주주의의 가치와 제도를 중심으로 이주자들이 동원의 대상이 아닌 참여의 주체가 되어 우리 사회의 발전에 기여할 수 있는 사회 통합을 이루는 일은 외부의 선동이 부추기는 공포에 의해 지배받지 않고 경계심과 인도주의적 감정 사이의 균형을 잃지 않을 때 가능할 것이다.

(2016. 07)

여성 혐오와 여성 차별 문화

여성을 혐오한다는 것은 세상의 절반을 향해 전쟁을 선포하는 일과 같다. 만약 자신이 선택할 수 없었던 주어진 성 정체성을 이유로 여성의 인격을 무화시키는 부정적인 낙인을 찍고 여성을 사회적 적대의 대상으로 몰아 차별한다면 이는 전형적인 혐오 범죄가 된다. 여성 혐오 현상에 대해서는 지구화 시대에 고립되고 경쟁에 내몰린 개인들이 분노를 표출할 대상으로 자신과 비슷한 사회적 약자를 찾아 책임을 전가하는 탓이라는 분석도 있다. 그러나 더 근본적인 원인은 우리 사회에 여전한 여성 차별 문화와 가부장적 관습에 있는 것으로 보인다.

오늘날 문화는 사람들의 생활양식을 가리키는 넓은 의미로 쓰인다. 문화는 한 공동체 안에서 구성원들 사이에 의미를 생산하고 소통시키며 세계를 보는 특정한 눈을 갖게 함으로써 개인에게 선택의 기준을 제공한다. 문화는 또한 개인의 정체성 형성에 영향을 미쳐 나와 타자를 구분하는 기준을 제시하고 근대 세계의 생활 단위인 민족이나 국가와 연계되어 민족문화나 국가 문화라는 이름으로 안과 밖을 구분하는 경계를 만들어낸다. 즉 문화는 사람들 사이의 관계에서 발생하고 관계를 규정하고 재생산한다는 점에서 사회적으로 구성되는 것이다. 이러한 관점에서 보면 개인은 체계적인 문화의 산물이다.

한 국가 안에서도 다양한 사회집단에 의해 서로 다른 문화가 존재할 수 있다. 각자의 생활양식을 갖는 문화 집단이 공동체 안에 공존할 때 우리는 이를 다문화 사회라고 부른다. 다문화 사회에서는 어떤 형식의 소통과 문제 해결 방식이 더 지배적인 지위를 차지하느냐에 따라 다수 문화와 소수 문화가 나뉘어 위계질서를 이루고, 다수 문화는 세계에 대한 다른 방식의 해석이 등장하고 소통되는 기회를 막음으로써 독점적인 지위를 유지하고자 애쓴다. 동시에 지배적인 문화를 결정짓는 가장 중요한 요인은 문화 집단의 크기이기 때문에 다수집단은 소수집단의 수가 증가하는 것을 억제하기 위해 다양한 수단을 동원한다.

인종이나 종교 등을 기준으로 한 여러 소수집단 가운데 여성은 가장 규모가 크고 역사적으로 오래된 소수집단이다. 앞서 말했듯이 여성 정치철학자 수전 오킨은 지구상에 존재하는 대부분의 문화가 남성에 의해 여성을 통제하는 것을 주요한 목표로 하며 만약 엄격한 잣대를 들이댄다면 성차별 테스트를 통과할 문화는 없다고 단언한다.

특히 우리가 인종이나 종교적 차별에 높은 관심을 갖는 것과 비교하면 여성에 대한 차별은 상대적으로 낮은 관심을 받으며 사람들은 사적영역에서 발생하는 여성 차별에 대해 문제 삼는 것 자체를 불편해한다. 따라서 '사적인 것이 정치적인 것'이라는 페미니즘의 명제는 공적 영역뿐 아니라 사적 영역에 광범위하게 스며들어 남성 우위와 여성 차별 체제를 재생산해내는 사회 작동 방식의 해체 및 재구성을 주장한다.

여성 차별적인 문화에 대처하는 방법 가운데 피해 여성 개인에게 그 문화 집단의 탈퇴 여부를 맡기는 것은 실제 도움이 필요한 여성일수록 독자적인 탈출 능력이 없다는 점에서 현실성이 떨어진다. 또한 여성 차별적인 문화가 아예 소멸되기를 바라는 것도 개인들의 삶과 다층적으로 엮여 있는 문화의 특성상 실현이 쉽지 않다. 결국 차별적인 문화의 변화를 추구하는 것이 가장 적절한 대안일 수 있는데 남성도 차별적인 사회에서 정형화된 남성성을 강요받는 피해자라는 점에서 여성과 함께 변화의 주체가 될 수 있다.

문화가 사람들 사이에서 학습되고 공유된 생활양식이라면 새로운 양성평등 문화는 장기적이고 꾸준한 학습과 대화, 차별금지법 같은 제도적, 정책적 장치에 힘입어 발전한다. 강고한 남성 위주 문화의 카르텔을 깨는 과정은 평화롭지 않을 수 있고 생각보다 훨씬 긴 시간의 투쟁을 요구할 것이다.

(2016. 06)

영국은 왜 유럽연합에서 탈퇴하려 할까?

영국은 1963년과 1967년 두 차례에 걸쳐 유럽연합 가입을 시도했지만 실패했고 1973년 세 번째 시도에서 가입에 성공했다. 앞서 두 번의 좌절은 프랑스 대통령 드골의 비토 때문이었다. 드골은 만약 영국을 유럽연합에 가입시키면 '미국의 스파이'인 영국이 유럽 문제에 미국을 끌어들임으로써 결국 유럽인에 의한 유럽 건설을 불가능하게 만들 것이라고 주장했다. 드골은 1969년 지방행정개혁에 관한 국민투표가 부결되자 대통령직에서 물러났고 이듬해인 1970년에 갑자기 죽었다. 그리고 비로소 영국의 유럽연합 가입이 가능해졌다.

영국의 유럽 통합에 대한 회의적 태도는 오랜 역사를 가지고 있다. 영국은 유럽석탄철강공동체(ECSC)가 출범하던 1950년대에 대영제국의 꿈에서 아직 깨어나지 못한 상태로 유럽연합의 일개 회원국이 된다는 사실을 받아들이지 못했고 따라서 통합의 대열에 참여하지 않았다. 당시 영국 보수당은 불문헌법에 근거한 의회주권의 전통을 포기해야 하는 상황을 싫어했고 노동당은 유럽연합의 정체성이 기본적으로 대륙 자본가들의 카르텔이라고 믿었다. 영국은 유럽석탄철강공동체를 유럽경제공동체(EEC)로 확대 개편하던

1955년 메시나 회의에도 초대받았지만 가지 않았다.

그 대신 1960년 유럽자유무역연합(EFTA)을 결성하여 유럽 통합과 별개로 독자적인 길을 걸었고 결국 소련의 팽창을 저지하기 위해 단일한 유럽이 필요하다는 미국의 강력한 의지에 따라 유럽자유무역연합을 포기하고 유럽연합 가입을 택했다. 즉 영국의 유럽 통합 참여는 미소 대결과 냉전이 고착화되던 세계 질서의 재편 시기에 미국과 긴밀한 동맹을 통해 대서양주의의 한 축을 유지하고, 동시에 프랑스와 독일이 추구하는 유럽주의 흐름에 대한 지분을 확보함으로써 양 세력 사이의 균형자로서 영국의 이익을 극대화하려는 고려가 있었다.

영국은 1975년에 이미 유럽연합 탈퇴 여부에 대한 국민투표를 실시한 바 있다. 당시에는 67%의 지지율로 잔류가 결정됐었다. 그러나 2016년 6월 23일로 예정된 두 번째 국민투표를 앞두고는 여론조사의 찬반 비율이 팽팽하게 나타나면서 긴장감이 감돌고 있다. 오바마 대통령은 지난 4월 영국 방문에서 영국이 유럽연합 탈퇴 후 미국과 무역협정을 다시 맺으려면 10년이 걸릴 수도 있을 것이라고 경고했고, 프랑스와 독일은 영국의 예외적인 요구들을 들어주면서 잔류를 설득하고 있다. 런던의 기업가들도 탈퇴를 반대하고 보수당의 다수, 노동당과 자유당의 대다수 의원도 잔류를 희망한다.

그럼에도 불구하고 탈퇴를 지지하는 여론이 높은 것은 유럽연합의 역할을 둘러싸고 효율과 집중을 지지하는 통합의 흐름보다 자율과 분권을 지지하는 해체의 흐름이 더 커지고 있음을 의미한다. 유럽연합은 회원국 사이의 거래 비용을 줄이는 체제의 효율성이 장점이었지만 최근에는 이민과 난민 문제로 유럽 시민들이 가장 민감하게 생각하는 복지(welfare)와 안전(security) 두 가지 차원에서 그 역할에 대한 불만이 쌓여가고 있는 상황이었다.

시민들이 갖는 불만에 더해 국내 정치적 목적을 위해 대외 정책을 왜곡하는 극우 정치인들이 개입하고 여야 정치인들이 국내 정치 문제의 책임을 편리하게 유럽연합에 전가하면서 가장 복잡한 문제를 가장 단순하게 해결하려는 국민투표가 제시되었다. 점진적 타협과 협상을 특징으로 하는 영국의 정치 전통과 비교할 때 탈퇴를 놓고 양자택일을 요구하는 국민투표는 영국의 전형적인 정치 방식과는 거리가 멀다. 그럼에도 영국의 유럽연합 탈퇴 움직임은 미국의 트럼프 현상처럼 시민들의 체제에 대한 불만이 아래로부터 세계 정치의 변화를 불러오는 계기가 될 수 있을지 중요한 시험 사례가 되고 있다.

(2016. 05)

불완전한 민주주의의 네 가지 유형과
한국 사회의 현실

서구 정치학자들이 보기에 아시아에서 일찍이 자유민주주의 단계에 도달한 대표적인 국가는 일본과 인도다. 일본은 이미 1950년대에 좌파 정당이 합법화되고 원내 진출에 성공했다는 점과 자민당 일당 지배 아래서도 꾸준히 총리가 바뀌는 유사 정권 교체가 이뤄졌다는 점이, 인도는 지역 분권의 연방제를 실시할 뿐 아니라 그 지역 안에서 다시 종교와 언어에 따라 다층적 연방제를 시행하는 이른바 합의제 민주주의 전통이 높이 평가받은 결과다.

일본과 인도가 상대적으로 성숙한 민주주의 단계에 진입했다면 그렇지 못한 불완전한 민주주의의 유형에는 네 가지가 있다. 첫째는 포위된 민주주의(enclave democracy)다. 이 유형의 사회에서는 군부나 재벌처럼 정상적인 의사 결정 과정을 포위하여 통제하거나 뒤엎는 막후 세력이 존재한다. 두 번째는 배제된 민주주의(exclusive democracy)다. 예컨대 태국의 고산족처럼 아예 시민권이 없는 무국적자로 국경 안에 존재하거나 불법 이주 노동자처럼 애초부터 정치과정에의 참여가 봉쇄된 사람들이 많은 경우가 이 유형에 해당한다.

세 번째는 비자유주의적 민주주의(illiberal democracy)다. 이 유형은 정당이 존재하고 정기적인 선거 등 모든 형식적 민주주의 절차가 진행되지만 실제 바뀌는 것은 없는 경우다. 2000년대 초반 러시아가 이 유형에 속했지만 지금은 아예 권위주의 체제로 전락해서 불완전한 민주주의 선상에서도 탈락한 것으로 평가된다. 네 번째는 위임 민주주의(delegative democracy)다. 이 유형은 대통령과 행정부의 권한이 비정상적으로 강해서 입법부와 사법부의 정상적인 의사 결정 과정에 영향을 미치거나 이를 뒤집는 경우가 일어나는 사회를 가리킨다.

지금까지 한국을 불완전한 민주주의국가로 분류할 때 주요 이유는 대통령과 행정부의 강력한 권한이 정상적인 체제 작동을 왜곡하는 위임 민주주의 현상 때문이었고 여기에 국가보안법에 의한 사상의 자유 제한이 추가되는 정도였다. 그러나 최근 한국 사회는 네 가지 불완전한 민주주의 유형의 특징을 모두 보여주고 있는 것으로 보인다. 우리 사회는 공정한 경쟁을 가로막는 기득권 세력에 의해 포위되어 있고 많은 사람이 정치과정에서 배제되어 있으며 정해진 일정대로 정치가 이뤄져도 별로 바뀌는 것 없는 답답함을 보여주고 있다.

이 상황을 타파할 계기는 주권자인 시민들이 적극 참여하는 시민운동이겠지만 기득권 세력의 운동권에 대한 비판 공세에 이마저도 움츠러든다. 기득권 세력은 한발 더 나아가 우리 사회의 모순을 지적하면 종북 좌파의 딱지를 붙인다. 이념 대결 구도에 빠진 저항 세력은 반대편을 향해 친일 우파의 딱지를 붙이지만 종북이 미확정된 미래의 공포를 동원하는 주술이라면 친일은 이미 이뤄진 과거의 행적이기 때문에 같은 선상에 놓고 평가할 문제는 아니다.

요즘 대학에서 학생들은 국내 정치가 아닌 국제정치에 관심을 갖고 국제기구에 취직하기를 원하며 어디든 해외로 눈을 돌린다. 더 나은 삶을 기대하기 힘든 우리 현실에 대한 비관적 전망이 한 이유겠지만 그 이면은 걱정스럽다. 예컨대 2010년과 2015년 한국인의 정체성 조사를 비교하면 차이와의 공존을 의미하는 다문화 수용성은 전체적으로 낮아지고 있고 젊고 고학력일수록 다문화 수용성이 높던 추세도 부정적으로 변하고 있다. 한국을 탈출하기를 원하지만 정작 개방과 소통이라는 지구화의 흐름과 반대되는 폐쇄적 성향이 젊은 세대에서 커지는 것이다.

고립된 젊은 세대가 각자 생존을 위해 고군분투하는 동안 한국 정치는 불완전한 민주주의의 모든 특징을 보여주면서 평균 이하로 추락할 위기에 처했다. 젊은 세대의 절망을 이해하지만 그래도 당신들의 적극적인 참여만이 이 위기를 벗어나기 위한 유일한 희망이다.

(2016. 04)

의무투표제와 정치적 권리

미국 정치학회장을 지낸 민주주의 비교 연구의 권위자 아렌트 레이파트는 1996년 자신의 회장 취임 연설에서 흥미로운 주장을 하였다. 그는 미국 사회의 낮은 투표율 문제를 심각하게 지적하면서 호주와 룩셈부르크 등 20여 개 국가가 채택하고 있는 의무투표제를 미국도 도입해야 한다고 제안했다. 레이파트는 미국 지방선거의 경우 겨우 30%를 웃도는 투표율도 문제지만 그나마 투표 참가자들을 분석해보면 사회경제적으로 여유 있는 계층이 많기 때문에 사회적 약자와 소수의 목소리가 정치과정에 거의 반영되지 않고 있는 미국의 상황이 중대한 대표의 위기를 겪고 있다고 보았다.

정치 참여를 스스로 포기하거나 대표의 권리를 구조적으로 거부당하는 사람들이 늘어가는 것은 결코 긍정적인 현상이 아니다. 예컨대 오늘날 많은 나라에서 젊은 세대나 이주 노동자들은 정치과정에서 스스로의 선택에 의해 대표의 권리를 포기하거나 또는 원치 않는 제도적 제한에 의해 대표의 권리를 갖지 못한다. 이들 역시 자신이 속한 정치 공동체를 위해 소비세나 부가가치세 등의 간접세를 납부할 것이다. 분명히 공동체 안에 존재하고 있지만 정치과정에 반영되지 않는 사각지대의 사람들이 많다는 사실은 사회

구성원의 목소리가 빠짐없이 대표되어야 한다는 민주주의 원칙에 비추어 보자면 바람직한 상황이라고 말할 수 없다.

정치적 권리는 다른 권리와 비교할 때 민주주의를 완전하게 만드는 필수불가결한 요소다. 예컨대 사회적 소수나 정치에 무관심한 사람에게 주어지는 사회복지와 경제적 이익은 민주주의 없이도 가능하다. 독재 아래서도 상당 기간 동안 지속적으로 경제적 유인을 제공하는 데 성공한 나라들이 있었다. 이들 나라에서는 사회적 권리와 함께 소극적 의미의 자유까지도 가능했다. 그렇지만 그 나라들을 우리가 이상적인 정치 공동체라고 부를 수 있을까? 지속적인 경제적 이익을 대가로 정치적 권리를 포기한 사회적 소수가 존재하는 그런 정치 공동체를 민주적이라 부를 수는 없을 것이다.

나아가서 정치적 권리 없이 주어진 경제적 이익이나 사회적 권리는 상황의 변화에 따라 언제든지 당사자의 동의 없이 일방적으로 철회될 수 있다. 특히 경제적 쇠퇴기에 득세하기 시작하는 극우파들은 정치적 권리를 갖지 못하거나 정치 참여를 포기한 사회적 약자를 가장 먼저 희생양으로 삼는다. 자신이 속한 정치 공동체의 운명에 무관심한 개인에게 허용된 고립된 공간 속의 자유는 쉽게 뒤집히고 상처를 입는 것이다. 정치적 권리는 자신과 자신이 속한 사회계층의 운명에 대한 자결권을 의미하고 소수집단이 대표된다는 의미에서 그런 정치 공동체는 민주적이다.

정치적 권리의 행사를 독려하는 의무투표제는 몇 가지 장점을 갖는다. 첫째, 높은 투표율을 통해 정권의 정치적 정당성을 높일 수 있다. 둘째, 사회경제적 차이에 따른 투표 참여의 편중 현상을 바로잡을 수 있다. 셋째, 젊은 세대나 특정 계층의 투표율을 높이기 위해 지출하는 비용을 줄여 선거에서 돈의 역할을 감소시킬 수 있다. 이 제도는 정당한 사유 없이 투표에 참여하지 않으면 벌금을 물리고 제시된 후보나 대안 가운데 지지하는 대상 없음이라는 선택지를 추가하며 보통 70살 이상에게는 의무 투표를 면제한다.

정치 참여는 민주 시민의 권리이자 의무다. 지금까지 우리 사회가 참여하지 않을 자유를 포함한 시민의 정치적 권리에 초점을 맞춰왔다면 의무투표제는 반드시 참여해야 하는 시민의 정치적 책임을 강조한 것이다. 우리 현실은 민주주의의 후퇴를 막는 장치로서 젊은 세대나 사회적 약자의 참여를 높이는 의무투표제를 고려해야 할 정도로 상황이 심각하다.

(2016. 03)

인터넷 시대의 포춘텔러

불확실한 시대의 앞날을 읽어내는 방법으로 빅데이터가 유행이다. 무수히 많은 사람의 일상적인 선택과 움직임의 자료를 모아 대중의 행동 패턴을 예측하고 이를 사회의 여러 분야에 응용하고 있다. 빅데이터 전문가인 다음소프트 송길영 부사장은 자신이 하는 작업을 인터넷 시대의 포춘텔러(fortune teller)라고 부른다. 달리 표현하자면 후기 근대사회의 무당쯤이 될 것이다. 사람들은 여전히 알 수 없는 미래를 예측하기 위해 무당을 찾는다. 다만 과학적 예측을 가능하게 하는 방법론이 조금 달라졌을 뿐이다.

최근에는 정치에서도 여론조사나 통계가 절대적 기준처럼 자리 잡았다. 경제에서 빅데이터를 통해 소비 수요를 예측하는 것처럼 우리는 정치라는 제품에 대한 소비자의 선호가 정당이나 후보자의 지지율이라는 숫자로 나타나고 있다고 믿는다. 여론조사에 일희일비하며 변덕스러운 대중의 마음을 쫓다가 길을 잃기 십상이지만 정치인들은 예측할 수 있어야만 하는 미래를 예측할 수 없다는 정치 세계의 비극적 속성을 빅데이터에 의존해서라도 이겨내고자 시도한다. 이 과정에서 정책과 인물을 통해 공동체의 비전을 구현해야 하는 정당과 빅데이터를 이용해 이윤을 추구하는 선거 기획사의 구분이 모호해진다.

그러나 만약 빅데이터 전문가들이 하듯이 시민들의 변화하는 선호를 독립변수로 놓고 한국 정치의 향방을 종속변수로 구하고자 한다면 우리 정치는 끊임없이 변화하고 있는 무형의 어떤 집단을 실재하는 것처럼 상정하고 그들의 이해를 사후적으로 추수하는 선에서 그친다. 이런 접근은 우리 사회의 기존 세력 구조를 정당화하거나 뒷받침하는 미시적이고 사소한 이론들을 만들어낼 뿐 구조나 흐름 자체를 바꾸는 거대 담론을 만들어낼 수는 없다. 정당이나 정치인은 정치 공동체의 앞날에 대한 청사진을 제시해서 평가받는 형성의 정치의 주체가 되어야 하고 그 무게를 감당해내야 한다. 정치는 시민들의 파편화된 이해를 반영하지만 동시에 그것을 넘어서는 공동선을 제시하고 평가받아야 하는 것이다.

통계의 숫자 뒤에는 다양한 이야기를 담고 있는 사람들의 생활 세계가 있다. 몇 가지 기준으로 구분되어 묶인 숫자로부터 그 숫자를 생성시킨 원인을 찾아야 하고 다시 그런 변화가 바람직한가를 규범적으로 따질 필요가 있다. 즉 정당은 결과로서의 숫자를 쫓는 일에 그칠 것이 아니라 그런 숫자를 만들어낸 원인과 그 원인의 정당성을 추적해야 한다. 그러니까 정치에서 빅데이터 작업은 첫째, 현장 조사를 통해 얻어진 사람들의 이야기에서 출발하고, 둘째, 그 이야기들의 차이를 통계적 방법을 통해 비교하고, 셋째, 그렇게 드러난 차이의 의미를 서로 다른 대안을 제시하는 이론적 모델링과 결부시켜 검증했을 때 더 신뢰할 수 있다.

정치가 목표로 하는 모든 개혁은 세 단계의 과정을 거쳐 완성된다. 첫째는 사람을 바꾸는 것이다. 둘째는 정책을 바꾸는 것이다.

셋째는 이렇게 바뀐 사람이 제시한 새로운 정책을 뒷받침할 수 있도록 세력 관계를 역전시키는 것이다. 이 세 단계가 모두 이뤄졌을 때 우리는 개혁이 제도화되었다고 말할 수 있다. 세력 관계에 의해 뒷받침되지 않을 때 정책은 쉽게 후퇴하고 정책에 의해 구체화되지 않을 때 사람을 바꾸는 일은 무의미해진다.

총선을 앞둔 각 정당의 인재 영입은 새로운 정책 제안과 세력 관계의 변화에 의해 뒷받침되지 않는 한 아무것도 기약할 수 없다는 한계를 갖고 있지만 그러나 모든 개혁은 사람을 바꾸는 일에서 시작한다는 점에서 여전히 중요한 의미를 지닌다. 이 과정에서 빅데이터를 참고할 수 있겠지만 그것이 우리의 의지를 대체할 수는 없다.

(2016. 02)

헤겔의 불행한 의식과
현대 정치의 비극

러시아의 혁명가였던 니콜라이 부하린은 한때 극좌파 그룹의 지도자로서 레닌의 후계자로 회자되며 29세에 소련공산당 중앙위원이 되었다. 그러나 그는 좌파 노선을 끝까지 견지한 트로츠키와 논쟁하면서 '달팽이 속도'로 명명된 자신만의 점진적 사회주의로의 길을 주장하며 스탈린과 함께 당을 이끌다가 1938년 모스크바 재판에서 사회주의 정부의 전복을 기도하고 시장에 의한 경쟁을 지지한 우익 기회주의자라는 혐의로 스탈린에 의해 처형당한다.

모든 정치적 재판이 그렇듯이 모스크바 재판 역시 완강한 폭력의 실체를 숨기고 있다. 이 재판에서 검사 비신스키는 객관의 세계를 견지하면서 가능한 한 모든 비결정의 영역을 지우려고 한다. 부하린 노선은 패배할 수밖에 없는 필연이라는 객관화된 역사를 전제하고 그 안에 자신들의 폭력을 숨기면서 재판을 통해 이를 정당화하고자 하는 것이다. 문명의 가장 심각한 위협은 한 사람의 사상을 제대로 인식하지 못하면서 미래를 기준으로 설정된 혁명적 정의를 보통의 법전 아래 숨기고 죽이는 일일 것이다.

부하린은 최후진술에서 헤겔의 불행한 의식에 대해 언급하고 있다. 즉자적 의식으로부터 순수사유의 금욕주의와 개별 자아의 회의주의의 단계를 거쳐 도달하게 되는, 대자적 의식의 마지막 단계이며 동시에 분열되어 있는 상태를 인식하여 통합된 불변적 본질을 향해 부단히 나아가고자 하는 불행한 의식에 대해 부하린이 언급했다는 사실은 그가 주관과 객관의 불일치라는 역사의 비극적 본질에 대해, 또한 정치의 전면에 나서는 사람이 져야 하는 역사적 책임에 대해 잘 알고 있었음을 의미한다.

역사는 사람들을 유혹해서 그가 역사의 방향으로 가고 있다고 믿게 하고 갑자기 가면을 벗어서 다른 가능성이 있음을 보여준다. 역사 속의 행위자들은 자신이 의도하고 예측했던 주관적 판단과 현실의 객관적 결과들 사이에서 일그러지고 찢긴다. 어떤 의미에서 인간은 자신의 행위가 갖게 될 객관적 의미를 파악하지 못한 채 행동에 착수해야 하는 비극적 존재다.

부하린은 1938년 모스크바 재판의 판단이 히틀러의 오스트리아 침공이 임박한 시기에 필요한 정치적 결정이며 자신이 패배의 대가로 받아들이는 죽음은 미래를 향해 열려 있는 독단적 견해일 뿐임을 그의 최후진술에서 "세계사는 세계라는 판단의 법정"이라는 말로써 대신하고 있다.

나폴레옹이 그랬듯이 부하린은 침묵하기 전에 매우 짧게 "운명은 곧 정치다"라고 말한다. 여기에서 운명은 우리에게 알려지지 않은 채로 이미 써진 실재가 아니라 역사 속에서 나의 의지와 선택이 사건의 다양성과 모호함에 부딪쳐 분열할 때 생겨난다. 그 안에서 우리는 가능성에 기댄 행동을 실재로, 미래를 현실로 간주하는 우리 자신을 발견하게 된다. 따라서 더 정확하게는 부하린의 삶이 비극인 것이 아니라 예측할 수 있어야 하는 미래를 예측할 수 없다는 정치 세계의 현실 자체가 비극의 본질일 것이다. 현대의 정치가 현대의 비극이 되는 이유는 이로부터 연유한다.

민주주의 시대의 정치는 다양하게 분화하는 시민들의 이해를 따라 끊임없는 타협과 조정을 필요로 한다. 물론 오늘날에도 예측할 수 없는 미래를 향해 자신의 확신에 따라 결단하고 그 결과에 책임지는 정치의 본질은 역사시대와 크게 다르지 않을 것이다. 4월 총선을 앞두고 창당과 수성에 나서는 정치인들이 자신을 둘러싼 세계의 분열을 지양하는 데 성공하기를 기원한다. 여전히 우리의 삶과 세계를 구조적으로 변화시킬 수 있는 가장 중요한 일이 정치이기에 역사 속에서 자신의 선택이 갖는 의미를 성찰하면서 정치의 비극적 속성을 이겨내기 바란다.

(2016. 01)

냉전의 그림자와 새로운 전쟁

 올해로 40주년을 맞는 헬싱키 협약은 1975년에 미국 중심의 나토와 소련 중심의 바르샤바조약기구 35개 회원국이 안보 협력과 평화공존을 목표로 체결한 조약이다. 이 협약은 냉전 종식을 알리는 서막이자 동구권 붕괴의 계기를 제공한 사건으로 평가된다. 물론 1970년대 중반에는 누구도 공산권의 붕괴를 예측하기 어려웠고 냉전은 안정적으로 지속될 것처럼 보였다. 따라서 냉전이 절정에 이르던 시기에 동구권 국가들은 주권 존중과 영토 보장을 포함한 헬싱키 협약에 체제 급변에 대한 두려움 없이 서명할 수 있었다.

 그럼에도 불구하고 이 협약이 공산권의 붕괴를 가져온 것으로 평가되는 이유는 인권과 자유 존중 등을 규정한 10개 협력 원칙과 군사, 경제, 인도주의 교류 등 3개 분야의 신뢰 구축 정책들이 동구권의 시민사회 성장과 반체제 활동에 지렛대를 제공했다는 데 있다. 최근 한국 정부의 동북아 평화 구상과 한반도 신뢰 프로세스도 이 협약을 모델로 하고 있다. 그러나 이 협약의 의도하지 않은 결과가 공산권의 붕괴였다는 사실을 아는 동북아의 관련 국가들이 명확한 인센티브 보장 없이 한국 정부의 구상에 참여하지는 않을 것이다.

냉전이 끝나자 파시즘과 공산주의의 도전을 물리친 자유주의의 승리로 이성적 국가 수립이라는 역사의 끝이 마침내 이루어졌다고 주장하던 사람들이 있었다. 그러나 이후의 세계는 미국 중심의 단일 패권 체제가 아무도 예측하지 못한 통제 불가능성에 직면한 가운데 인종과 문화, 종교를 중심으로 계속되는 국지적 갈등에 의해 구획되었다. 오늘날 국민국가의 경계를 중심으로 그 안팎에서 벌어지는 이질적인 문화의 충돌은 정확하게 자유주의의 승리의 산물, 즉 자본과 노동의 세계화에 따른 불가피한 이주 노동자와 난민의 발생, 그리고 인종과 문화의 이동에 기인한다는 점에서 역설적이다.

냉전 이후의 시기를 문화적 생존에 초점을 맞춰 파악하는 시각은 종교적 신념과 문화적 전통이 한 사람의 정체성을 이루는 근거가 되며 인생을 의미 있게 만드는 중요한 지표가 된다는 사실을 전제하고 있다. 만약 어떤 사람이 소수집단의 일원이라는 이유만으로 그의 종교적 신념과 문화적 전통을 포기해야 하거나 다수로부터 무시당하게 되면 그의 삶은 의미를 잃게 될 것이다. 따라서 문화적 우월성에 근거한 소수집단에 대한 차별이나 동화 시도는 소수집단에 속하는 개인의 삶을 무의미하게 만드는 폭력이라고 할 수 있다.

지구화 시대의 문화적 생존을 둘러싼 갈등이 결국 서구 문명과 이슬람 문명의 충돌로 이어질 것이라는 사무엘 헌팅턴의 예측과 달리 이러한 갈등은 서로 다른 문명 간 충돌보다는 동일한 문명국가들 사이의 이익의 충돌이 될 가능성이 높으며 헌팅턴의 주장은 대중의 마음속에 있는 공포를 동원하여 문명 사이의 충돌을 현실로 만들어가는 자기 충족적 예언이라는 비판을 받기도 했다.

　냉전 시대의 전쟁이 물리력을 독점한 국가 사이에서 대칭적으로 관리되는 것이었다면 문화적 생존과 경제적 불평등 투쟁이 결합된 새로운 형태의 전쟁은 때와 장소와 대상을 가리지 않는 무정형의 테러로 나타난다. 소형 무기와 폭탄으로 무장한 이 저비용의 전쟁은 대중의 공포와 증오를 업고 지구적으로 확산되고 있다.

　한반도의 경우 냉전의 그림자가 가시지 않은 상태에서 대규모 무기 구입과 군비 지출이 국가에 의해 관리되고 있는 것은 그나마 다행이지만 냉전 시대에 민주주의를 위협하던 국가 폭력의 잔재를 국내 정치에서 다시 보는 현실은 국가에 대한 민주적 통제를 어떻게 강화할 것인가라는 오래된 질문을 제기하고 있다.

(2015. 12)

역사의 구조와 역사적 책임

안정적으로 작동하던 민주주의가 후퇴할 수 있는 것이라면 우리가 이룩한 민주화 역시 반드시 예정된 길은 아니었을 수 있다. 민주화의 원인을 사회경제적 발전과 계급 구조의 변화 등 일정한 조건의 충족에서 찾는 구조 결정론은 민주주의 실현의 필연성과 그 불가역성을 강조하지만 종종 민주주의가 정착된 결과로 나타나는 현상을 민주화의 전제 조건으로 제시하고 있다는 비판을 받는다. 반면에 민주화를 각 주체들의 전략적 상호작용 가운데 나타나는 게임의 우연적 결과로 이해하는 입장은 전쟁에서의 패배나 독재자의 사망 등 사회경제적 구조와 직접 관련 없는 요소들에 의해 민주화가 진행될 수 있다는 점을 강조한다.

예컨대 시민사회의 민주화 투쟁이나 집권 가능한 대안 세력의 존재 없이도 전쟁에서의 패배 때문에 갑자기 민주주의로의 이행이 시작된 경우가 있다. 그리스에서는 1974년 그리스 군사정권이 사이프러스의 친그리스계 쿠데타를 지원하다가 이에 대응한 터키의 사이프러스 침공을 막지 못하고 패배하면서 민주주의로의 이행이 시작되었다. 아르헨티나 역시 1982년 아르헨티나 군사정권이 영국에 대항해 포클랜드전쟁을 일으켰다가 패배하자 민주주의로의 이행이 시작되었다.

정치에서 행위자의 선택이 가져온 우연적 결과들을 보여주는 이러한 사례들은 개인이 져야 하는 역사적 책임의 문제에 대해서도 좋은 설명을 제공한다. 만약 역사에 우연이 없다면 따라서 역사는 예정된 역할을 나눠 맡는 필연의 전개일 뿐이라면 모든 개인은 자신의 행위에 대해 책임질 수 없고 우리는 정치에서 아무도 비난할 수 없을 것이다. 그러나 예측할 수 없는 미래에 개입하는 인간의 자유는 개인에게 역사적 책임을 묻는 것을 가능케 한다.

만약 역사에 이성이 없다면 정치에는 단지 미친 사람들만이 있을 것이다. 역사는 우연과 필연, 모호성과 의미, 정념과 이성이 서로 긴장하고 길항하고 분열하는 가운데 개인들의 서로 다른 선택이 부딪히면서 변화한다. 이 과정에서 구조는 행위자의 선택에 일정한 제한을 가하지만 개인의 선택 속에 구조 역시 변화한다. 따라서 어떤 구조 아래 있었다는 사실이 개인의 역사적 책임에 대해 온전한 변명을 제공해주지는 못한다.

우리나라의 경우 민주화를 가능하게 만든 주요 행위자의 선두에 학생운동이 있었고 이어서 노동운동, 그리고 시민사회의 광범위한 지지와 동참이 있었다. 1970년대 학생들은 박정희 정권의 폭압을 뚫고 유신에 저항하는 민주화 운동을 주도하였다. 예컨대 1975년 4월 8일의 대통령 긴급조치 7호는 반정부 시위와 농성을 계속하던 고려대학교를 대상으로 휴교 조치를 내리면서 이를 어길 때에는 누구나 영장 없이 체포, 구금할 수 있고 국방부 장관은 군대를 동원하여 학교를 봉쇄할 수 있다고 명시하였다. 이 조치에 따라 장갑차가 진주한 채로 한 달여간 계속된 휴교 기간에 41명의 고려대 학생이 제적되었다.

학생과 노동자, 시민의 헌신으로 이룩된 민주주의가 가져온 가장 빛나는 성과는 어떤 외부의 강제도 거부하고 독립적인 선택권을 당당하게 주장하는 개인들의 등장이다. 근대가 설정한 인간 해방의 목표는 모든 집단 정체성의 규정보다 우선하는 자유롭고 평등한 개인을 만들어내는 것이었다. 사람들은 자신이 강한 소속감을 갖는 집단의 삶의 방식을 표현함으로써 마치 자아를 찾은 것 같은 허위적인 열망을 느낄 수도 있다. 그러나 이것이 근대의 민주 헌정이 모든 사람에게 제공한 자유로운 개인이 될 수 있는 기회의 완성은 아니다.

박근혜 정부의 국정 교과서 추진 논란이 갖는 가장 심각한 문제는 특정 정체성을 주조해내는 전체주의적 역사 해석의 독점을 통해 자유롭고 평등한 개인의 완성이라는 민주화의 성취를 근본적으로 부정하는 시대착오적인 도전을 하고 있다는 점이다.

(2015. 11)

국민국가의 국경 통제는 정당한가?

국민국가가 설정하는 배타적인 경계와 그 경계 안의 사람들이 갖는 지위로서의 시민권은 종종 열악한 상황에 처한 난민들의 보편적인 인권과 충돌한다. 예컨대 우리가 선처를 호소하는 난민들을 국경 밖으로 돌려세울 때 그들의 처지는 훨씬 더 나빠지거나 위험해진다. 이 경우에 우리의 행위는 어떤 근거에 의해 정당화될 수 있을까? 이곳은 우리의 땅이라는 사실을 암묵적으로 전제하고 있는 국민국가의 국경 통제는 과연 정당한 것일까?

자유방임주의자들은 국가의 영토가 시민들의 집합적 재산이 아니라고 보고 국가는 인간이 자연 상태에서 누렸던 권리를 보호하는 것 이외에 어떤 권한도 갖지 않는다고 주장한다. 무엇보다도 자유방임주의에서 국경에 대한 개념은 나와 내 이웃의 땅을 구분하는 경계 이상의 도덕적 중요성을 가지고 있지 않다.

즉 개인들의 자발적 거래가 평화롭고, 사유재산을 훼손하거나 훔치지 않고, 다른 사람의 권리를 침범하지 않는 한 국가는 난민을 제한할 아무런 권한도 갖지 않는다는 것이다. 비공격성의 원칙으로 불리는 이러한 입장은 개인이나 개인 소유의 재산에 대한 물리적인 폭력이나 위협이 발생하지 않는 한 국가에 의한 강제력의 사용은 정당화될 수 없다고 주장한다.

　반면 공화주의자들은 세계적 차원의 분배적 정의가 아직 비현실적이며 정의에 관한 선택은 훨씬 작은 단위인 가족이나 종교사회, 국민국가 등에서 일어난다고 본다. 이들의 입장은 재분배가 일어나는 경계를 기준으로 외부와 구분되는 세계를 전제한다. 사람들은 이 경계 안에서 우선 자신의 동료들과 사회적 재화를 공유하고 교환하고 분배한다. 그러나 너무 작은 단위의 공동체에서는 자원의 한계 때문에 의미 있는 분배가 지속되기 어렵고 너무 큰 단위에서는 분배에 대한 합의를 이끌어내기가 쉽지 않다.

　따라서 현실적으로 유일하게 재분배적 정의의 단위로 기능하고 있는 국민국가는 새로 구성원이 되기를 원하는 외부인에게 시민이 되는 자격을 제시할 수 있고 가입을 제한할 수도 있다. 즉 이렇게 중요한 도덕적 의미를 갖는 국민국가의 경계를 아무나 횡단할 수는 없는 것이다.

　보편적 인권의 관점에서 보면 경계의 벽은 낮아져야 한다. 그러나 이제까지 우리가 쌓아온 민주주의의 경험은 경계의 문제가 해결되고 난 후에야 비로소 민주주의가 가능했다는 사실을 보여준다. 즉 시민들이 소속감을 공유하는 특정한 공간 안에서만 정치적 정당성의 문제를 해결하고 재분배에 대한 동의를 이끌어내는 것이 가능했던 것이다.

　따라서 경계 안의 배타적 지위로서 시민권을 강화하는 일과 경계를 넘어서는 보편적 인권을 양립시키려는 노력 앞에는 인류의 보편성과 세계성이 경계를 중심으로 구획된 근대 국민국가의 출현에 의해 본격적으로 고양되기 시작했다는 역설이 자리 잡고 있다.

그렇기 때문에 오늘날 어떤 국가도 완전한 국경 철폐를 주장하지 않지만 그렇다고 해서 전면적인 국경 봉쇄를 주장하지도 않는다.

보편적인 인권 존중과 합리적인 국경 통제 사이의 딜레마는 무엇보다도 국민국가의 경계가 민주주의의 완성에 기여한 긍정적 차원의 의미를 실현하는 일, 즉 개인의 자유와 기회의 평등을 보장하고 경계의 가치에 이의를 제기할 수 없을 정도로 민주적인 정치 공동체를 만드는 일이 중요하다는 점을 보여준다.

다시 말해 국경 통제가 그 정당성을 얻기 위해서는 국민국가의 경계가 갖는 의미의 긍정적인 차원인 사회 통합과 정치적 정당성 문제를 해결함으로써 민주주의를 발전시킨 진보적 결사체로서의 특징들이 충분히 구현되어야 하고, 동시에 부정적인 차원인 인종과 문화를 중심으로 외부에 대해 배타성을 심화시킴으로써 자신의 정당성을 스스로 훼손해온 잘못을 최소화하려는 노력이 필요한 것이다.

(2015. 10)

아베 총리의 종전 70주년 담화와 상속된 책임성

일본의 아베 총리는 2015년 종전 70주년 담화에서 과거의 전쟁과 아무런 관련이 없는 전후 세대가 이미 일본 전체 인구의 8할을 넘었으며 그들에게 사죄의 숙명을 넘겨줘서는 안 된다고 주장했다. 전쟁 책임의 상속을 거부하며 그 시효가 다했음을 주장하는 이 논리는 언뜻 강력해 보인다. 잘못을 사죄하는 보상적 정의(compensative justice)는 자원을 나누는 분배적 정의(distributive justice)와 비교할 때 상대적으로 사적인 차원의 논리이다. 가해자와 피해자가 당사자로서 살아 있을 때 보상의 문제는 간단하다. 그러나 시간이 흘러서 가해자와 피해자가 모두 죽고 없을 때, 따라서 내가 보상을 해줘야 하는 가해자도 아니고 내 이웃이 보상을 받아야 하는 피해자도 아닐 때 이른바 상속된 책임성(inherited responsibility)의 문제가 제기된다.

사적인 보상이 사회적 차원의 문제가 되고 그 책임이 상속되기 위해서는 적어도 두 가지 조건이 충족되어야 한다. 첫 번째 조건은 현재의 우리가 과거 피해자가 입었던 사회적 손실이나 가해자가 얻었던 사회적 이익의 영향 아래 있어야 한다. 예컨대 미국의 노예제나 일본의 침략 전쟁은 가해자나 피해자의 후손 모두에게 현재에도 영향을 미치고 있다. 흑인의 인권을 부정한 과거의 차별은 여전히 그 후손들에게 벗어나기 힘든 낙인을 남기고 있고 오늘날 대부분의 백인은 흑인들의 강제 노역으로 미국 사회가 얻은 이익의 기반 위에 서 있다. 일제의 식민 지배와 위안부 동원 등의 전쟁범죄 역시 피해자에게 지금도 그늘을 드리우고 있고 가해자는 식민지 수탈을 기반으로 이룩된 사회 발전의 혜택을 누리고 있다.

책임이 상속되기 위한 두 번째 조건은 이와 같은 역사적 궤적을 밟아온 정치 공동체의 운명에 대해 현재의 개인들이 부정적 유산의 부담까지도 감수하려는 정체성을 공유하고 있느냐의 여부이다. 집단적 자위권 행사를 가능하게 하는 안보 관련 법안에 반대하는 일본 시민들의 시위는 일본이 전쟁의 영향에서 완전히 벗어나지 못했으며 전쟁의 유산을 둘러싼 정체성 확립을 위해 아직도 갈등하고 있음을 보여준다. 특히 일본 보수 진영이 전후 세대의 책임 단절을 이야기하면서 동시에 전범을 추모하는 야스쿠니신사 참배를 통해 과거 전쟁 공동체의 기억을 보존하기 위해 애쓰는 것은 전후 세대가 새로운 시대로 나아갈 수 있는 기회를 가로막는 모순적 행동이다.

사회적 손실 및 이익의 영향력과 공동체에 대한 개인들의 정체성 공유 여부라는 두 가지 조건에 비춰 보자면 일본 전후 세대의 사죄 의무 없음 주장은 아직 이른 결론이다. 물론 시간이 흐를수록 침략 전쟁으로 인해 누적된 유산의 영향력이 줄어들고 그 유산을 물려받은 정치 공동체의 운명에 대해 책임을 공유하려는 사람들의 정체성은 약해질 것이다. 아베 총리의 담화는 보상적 정의의 이러한 성격을 노리고 있다. 그러나 그는 보상적 정의의 개념을 물리적 시간의 게임으로 잘못 이해하고 있고 정치 공동체가 집단으로 져야 할 정치적 책임의 문제를 일본 시민이 사적인 유죄의 감정을 가져야 한다는 의미로 확대해석하고 있다.

전쟁 책임의 상속을 거부하는 아베 담화는 더 근본적으로 불행한 과거에 대한 사과 요구를 회피하고 아시아를 우회하여 서구와 직접 상대하려는 일본의 탈아시아 정책과도 맞닿아 있다. 전후 첫 총리였던 요시다 시게루의 탈아시아 정책 이후 일본이 아시아의 일원임을 천명하고 아시아로 회귀한 것은 2009년 하토야마 총리 때의 원(one) 아시아 정책이 유일했다. 일본은 다시 미일 동맹을 강화하며 심지어 평화헌법에 대한 해석 개헌을 시도하고 있다. 그러나 평화헌법 9조 역시 일본만의 국내 헌법이 아니라 전후 질서 재편 과정에서 아시아 이웃 국가와의 약속을 담은 국제적인 조항이었다는 점을 기억해야 한다.

(2015. 09)

그리스 사태와
유럽 통합의 미래

　20세기 역사에서 이성의 기획을 극단적으로 밀어붙인 대표적인 사건은 러시아혁명과 유럽 통합일 것이다. 두 사건은 서로 다른 얼굴을 갖고 있지만 러시아혁명이 동요하는 시장의 무정부성과 인간의 이기심마저도 계획을 통해 통제할 수 있다고 믿었다면 유럽 통합은 사람들의 마음속에 존재하는 전쟁 가능성을 제도적인 협력을 통해 봉쇄할 수 있다고 믿었다.

　유럽 통합의 아버지로 불리는 장 모네는 정밀하게 고안된 제도가 잘 작동한다면 역사의 우연도 예측할 수 있을 것이라고 생각했다. 오늘날 유럽 통합의 주류를 이루는 이 입장에서 보면 최근 유럽의 위기는 회원국의 재정 정책까지 통제하지 못한 불완전한 통합에 있고 따라서 이들의 선택은 더 넓고 깊은 유럽 통합의 진전일 것이다.

　반면 지금까지 유럽 통합이 회원국 사이의 차이를 무시한 채 너무 빠르고 깊게 진행되었기 때문에 재정 적자로 경제정책에서 부담이 되는 일부 국가의 유로존 탈퇴를 포함하여 유럽 통합의 후퇴를 고려할 필요가 있다는 주장도 있다. 옥스퍼드대학의 얀 지에론카는 자율과 분권으로 상징되는 신중세 제국을 유럽연합의 모델로 제시하면서 동유럽으로의 경계 확장이 기존의 경직된 체제로는 감당할 수 없는 충격을 주고 있기 때문에 후퇴가 불가피하다고 주장한다. 이제 유럽은 수평적이고 다원적인 거버넌스 시대에 맞게 느슨한 국가연합으로서 새로운 민주주의를 모색해야 하고 거대 규모의 위계적인 국민국가 체제를 재생산하는 것은 옳은 해결책이 아니라고 보는 것이다.

유럽 통합을 보는 또 다른 시각으로 프린스턴대학의 앤드류 모라브칙은 유럽연합의 현재 수준은 영국과 프랑스, 독일 등 세 나라의 지도자들이 자신들의 국가 이익을 극대화하는 과정에서 선택한 합리적인 의사 결정의 결과라고 주장한다. 즉 세 나라는 각국의 산업 및 자본가의 이해를 대변하는 경제적 이익을 위해 유럽 통합을 선택했고 원활한 협상을 위해 권한을 초국가기구에 위임했을 뿐 결코 장 모네의 연방주의를 향한 비전이나 경제협력의 기능주의적 확산 효과 때문에 유럽 통합이 이루어진 것은 아니라고 보는 것이다. 따라서 유럽연합의 미래는 세 나라의 경제 이익이 수렴된다면 유지될 것이고 그렇지 않다면 후퇴할 것이다.

한편 민주주의 문제에 초점을 맞추는 옥스퍼드대학의 래리 시덴탑은 유럽의 민주주의가 기업 경영처럼 소비자 선호를 조작하는 정치 엘리트들 사이의 경쟁으로 축소될 위험에 처해 있다고 비판한다. 유럽연합은 중앙집권화를 추구하면서 대중과 멀어지고 있고 배타적인 경제 용어들의 위세에 눌려 민주적 책임성이나 권한의 분산과 같은 정치적 가치들은 희생되고 있다. 또한 사람들은 시민의 권리보다 경제성장에 더 관심을 갖는다. 이 입장에서 보면 유럽 통합의 속도와 수준을 결정하는 주체는 궁극적으로 정치 공동체의 운명을 결정하기 위해 충분한 연대감을 갖고 나서는 유럽의 시민들이어야 한다.

그러나 유럽 시민은 아직 존재하지 않거나 그리스의 실패를 함께 책임지기 위해 손해를 감수할 만큼의 연대감을 갖지 않는다. 더구나 그리스의 국민투표에도 불구하고 독일의 긴축 주장이 관철되는 과정을 보면 자본의 힘에 저항하는 민주주의의 취약성을 확인할 수 있다. 유럽 위기에서 민주주의와 분권이 답이라고 주장했던 근본적 견해보다 영국, 프랑스, 독일의 경제적 이해가 결국 유럽의 앞날을 결정할 것이라는 주장이 현실적으로 더 설득력을 얻고 있는 것이다.

특히 독일의 경제적 이해가 압도적 변수로 등장하고 있는 상황에서 독일은 1950년대 영국 노동당이 영국의 유럽 통합 참여를 반대하면서 했던 주장, 즉 유럽 통합 시도가 유럽 대륙 자본가의 카르텔 구축을 의미할 뿐이라고 비판했던 바로 그 주장에 답해야 할 시점에 서 있다.

(2015. 08)

사마천의 오렌지론

　사마천의 『사기』에는 춘추시대 월나라 왕 구천이 오왕 부차를 물리치고 패권을 차지하자 월나라의 오랜 신하였던 범려가 구천을 떠나는 이야기가 나온다. 토사구팽의 고사성어를 남기는 바로 그 사람이다. 범려는 그후 송나라에 정착하여 도주공으로 불리며 교역으로 큰돈을 벌고 뒤늦게 막내인 셋째 아들을 낳고 산다. 그러던 어느 날 둘째 아들이 살인죄로 초나라 감옥에 갇히게 되자 그는 셋째 아들을 보내 구하려 했다. 그러나 이를 안 큰아들이 집안의 중요한 일에 당연히 자신이 가야 한다고 주장하여 우여곡절 끝에 결국 큰아들을 보내게 된다.

　범려는 길을 떠나는 큰아들에게 편지와 황금을 주며 초나라 현인 장 선생을 찾아가 편지를 전하고 그가 시키는 대로 하라고 당부했다. 그러나 빈한한 장 선생의 형편을 본 큰아들은 동생의 석방 여부는 자신에게 맡기고 곧바로 집으로 돌아가라는 장 선생의 말을 듣지 않고 따로 초나라의 관리들을 만나 동생의 석방을 위해 애쓴다. 얼마 후 장 선생은 초나라 왕을 만나 나라의 불길한 징조를 없애기 위해 덕을 베풀 것을 청하고 초나라 왕은 장 선생의 제안을 받아들여 창고를 봉인하고 사면령을 준비한다. 그러자 창고의 봉인을 통해 사면의 징후를 안 관리가 큰아들에게 곧 대사면이 있을 것 같다고 알려줬고 이 소식을 들은 큰아들은 장 선생에게 준 황금 없이도 동생이 나올 수 있었다는 생각에 다시 장 선생을 찾아간다.

애초부터 범려의 부탁을 들어줄 뿐 황금에 관심이 없었던 장 선생은 큰아들에게 황금을 돌려준 뒤 다시 초나라 왕을 만나 최근 시중에 왕의 대사면 준비가 도주공의 아들을 위한 것이라는 소문이 있다고 말하게 되고 그러자 왕은 범려의 둘째 아들을 먼저 사형시킨 다음 대사면령을 내리고 만다. 결국 큰아들은 동생의 주검을 안고 집에 돌아오게 되는데 모든 가족이 슬퍼하는 자리에서 범려는 조용히 웃으며 이미 둘째가 살아 돌아오기 어려울 것을 알고 있었다고 말한다. 큰아들이 동생을 사랑하지 않아서가 아니라 아버지와 함께 고생하며 자란 큰아들이 재물을 아끼다가 일을 그르칠 수 있는 것은 당연하며 그래서 풍족한 가운데 어려움 없이 자란 셋째 아들을 보내려고 했다는 것이다.

경험은 중요한 자산이지만 나만의 경험에 근거한 확신이 반드시 세상을 구할 수 있는 것은 아니다. 민주화 시대의 486세대 역시 과거의 고생과 경험을 바탕으로 정치를 통해 우리 사회를 바꾸기 위해 애썼지만 결과는 아직 만족스럽지 않다. 그 시절에 시대의 아픔도 모르고 이웃의 어려움도 외면한다고 비판받던 풍족한 집안의 오렌지족들이 있었다. 남경필 경기도지사는 같은 당 안에서 아예 대놓고 오렌지족이라고 비판받은 적이 있고, 같은 2세 정치인인 유승민 의원도 여유 있는 집안의 유학파라는 점에서 크게 다르지 않았다. 그러나 이제 이들은 야당과 연합 정부를 구성하는 실험을 통해, 또는 민주공화국의 가치와 정의를 지키겠다는 주장으로 시민들의 마음을 얻고 있다.

  범중엄의 「악양루기(岳陽樓記)」에 나오는 '세상의 근심을 먼저 걱정하고 세상의 즐거움은 나중에 누린다[先憂後樂]'는 지도자의 마음가짐에 비추어 보자면 오렌지족들은 과거 남보다 먼저 즐기고 가장 나중에 근심하던 사람들이었다. 반면 486세대는 시대의 고민을 어깨에 짊어지고 남보다 늦게 즐거움을 누리던 청년들이었다. 그러나 시대는 변했고 개인들은 또 다른 인생의 경험을 통해 달라졌다. 과거의 오렌지족들은 세상의 근심을 앞장서서 걱정하는 사람이 되었고 486세대는 자신들의 경험에 근거한 근심의 방식이 시대와 맞지 않아 주춤거리고 있다. 이제 자유롭게 자란 범려의 셋째 아들에게 세상을 구할 기대를 거는 시대가 된 것이다.

(2015. 07)

정체성과 애국심

메르스 사태가 알게 해준 한 가지 현실은 우리의 삶이 생각보다 더 상호 의존적이고 우리가 불가피하게 운명 공동체로 엮여 있다는 사실이다. 실망스런 국가, 평소 무관심했던 이웃과 내키지 않는 운명 공동체라는 현실을 인정해야 하는 일은 겸연쩍다. 그리고 이 사태를 함께 극복할 운명 공동체라고 하기에는 우리가 아주 두터운 연대를 바탕으로 하나의 정체성을 공유하고 있는 것은 아니라는 점도 분명하다.

정체성은 내가 다른 사람과 어떤 공통점과 차이를 갖고 어느 집단에 소속감을 느끼느냐의 문제다. 그것은 선험적으로 주어지기도 하지만 사회적 관계와 우연적 요소의 영향을 받으면서 변화한다. 현대사회에서 정체성 문제가 중요해진 이유는 그것이 민주주의 실현의 전제 조건이 되는 사회 통합 문제의 해결에 실마리를 제공하기 때문이다. 예컨대 근대 국민국가는 동질적인 민족 집단을 바탕으로 정체성을 공유함으로써 사회 통합의 문제를 해결하였고 문화 인종적 연대를 전제로 한 선거를 통해 정치적 정당성 문제를 해결했다.

한국 사회에서도 지금까지 단일민족에 근거한 민족주의 담론이 서로 경쟁하는 계급이나 지역, 종교 등의 개념을 누르고 한국인의 정체성을 규정하는 핵심적 지위를 차지해왔다. 특히 서로 다른 개인을 묶는 가장 큰 공통분모로서 민족주의 담론이 갖는 패권적 지위는 분단 상황 아래 남북한 간 경쟁을 통해 더욱 강화되었다.

그러나 세계가 겪고 있는 지구화의 흐름은 한국에서도 민족에 근거한 국가 정체성의 존립을 위협하고 있다. 첫 번째 위협은 경제적 불평등의 심화에 따른 사회경제적 균열로부터 오고, 두 번째 위협은 다문화 사회로의 이행에 따른 사회 문화적 균열로부터 온다. 이와 같은 두 차원의 균열은 다시 우리 사회의 민주주의를 심각하게 위협하는 대표의 위기와 연대의 위기를 가져오고 있다. 대표의 위기는 사회적 소수의 목소리가 의사 결정 과정에서 배제되어 누구에 의해서도 대표되지 않는 현실을 가리키고, 연대의 위기는 사회적 다수와 소수 사이에 충분한 신뢰가 존재하지 않아 안정적인 국가 운영이 힘든 상황을 가리킨다.

더 이상 민족의 이름으로 개인들 사이의 커져가는 균열을 포괄할 수 없을 때 우리는 어떻게 대한민국 국민으로서 하나의 정체성을 공유할 수 있을까? 한 가지 분명한 방향은 점점 파편화되는 배제의 정치를 넘어서 공간적으로 전국을 아우르는 포괄적인 의제와 누구에게나 적용 가능한 보편적인 가치의 추구를 통해 보람 있는 집단 경험을 창출해내야 한다는 것이다.

특히 집단적 자기 정체성 형성 과정에서 다양한 문화가 공존하는 것은 서로에게 이성적 성찰이 가능한 비판적 거리를 제공한다는 장점이 있다. 즉 한국인이 되기 위한 정체성의 조건으로서 혈연에 근거한 민족을 넘어서는 대안을 모색할 때 우리는 감성에 의존하는 생물학적 애착과 이성에 근거하는 합리적 성찰의 균형을 통해 사회적 다수와 소수가 합의할 수 있는 정치적 가치와 원칙을 찾아내야 한다.

이렇게 재구성된 사회에서도 사회정의가 실현되고 재분배가 이루어지는 단위로서 국민국가를 유지하기 위한 시민들의 헌신과 애국심은 여전히 중요하다. 다만 우리의 애국심은 혈연적 민족의 패권적 지위를 위한 것이 아니라 개인 및 집단 정체성을 형성하는 과정에서 귀속적 애착과 합리적 반성의 균형을 통해 생겨난 가치와 원칙을 위한 것이어야 한다. 그 원칙은 한국 사회의 민주화가 성취한 개인의 자유와 평등, 법의 지배와 기회의 균등, 관용과 표현의 자유 등일 수 있다.

이익집단의 총합이 아닌 재분배의 윤리적 공동체로서 국가가 해야 하는 역할은 우리가 공유하는 이 정체성이라는 상징적 허구의 힘이 시민들의 서로 다른 이념과 경제적 이해를 뛰어넘게 만드는 데 있다.

(2015. 06)

'아시안 패러독스'와 동아시아 지역 통합

　'아시안 패러독스'는 상대적으로 높은 경제협력과 상호 의존 수준에 비해 정치와 안보 차원에서 갈등이 지속되는 동아시아의 상황을 일컬을 때 쓰는 표현이다. 이 개념은 한·중·일 사이에 외교적 긴장이 높을 때도 경제활동은 순조롭게 진행되는 것과 같은 정치와 경제의 비대칭적 관계를 이해하는 데 도움을 준다. 그러나 사실 이 용어는 통합에 대한 잘못된 전제와 아시아의 현실에 대한 착시 현상을 바탕으로 하고 있어서 굳이 아시아에서만 나타나는 역설이라고 이름 붙일 근거는 약하다.

　우선 유럽 통합의 경험에 비추어 보면 경제통합이 먼저 진행되고 정치 통합이 시차를 두고 뒤따르는 것은 지역 통합의 일반적인 순서라는 점에서 정치와 경제 관계의 불균형을 꼭 모순이라고 표현할 필요는 없다. 유럽은 1952년 유럽석탄철강공동체 출범을 시작으로 경제협력이 시작된 후 1992년 본격적인 정치 통합체인 유럽연합이 출범하기까지 40여 년의 시간을 필요로 했다. 나아가서 이와 같은 불균형을 전제하더라도 아시아의 현실이 경제와 정치 영역 사이의 모순을 말할 만큼 높은 수준의 경제통합을 보여주고 있지는 않다.

예컨대 경제통합의 단계를 역내 국가들 사이의 관세 철폐를 의미하는 가장 낮은 수준의 자유무역협정 단계, 회원국들 사이의 관세 철폐와 역외 국가를 상대로 한 공동 관세 부과를 추진하는 관세동맹 단계, 그리고 노동, 자본, 상품, 서비스의 자유로운 이동을 보장하는 단일 시장 단계, 마지막으로 공동 화폐와 중앙은행 등의 도입을 통해 회원국 사이에 경제정책을 조정하는 경제 연합 단계로 나눈다면 동아시아의 통합 수준은 아직 첫 번째 단계인 자유무역협정의 협상 정도에 머물고 있다.

물론 이와 같은 현실의 이면에는 2011년 기준 동아시아 16개국의 역내 무역 의존도가 44.5%로 유럽연합의 62.6%보다 낮아서 지역 내 경제통합의 유인보다는 지역 외부를 향한 수출 중심 경제구조가 훨씬 강력한 현실이 있다.

그러나 '아시안 패러독스'가 갖는 더 심각한 함의는 이 개념이 지역 통합을 당연히 이뤄야 할 목표로 전제하고 그 과정에서 정치가 걸림돌인 것처럼 검증되지 않은 어떤 방향성을 설정하고 있다는 점이다. 동아시아 질서는 2000년에 걸친 중국의 패권 시기와 100년에 걸친 일본의 패권 시기를 거쳐 다시 중국이 과거의 패권적 지위 회복을 시도하는 가운데 있다.

압도적 패권 국가 없이 다자 관계를 통해 지역 통합을 이뤄낸 유럽과 달리 동아시아 통합의 미래는 중국 또는 일본의 영향력 아래 놓일 가능성이 높기 때문에 미국은 한 번도 아시아에서 지역 통합을 지지한 적이 없었다. 최근에는 중국을 견제하기 위해 일본을 지지함으로써 미국에 의한 동아시아의 외부적 균형이 유지되는 가운데 내부적으로 역내 국가들은 상호 간 위계질서 없이 각자 자율성을 갖는 무정부 상태를 선호하고 있다.

즉 동아시아에서 지역 통합이 진전되지 않고 있는 이유는 낮은 역내 무역 의존도 이외에도 지역 국가들이 현재의 자율성과 무정부 상태가 자신의 이익에 최선이라 여기고 통합을 위한 어떤 상황 변경과 희생도 원하지 않는다는 점에 있다. 근래 유럽 위기에서 보듯이 지역 통합은 평화를 위한 안정적인 틀을 제공하지만 동시에 회원국의 자율성을 제한하며 개별 정책 수단을 포기하게 만든다.

다시 말해 '아시안 패러독스'가 전제하는 선험적 선으로서 시장 논리에 따른 통합은 민주적 책임성이나 독립된 주권과 같은 정치적 가치들을 쉽게 희생시킨다. 결국 통합의 목적과 주체, 방법에 대한 충분한 토론 없이 경제적 이해만을 좇는 지역 통합 움직임은 동아시아적 정체성과 민주적 가치를 공유하는 시민의 참여에 의해 균형을 찾을 필요가 있다.

(2015. 05)

우리의 연민은
왜 쉽게 사라질까?

　알프스산맥에 추락한 비행기 사고 소식을 듣고 사람들은 어린 나이에 숨진 독일 학생들의 청춘을 안타까워하며 명복을 빈다. 그리고 이내 탑승자 가운데 우리나라 사람이 없다는 사실을 확인하고 안도한다. 내 손가락이 조금 아픈 것은 우리를 며칠 밤 잠 못 이루게 만들지만 먼 이국에서 일어난 참사는 곧 기억에서 사라지고 우리는 잠에 떨어진다.

　많은 사람이 희생된 참사에서 나와 같은 국적자의 생존 여부를 먼저 확인하는 일은 어떻게 설명할 수 있을까? 가장 이성적인 설명은 재분배를 통해 서로의 삶에 개입하며 책임을 나눠 갖는 동료 시민에 대한 관심이라고 보는 것이다. 이 관점은 재분배의 사회정의가 이루어지는 현실적인 단위로서 국민국가의 경계가 갖는 도덕적 중요성을 전제하고 있다.

　그러나 이 논리는 동시에 타인의 불행에 함께 아파하는 우리의 연민이 국경을 쉽게 넘지 못하는 현실도 보여준다. 우리와 문화, 인종, 종교를 달리하며 생활 세계를 공유하지 않는 개인의 불행에 대해 연민은 그 물리적 거리를 쉽게 뛰어넘지 못하는 것이다.

　그렇다면 국경 안에서 일어난 참사에 대해 우리의 연민이 사라지는 현실은 어떻게 설명할 수 있을까? 정치철학자 누스바움은 연민이 발현되기 위해서는 네 가지 조건이 충족되어야 한다고 말한다.

첫째, 상대방의 고통이 충분히 심각한 것이어야 한다. 둘째, 그 고통이 스스로가 아닌 타인에 의해 유발된 것이어야 한다. 셋째, 그 사건이 나의 행복에 영향을 미치는 중요한 것이어야 한다. 넷째, 그 고통이 나의 삶에서도 일어날 가능성이 있다고 생각되어야 한다. 여기서 특히 유사한 사건의 발생 가능성에 대한 판단은 우리가 경험을 공유하지 않는 타인들에게까지 관심을 갖도록 해주는 역할을 한다.

그러나 이 조건이 충족되어도 연민이 항상 발현되는 것은 아니다. 개인들의 사회계급의 차이가 연민의 발현을 위해 필요한 공감을 종종 가로막기 때문이다. 마치 고대의 귀족이 노예의 고통을 공감하지 못했던 것처럼 어떤 부류의 사람들은 자신의 삶의 가능성이 타인과 질적으로 다르다고 여긴다.

누스바움은 또한 세 개의 병리학적 감정이 연민의 발현을 방해한다고 분석한다. 첫째, 수치심(shame)은 자신의 잘못된 감정에 빠져 자신 밖으로 나오지 못하게 만든다. 둘째, 질투(envy)는 타인의 성취에 눈멀어 타인의 상실과 슬픔에 무감각하게 만든다. 셋째, 혐오감(disgust)은 우리와 그들을 임의적으로 갈라 그들을 증오하도록 만든다.

물론 연민이 완전한 것은 아니다. 예컨대 누군가가 연민의 마음을 갖고 있더라도 공정하지 않다면 그는 어떤 일도 하려고 들지 않을 것이다. 그의 이기심이 손해를 보면서까지 남을 돕는 행위를 가로막기 때문이다.

　반면 누군가가 완벽하게 공정하지만 연민의 마음을 갖고 있지 않다면 그 또한 고통에 빠진 사람을 발견해도 아무런 조치를 취하지 않을 것이다. 그는 공정할 뿐 연민의 마음이 없어서 타인을 위해 행동할 동기가 부족하기 때문이다. 결국 우리가 누군가를 돕기 위해서는 공정함과 연민을 동시에 필요로 한다. 즉 이성과 공감이 함께 작용할 때 우리는 타인을 이해하고 행동하는 도덕적 인간이 될 수 있다.

　그러나 만약 우리를 둘러싼 현실이 연민도 없고 공정함은 더구나 없는 상태로 변해간다면 어떻게 할까? 공정함도 연민도 없이 모두가 오직 생존을 위해 자기 이익만을 좇는 홉스의 자연 상태에서 개인은 만인과 투쟁하며 '외롭고(solitary), 가난하고(poor), 불편하고(nasty), 잔인하고(brutish), 부족한(short)' 상태를 견뎌내야 한다.

　홉스는 국가가 이 상태에서 우리를 구원해줄 것이라고 믿었지만 우리의 국가는 그런 참사가 나한테는 일어나지 않을 것이라고 믿는 사람들과 진영을 가르는 혐오감에 포위되어 있다.

(2015. 04)

민주주의의 후퇴와 권위주의의 귀환

최근 세계적으로 민주주의가 후퇴하고 대의민주주의에 대한 신뢰가 하락하고 있다는 주장이 자주 등장한다. 민주의의의 후퇴는 이미 민주주의로의 이행과 공고화 과정을 거친 많은 나라에서 민주주의가 가져다주는 삶의 질에 실망한 시민들이 계속되는 민주주의의 심화 요구에 대한 지지를 철회하고 있는 현상을 말한다.

이들은 정기적인 선거를 통한 최소한의 절차적 정의만 확보된다면 더 이상 민주주의 문제에 신경 쓰지 않고 경제적 혜택과 안정된 삶의 유지에 몰두하며 이를 위해 심지어 권위주의적인 정부의 등장도 용인하는 태도를 보인다.

민주주의의 후퇴가 시민들의 의식과 사회 전체 분위기에 가져오는 부정적인 변화는 무엇보다도 사회적 약자에 대한 배려와 민주주의의 규범적 가치들에 대한 관심이 줄어든다는 점이다. 시민들은 문화적 소수자의 유입에 따른 갈등에 대해 배타적인 생각을 갖기 시작하고 사회경제적 약자에 대한 연대의 신념이 약해지면서 다문화적 균열과 경제적 양극화가 민주주의의 후퇴를 가져오는 것에 대해 체념하기 시작한다.

이런 현상은 특히 빈부 격차가 커지는 지구적 경제 위기 상황을 맞아 심화된다. 최근의 위기 국면에서 정부는 먼저 가장 주변적인 집단에 대한 경제적 혜택의 축소를 시도하고 시민들의 규범적 지지를 잃은 사회적 소수집단은 모든 의사 결정 과정에서 우선적으로 배제된다.

시민들의 민주주의에 대한 지지 철회와 권위주의의 귀환 현상의 원인에는 긴 노동시간, 높은 노동강도, 상시적인 고용 불안 등 시민을 정치적으로 탈동원화하고 더 이상 정치에 관심을 가질 여유가 없는 개인으로 만드는 지구적인 무한 경쟁의 흐름이 있다. 불안정한 고용에 시달리면서 경쟁을 강요받는 사회에서 사람들은 기약 없는 정치 참여에 시간을 쏟기보다 권위주의적 정부에 의한 정치 안정과 가부장적 보호를 선호하게 되는 것이다.

그렇다면 어떻게 이 구조적 악순환에서 벗어날 수 있을까? 민주주의의 위기를 가져오는 이와 같은 시장의 무정부성에 저항하는 방법은 결국 시민들의 강력한 연대와 적극적인 참여를 통한 정치적 통제의 강화밖에 없을 것이다. 이런 맥락에서 최근 주요 언론들과 학자들이 시민의 중요성과 시민사회의 역할을 강조하고 있다.

구조는 행위자의 선택을 제한하지만 행위자의 누적된 선택에 의해 구조 역시 궁극적으로 변화한다. 고용 불안과 경쟁 속에서 개인들의 선택은 제한받지만 시민들이 연대와 참여를 통해 민주적 정부를 수립하고 견제할 때 구조 역시 점진적으로 변화해갈 것이다. 그러나 시민의 역할에 대한 무조건적 기대에도 함정은 있다.

예컨대 486세대는 민주화 이후의 사회를 이상화하면서 시민의 과도한 도덕적 의무를 당연시했고 이 과정에서 사적 개인에 대한 관심은 상대적으로 적었다. 이와 같은 상황은 곧 민주화 이후의 실망과 단절로 이어졌고 도덕적 과부하와 거대 담론의 영향 아래 왜소화되었던 개인들은 정체성 위기와 자기부정에 직면하는 모습을 보여주었다.

훌륭한 시민은 외부적 긴장과 타인의 시선에 의해 유지되는 것이 아니라 사적 개인으로서의 성찰과 그에 비례하는 공적 실천에 의해 유지된다. 그러므로 우리는 생각의 힘과 그 힘을 통해 드러나는 인간의 존엄함을 믿는 인문주의자를 길러내야 하고 자신과 자신의 주위 상황에 대한 깊은 성찰을 통해 어떤 거대한 외부의 힘에 맞서서도 당당하게 자신의 의견을 말할 수 있는 독립적인 개인을 길러내야 한다.

개인의 자유와 자유로운 내면의 가치를 지지하고 다른 사람의 문화적 차이를 존중하면서 동시에 자신의 주변에서 일어나는 정치 과정에 적극적으로 참여하는 사람만이 민주주의의 후퇴와 권위주의의 귀환을 저지하는 강한 시민이 될 수 있다.

(2015. 03)

공적 영역의 팽창,
그러나 공공성의 빈곤

　정치란 무엇인가에 대한 설명 가운데 하나는 공적 영역에서 일어나는 모든 일이 곧 정치라고 보는 것이다. 그렇다면 공적 영역은 어떻게 규정할 수 있을까? 가장 작게 공적 영역을 정의하는 방법은 정부와 국가의 구성 및 운영에 관련된 일을 공적 영역으로 규정하고 그 나머지는 사적 영역으로 간주하는 것이다.

　반면 공적 영역을 가장 크게 정의하는 방법은 개인 및 가족과 관련된 공간을 사적 영역으로 먼저 규정하고 그 나머지는 모두 공적 영역으로 간주하는 것이다. 이 최대 정의에 따르면 정부, 국가뿐만 아니라 회사, 학교, 언론 등 개인과 가족을 벗어난 모든 공간이 공적 영역에 속하고 정치는 이 공적 영역에서 일어나는 대부분의 일을 의미하는 것으로 그 범위가 넓어진다.

　오늘날 한국 사회에서 공적 영역은 무한대로 팽창하고 있는 것으로 보인다. 정부의 공직과 관계없는 연예인도 불법 도박을 하면 공인이라 불리며 더 가혹한 비난을 받고 개인 간의 사적인 대화도 녹취를 통해 SNS상에 공개되었을 때 공적인 책임을 져야 하는 상황이 발생한다. 공사의 경계가 모호해지고 공적 영역이 자꾸 커져가는 현상은 두 가지 우려를 불러일으킨다.

하나는 다수의 전제(tyranny of majority)로서 개인들이 공적 영역에서 끊임없이 다른 사람의 시선을 의식하며 다수의 의견에 지배받는 것이고, 다른 하나는 도덕적 과부하(ethical overburden)로서 개인들이 늘 공적 영역에 나서는 사람이 져야 하는 도덕적 의무감에 짓눌려 쉽게 지치는 것이다. 이 두 가지 현상은 결국 사적 영역에 침잠함으로써 생겨나는 개인의 창의성을 고갈시키고 궁극적으로 우리 사회 전체의 생산성을 저해한다.

그러나 무한대로 팽창하는 공적 영역에서 생겨나는 더 심각한 문제는 그 공간을 채울 우리 사회의 공공성이 빈곤하다는 사실이다. 공공성은 개인의 이해를 넘어 타인에 대한 배려와 공정함을 추구하는 태도, 공동체의 일에 헌신하는 이타적인 자세를 말한다. 서양의 고대는 가정을 경계로 공사를 구분한 다음 공적 영역에서 개인의 행복과 공동체의 선이 일치하는 좋은 삶을 추구했다.

반면 동양에서는 공공성을 가정이라는 기초적인 장에서 출발하여 공적 영역에서 비로소 완성되는 것으로 보았다. 결국 동서양 모두에서 공공성은 어떻게 하면 개인들이 사적 이해를 뛰어넘어 공동의 이익을 추구하게끔 규범과 관습으로서의 제도를 만들어내는가에 달려 있었다.

최근 인사 청문회에서 흔히 드러나는 병역과 재산 의혹 등은 후보자들이 지금까지 개인적 이익을 극대화하는 삶을 살아왔음을 보여준다. 이런 개인 차원의 합리적 선택이 공공의 이익과 일치한다면 그들은 비판으로부터 자유로울 것이다. 그러나 많은 경우 개인과 가족의 이해가 동심원적으로 확장되어 지역주의가 되었고 권력을 사유화한 배타적 지역 패권주의가 국가 이익이라는 공공성보다 우선하고 있다. 만약 우리 사회가 공정한 규칙과 공동의 이해를 무시하는 이기적인 개인들로 가득 채워진다면 미래는 암울할 것이다.

당연히 공동체는 공공성의 가치를 실천하는 이타적 시민이 많을 때 안정되고 발전할 확률이 높다. 따라서 우리가 추구해야 하는 궁극적 대안은 공적 영역의 무분별한 확장은 자제하되 사적 영역에서의 성찰과 공적 영역에서의 실천을 통해 공공성의 가치를 회복하는 일이다. 다시 말하자면 개인을 위한 이기적 선택보다 집단을 위한 이타적 선택이 더 우월하게 살아남을 수 있도록 공정, 배려, 관용 등의 규범을 교육을 통해 내면화하고 이와 같은 가치를 비웃고 우회하려는 무임승차자를 막는 제도를 만들고 유지하는 것이다.

(2015. 02)

샤를리 에브도와
프랑스 공화주의 전통

　서구의 근대는 자유롭고 평등한 개인이 이성과 과학을 바탕으로 스스로를 해방시키는 계몽의 기획과 함께 시작됐다. 이 기획을 이룩할 정치 공동체인 근대 국민국가는 프랑스혁명을 통해 최초로 탄생했고 공화국을 지탱하는 핵심에는 공적 영역과 사적 영역을 구분한 다음 종교를 사적인 영역에 유폐시킨 세속주의가 자리 잡고 있었다.

　따라서 중세의 유혈 종교 갈등을 세속주의 원칙으로 해결했다고 믿는 프랑스 공화주의자들에게 공적 영역에서 벌어지는 무슬림의 인정 투쟁은 중세의 전철을 다시 밟으려는 어리석은 시도로 보일 것이다. 당연히 이들이 원시적 부족주의와 종교적 신념이 싸우는 암흑의 정글로 떨어지지 않을 방법은 공화주의 원칙의 굳건한 고수일 수밖에 없다.

　군주를 제거하고 종교를 사적 영역에 유폐시키면서 시작된 프랑스 공화주의 전통에서 보면 『샤를리 에브도(Charlie Hebdo)』는 모든 세속적 권위와 근엄한 종교 권력에 풍자와 조롱을 퍼붓는 가장 프랑스적인 잡지다. 샤를리 사건에서 우리가 이의 없이 합의하는 관점은 테러에 대한 비판일 것이다. 신념의 차이를 이유로 폭력을 동

위해 상대를 멸절하는 것은 반문명적이라는 점에 사람들은 동의하고 테러 집단을 비난한다.

그러나 테러가 아닌 표현의 자유를 중심으로 이 사건을 보면 타 종교에 대한 존중을 고려해야 한다는 입장과 제한 없는 비판을 옹호하는 이른바 표현의 자유 근본주의자가 나뉜다. 사실 존중과 비판의 양립이 불가능하지는 않다. 예컨대 홀로코스트 희생자에 대한 비난처럼 자신이 선택할 수 없었던 사건의 피해자를 조롱하는 것은 표현의 자유를 벗어난 혐오 발언에 해당하고 이것은 우리가 속한 문화 전통이나 종교적 신념 체계를 비판하는 것과는 차원이 다르다. 무제한의 비판과 풍자가 갖는 미덕은 상대에 대한 단순한 모욕이 아니라 기성 권위와 획일화된 시선의 해체를 통해 우리에게 익숙한 신념의 체계를 되돌아보게 만드는 데 있다.

만약 샤를리 테러를 문화 사이의 갈등이라는 관점에서 보면 문제는 더 복잡해진다. 프랑스 공화주의는 공동체의 의사 결정에 자발적으로 참여하는 시민의 덕목을 강조한다. 또한 개인과 국가를 매개하는 중간 집단의 존재를 인정하지 않고 개인의 정체성을 사적 영역에 남겨두고 추상적인 시민으로 공화국 앞에 나올 것을 요구한다. 이와 같은 입장은 우리도 동등한 인간이기 때문에 보편적 인권을 보장받아야 한다는 사회적 소수의 한 가지 이해를 잘 반영하지만, 동시에 우리는 다르기 때문에 차이에 대한 사회적 인정을 필요로 한다는 또 다른 측면의 요구에는 취약하다.

무엇보다 프랑스의 상징인 관용은 공화주의 원칙을 공유하지 않는 사회적 소수에 대해 적용되지 않으며 이런 이유로 공화주의는 세속 근본주의라는 이름 아래 다양한 신념을 가진 개인을 파괴하는 역할을 하고 있다고 비난받기도 한다.

사회적 소외와 종교적 신념이 잘못 결합된 샤를리 테러는 오늘날 프랑스 사회에서 추상적인 보편주의가 사회적 소수를 통합하기보다 배제하는 데 더 영향을 미치고 있다는 점을 보여준다. 더구나 인종, 문화, 종교적 배경과 상관없이 개인의 평등을 보장하던 공화주의적 덕목과 제도가 쇠퇴하고 있는 가운데 개인의 정체성 표현을 억압하는 것은 사회적 소수집단에게 최악의 상황이 될 수 있다.

결국 공화주의의 단선적이고 비타협적인 원칙들은 더 확장된 개념으로 바뀔 필요가 있을 것이다. 에드먼드 버크의 언어로 표현하자면 역사적으로 형성된 제도나, 관습, 종교 등이 제공하는 사회관리의 원칙들을 무시하고, 검증되지 않은 선험적 가치나 추상적 논리에 따라 세계를 구획하려는 프랑스의 시도는 차이와의 공존을 요구하는 다문화 시대를 맞아 심각한 도전에 직면하고 있는 것이다.

(2015. 01)

헌재의 정당성은
어디에서 오는가?

1803년 미국의 마버리 대 매디슨 사건에서 시작되어 미국적 예외라고 불리던 사법 심사는 이제 세계적 현상이 되었다. 국가에 따라 대법원 또는 헌법재판소가 위헌 여부를 따지는 사법 심사의 주체가 되는 가운데 우리나라 헌재도 역사적 사건들에 대해 최종 선고를 내리고 있다. 그런데 헌재가 갖는 강력한 권한의 정당성은 어디에서 오는 것일까? 특히 이번 통합진보당 사건처럼 시민이 선출한 민주적 정당성을 갖는 국회의원을 9인의 임명직 재판관이 자격 상실시키는 현실은 어떻게 가능할까?

대의제 민주주의에서 정당성의 최고 원천은 선거라는 제도적 절차에 따라 시민들로부터 권한을 직접 위임받는 민주적 정당성이다. 그렇지만 민주주의 체제에는 또 하나의 중요한 정당성의 근거가 존재한다. 바로 제도적 정당성이다. 예컨대 스트라스부르에 있는 유럽인권재판소의 재판관은 누구도 유럽 시민에 의해 직접 선출되지 않지만 높은 지지 속에 그 정당성을 의심받지 않는다. 오히려 민주적으로 선출된 유럽 각국의 정부보다 더 높은 지지를 받는 경우도 많다. 따라서 민주적 정당성만이 유일하고 항상 우월한 지위를 갖는다고 말할 수는 없을 것이다.

다만 헌재가 근거하는 제도적 정당성은 전문성, 공정성, 중립성이라는 세 가지 조건을 모두 갖췄을 때 비로소 성립된다. 이번 정당 해산 결정이 비판받는다면 이와 같은 세 가지 조건을 완전하게 충족하지 못했기 때문일 것이다. 전문성은 기본적으로 정치적 심판인 이번 사건을 헌법 정신에 대한 깊이 있는 통찰을 통해 정치적 이해를 뛰어넘는 결정으로 만드는 데 있었다.

하지만 헌재의 결정은 헌법 정신에 대한 논의보다 북한에 대한 인용이 압도적이어서 우리만의 특수성에 매몰되어 세계사적 맥락의 보편적인 설득력을 놓친 것으로 보인다. 북한은 우리가 맞서야 하는 특수한 현실이지만 북한을 넘어서 나아갈 미래를 동시에 고려하지 않으면 이는 마치 우리가 이 특수한 상황에서 영원히 벗어나지 못할 것이라고 전제하는 것과 같다.

공정성은 다양한 증거와 반대 의견을 두루 고려하면서 결론을 이끌어내는 신뢰감을 전제로 하는 덕목이다. 그러나 개인적인 신념을 거칠게 드러내면서 누구도 몰랐던 통진당의 숨은 의도를 우리가 읽어낸다는 식의 주장은 헌재의 최종 결정문이라기보다 검사의 공격적인 구형을 보는 것 같고 앞으로 이 구형을 둘러싼 재판이 계속될 것 같은 느낌을 갖게 한다.

중립성 문제는 우리 헌재의 가장 심각한 결함일 것이다. 대통령, 국회, 대법원장이 각 3인씩 재판관을 지명하는 헌재의 구성 방식은 집권 여당의 뜻을 구조적으로 과대 대표되게 만든다. 더구나 모든 후보자가 청문회를 거치기는 하지만 헌법재판소장 및 국회 지명 후보자만 국회 인준 표결을 거치고 나머지 재판관은 국회 표결 없이 임명하는 선출 방식은 결과적으로 특정 후보 지명을 쉽게 만들어 헌재의 구조적 중립성을 저해한다.

제도적 정당성은 민주적 정당성과 달리 시민들의 직접적인 이해로부터 벗어나 중립성을 지키면서 전문적이고 공정한 결정들을 통해 쌓아가는 후천적인 정당성이다. 따라서 헌재의 결정이 이 조건들을 충족시키지 못하면 끊임없이 정당성을 의심받는 상황에 직면하게 된다.

누군가는 60%가 넘는 국민이 헌재의 이번 결정을 지지하지 않는가라고 반문할 수도 있다. 그러나 만약 국민적 다수를 따르는 결정이 헌재가 하는 일의 전부라면 차라리 여론조사나 국민투표를 하는 게 나을 것이다. 헌재는 국민의 평균적 법 감정을 반영하는 역할을 함과 동시에 다수 의사를 대표해 선출된 대통령 및 의회를 견제하면서 그렇지 못한 소수 의견을 보호해야 하는 의무도 갖고 있다. 이처럼 상반된 요구를 반영하는 헌재의 치열하고 고뇌 어린 결정만이 결국 비판적인 국민들을 승복하게 만들 수 있을 것이다.

(2014. 12)

대표하지 못하는 대표 체계의 위기

　모든 선거제도는 두 가지 상반된 원칙을 동시에 충족시켜야 한다. 하나는 공정한 대표(fair representation)이고 다른 하나는 통치 가능성(governability)이다. 물론 가장 공정한 대표는 시민 모두가 자기 자신을 스스로 대표하는 것이다. 그러나 이 상황에서는 효율적인 통치 가능성에 문제가 생긴다. 어떻게 그 많은 사람이 충분한 토론과 심의를 통해 적절한 의사 결정을 해나갈 수 있을지 의문이 제기되는 것이다.

　반면 대표의 숫자를 줄이면 통치 가능성의 지표는 높아질 것이다. 그러나 이 경우에는 공정한 대표의 문제가 생겨난다. 따라서 세계의 선거제도는 이 두 가지 원칙에 대한 고민을 반영하고 각국의 독특한 조건들을 감안하여 고유한 대표 체계를 만들어낸다.

　일반적으로 말하자면 근대의 선거제도는 등장 초기에는 통치 가능성에 초점을 맞췄다면 최근에는 공정한 대표를 강화하는 방향으로 움직여왔고, 단순 다수 소선거구제가 통치 가능성에 더 중점을 둔다면 비례대표제는 공정한 대표에 더 초점을 맞춘 제도라고 말할 수 있다.

　우리나라는 정치적 대표의 숫자로 보면 시민 16만여 명당 1인의 대표를 선출하여 4만여 명당 1인을 선출하는 영국, 7만여 명당 1인을 선출하는 프랑스, 11만여 명당 1인을 선출하는 독일보다 대표의 비율이 낮은 편이다. 이 통계를 근거로 의원 수를 늘리자는 주장도 있다. 그러나 정치적 대표는 단순히 시민 몇 명당 대표의 숫자로 일괄 비교할 수 없고 지역적 대표성이나 성별, 직업별, 연령별 대표성 여부 등도 함께 고려해야 한다.

예컨대 영국은 정치적 대표의 비율이 높지만 비례대표가 없는 단순 다수 소선거구제를 채택하여 정당별 지지율과 실제 의석 점유율 사이의 차이가 크다. 영국은 이에 대해 자신들은 의도적으로 '일할 수 있는 다수(working majority)'를 만들어내고 있다고 주장한다. 반면 독일의 경우 정치적 대표의 비율은 영국보다 낮지만 정당명부 비례대표제를 통해 정당의 지지율과 의석 점유율을 일치시킴으로써 공정한 대표의 원칙에 더 충실하다.

우리나라 선거구제 개편 논의에서 비례대표 확대 여부가 관심을 모으는 것은 궁극적으로 공정한 대표의 원칙과 관련이 있다. 시민 1인당 정치적 대표의 등가성을 확보하고 동시에 다양한 집단의 대표성을 높이는 것이 다수결과 소수의 권리 보호라는 민주주의의 두 축을 구현하는 데 중요한 전제이기 때문이다. 그러나 이러한 방향의 개편 가능성에 대해 많은 시민이 비관적이다. 양대 정당이 자신들의 기득권을 방해하는 개편에 동의할 리 없다는 생각에서다.

정치학자 시모어 립셋과 스타인 로칸이 말한 이른바 동결 가설(freezing thesis)에 따르면 근대의 중심과 주변, 노동과 자본 등의 균열 구조를 반영하여 형성된 과거의 정당들은 지속적으로 대안 정당의 등장을 제한하고 유권자의 선호 자체에도 제약을 가한다. 최근의 젊은 세대 입장에서 보자면 유권자의 선호에 앞서 형성된 정당 구조가 자신들의 선호를 반영하지 못하거나 결과적으로 왜곡하고 있는 현실은 분통이 터질 일이다.

그럼에도 우리가 대의민주주의를 채택하고 있는 이유는 단지 인구가 많고 땅이 넓어서 물리적으로 시민 각자의 직접 대표가 불가능해서만은 아니다. 더 중요한 이유는 단순한 선거구민의 대리인이 아닌 독립적이고 탁월한 대표의 가능성과 그들이 행하는 공공선을 향한 심의 가능성을 믿기 때문이다.

즉 현재의 선거제도 개편 논의는 단순한 선거구 재획정 문제가 아니라 공정한 대표의 확대와 동결된 정당 구조의 개혁, 그리고 의원 개개인의 대표와 심의 능력 제고를 통해 정치에 대한 신뢰를 회복하는 과제가 중첩되어 있다.

(2014. 12)

개헌은 언제 무엇을 위해 필요한가?

이른바 87년 체제로 불리는 현재의 헌법은 우리 사회의 민주화 운동이 권위주의 시대를 청산하고 이뤄낸 빛나는 성과이다. 1987년의 개헌은 특히 대통령 직선제와 헌법재판소 도입이라는 두 가지 중요한 변화를 담고 있다. 대통령 선거의 투표권을 회복한 시민들은 지난 여섯 번의 대선에서 승자의 환희와 패자의 실망이 교차하는 치열한 경쟁에 직접 참여하였고, 헌법재판소는 사법 심사라는 이름 아래 국회와 정부의 주요 결정들이 헌법에 합치하는지의 여부를 검토하면서 법의 지배를 강화하는 데 기여해왔다. 어떤 비판에도 불구하고 현재의 헌법이 민주주의의 공고화에 기여한 긍정적인 역할을 부인할 수는 없다.

그러나 2000년대 들어서 87년 체제의 한계를 지적하는 개헌론이 등장하기 시작했다. 첫 개헌론은 대통령 4년 중임제를 도입하고 대통령 선거, 국회의원 선거, 지방선거 등 3개의 선거 시기를 일치시켜야 한다는 원포인트 개헌론 또는 단계적 개헌론이었다. 이 논의는 2004년 대통령 탄핵 사건을 거치면서 시민사회와 학계로 확산되어 기본권과 권력 구조, 헌법 주체 등에 대한 더 근본적이고 체계적인 헌법 개정이 필요하다는 민주적 개헌론으로 이어졌다. 그러나 다른 한편에서는 정치 개혁의 다양한 의제를 단순히 개헌으로 치환하는 것은 정당정치의 활성화 등 중요한 정치 개혁을 위축시키고 정치의 사법화만을 가속시킨다는 개헌 무의미론도 제기되었다.

최근의 개헌 논쟁은 시민사회의 개헌 논의 열기가 사라진 상태에서 여야 정치권이 먼저 제기함으로써 기성 정치권이 자신들의 기득권 유지를 위해 연합하려 한다는 의심을 불러일으키고 있다. 무엇보다 현 정치권의 개헌 논의는 우리 사회 개혁의 다양한 차원을 권력 구조 개편이라는 단일한 차원으로 축소시키는 문제점을 안고 있다.

그동안 시민사회 논의에서 주목을 끌었던 국민에서 시민으로 헌법 주체의 전환, 시민의 기본권 조항 강화, 통일과 영토 조항 수정, 선거제도 개편과 경제민주화 강화 여부 등은 부차적인 문제가 되었고, 정, 부통령제를 포함한 대통령 4년 중임제를 도입할 것인지, 또는 분권형 대통령제로서 이원집정부제를 채택할 것인지, 아니면 아예 의원내각제로 전환할 것인지 등의 권력 구조 개편 논의가 중심을 이루고 있는 것이다.

물론 헌법은 시민의 기본권과 권력 구조라는 두 축을 통해 우리 사회의 정치 질서와 그 운영 원리를 규정한 기본 문서이기 때문에 사회 개혁을 말할 때 개헌은 자연스럽게 관심의 초점이 될 수 있다. 그러나 우리 사회의 개혁이라는 복잡한 과제가 개헌이라는 단일한 구호로 수렴될 때 두 가지 부정적인 현상이 생겨난다.

첫째는 헌법이 갖는 추상성으로 인해 개혁 논의의 현실성이 떨어지고 문제의 지나친 단순화로 사회 개혁 논의 자체가 왜곡될 가능성이다. 둘째는 시민들의 참여에 의해 추진되는 개혁 논의의 역동성이 사라지고 정치 엘리트들과 전문가들만이 배타적으로 참여하는 단순한 법률의 문제로 전락할 가능성이다.

대부분의 시민은 현재 우리가 안고 있는 많은 사회문제가 헌법의 불완전성 때문에 생겨났다고 보지 않을 것이다. 또한 선거에 관한 사항은 법률로 정한다고 되어 있는 우리 헌법 41조 3항에 따라 특별히 개헌을 하지 않더라도 당장 필요한 선거구제 개편과 비례대표 확대 등의 합의제 민주주의를 지향하는 정치 개혁은 언제라도 가능하다.

이런 상황에서 사회 개혁의 계기로서 개헌 논의가 힘을 얻기 위해서는 주체의 측면에서 정치권이 아닌 시민사회의 활발한 참여가 있어야 하고, 내용의 측면에서 권력 구조 개편이 아닌 더욱 다원화된 민주화 이후의 시대를 반영하는 우리 사회의 미래 가치에 대한 논의가 중심을 이루어야 한다.

(2014. 11)

표현의 자유와
혐오 발언의 처벌

 살만 루시디가 1988년에 출판한 책 『악마의 시』는 무슬림들의 격렬한 항의에 직면했지만 영국에서는 휘트 브래드 문학상을 받았고 독일에서는 올해의 작가상을 수상함으로써 사회적 소란과는 상반된 문학적 찬사를 받았다. 무슬림들은 이 책이 문학의 이름을 빌려 예언자를 조롱하면서 이슬람의 신성함을 모욕하고 있다고 보고 책의 판매 금지와 신성모독죄로 처벌할 것을 요구하였다. 2005년 덴마크 일간지에 실렸던 이슬람을 풍자한 만평 사건도 비슷한 소용돌이의 경로를 밟아갔다. 그러나 영국과 덴마크 정부는 표현의 자유와 법의 지배라는 두 가지 원칙을 근거로 무슬림들의 어떤 처벌 요구도 거부하였다.

 이 사건들에서 제기된 표현의 자유의 한계에 대해 정치철학자 비쿠 파레크와 브라이언 배리는 서로 다른 입장을 보여준다. 파레크는 만약 아우슈비츠의 비극적인 희생자들을 조롱하고 비웃으면서 그들의 고난을 사소한 것으로 간주하는 작가가 있다면 사람들은 그의 소설에 대해 분노하고 소설의 존재 가치를 부정하고 작가에게 비난을 퍼부을 수 있다고 본다. 이 경우 작가에게 좋은 것이 반드시 사회에 유익한 것은 아니다. 즉 작가는 사회의 관용을 이용해 자신의 권리를 남용하고 있는 것이다.

반면 배리는 조롱하고, 비웃고, 희화화할 수 있는 권리는 표현의 자유를 이루는 중요한 요소라고 주장한다. 그는 이와 같은 표현의 자유가 세계 어느 곳에서나 지켜져야 할 보편적인 인권의 일부로서 특정 문화나 종교의 압력에 의해 영향 받아서는 안 된다고 본다.

표현의 자유는 자유주의의 정체성을 구성하는 핵심적 가치이지만 배리의 주장처럼 어떤 경우에도 보장되어야 하는 절대적 권리일까? 최근 한 가지 설득력 있는 제한의 기준은 자신이 선택할 수 없었던 집단적 정체성을 대상으로 한 비하와 혐오 발언은 처벌한다는 것이다. 이 기준에 따르면 선택과 무관하게 주어진 인종에 대한 차별은 당연히 처벌받아야 하지만 누구나 선택 가능한 종교에 대한 비판은 자유롭게 보장되어야 한다.

만약 종교에 대한 비판이 제한되어야 한다면 특정 종교의 추종자들은 자신들이 믿는 것을 믿을 자유를 가질 뿐만 아니라, 다른 사람들이 그 믿음에 대해 동의하지 않는 것을 방해할 자유까지 갖게 되는 셈이다. 물론 이슬람교의 경우 아랍인이 신자의 다수를 차지하는 현실 때문에 종교에 대한 비판이 사실상 인종차별로 이어질 수 있다는 점에서 이 기준 적용에 어려움이 있다.

오늘날 전 세계적으로 혐오 발언에 대한 처벌은 일반적인 경향이 되어가고 있다. 혐오 발언의 특징은 특정 정체성을 공유하는 집단과 개인을 대상으로 구성원의 인격을 무화시키는 부정적인 낙인을 찍은 다음 사회적 적대감의 대상으로 몰아 차별하는 것이다. 표현의 자유를 제한할 수 있는 예외적인 상황으로 유럽이 인종 갈등을 고려해왔다면 우리는 안보 문제를 고려해왔으며 실제 국가보안법을 통해 표현의 자유에 제한을 가하고 있다.

그러니까 일베의 호남 지역이나 여성 비하 발언에 대해 어떤 처벌도 불가능하다는 자유주의 근본주의자들의 주장이 항상 성립하는 것은 아니다. 물론 일탈적인 혐오 발언에 대해 법적 처벌을 앞세우기보다는 상호 존중과 관용에 기반을 둔 도덕적 비난을 통해 시민사회 스스로 충분한 자정 능력을 갖춰나가는 것이 바람직할 것이다. 그러나 점점 복잡해져가는 우리 사회의 갈등 구조는 차별금지법 제정이나 형법 개정 등을 통해 혐오 발언을 처벌해야 하는 상황을 불가피한 것으로 만들고 있다.

(2014. 10)

한국 정치의 축복이자
한계로서 포퓰리즘

요즘처럼 거리에 시민들이 모여들고 웅성거리기 시작하면 어김없이 포퓰리즘의 위험을 경고하는 말들이 등장한다. 대중영합주의로 번역되는 포퓰리즘은 자주 부정적인 의미로 사용된다. 이 말은 절차와 제도를 무시하고 군중을 선동하면서 사회 안정을 위협하는 움직임을 가리킬 때 주로 쓰여왔다. 그런데 포퓰리즘은 정말 나쁜 것일까?

사실 대의민주주의와 포퓰리즘은 역사 속에서 동전의 양면처럼 함께 존재해왔다. 포퓰리즘이 등장하는 시기는 선출된 대표들이 시민들의 통제로부터 멀어져 자신들만의 이익을 위한 집단으로 권력화될 때이다. 즉 권력을 위임받은 선출된 대표들과 그 권력의 주인인 시민들 사이의 거리가 멀어졌을 때 그 틈을 뚫고 포퓰리즘이 등장하는 것이다.

세계적으로 다양한 포퓰리즘의 사례들은 두 가지 공통된 특징을 보여준다. 첫째는 내가 당신들의 권리를 기득권자들로부터 빼앗아 다시 찾아주겠다고 주장하는 것이고, 둘째는 거대 담론을 중심으로 대중의 감정에 호소하는 방법을 사용하는 것이다.

결국 대의민주주의가 이름뿐인 상황에서 시민들의 불만이 고조

되었을 때 포퓰리스트적 지도자가 등장하고 기존의 정치 엘리트들은 이러한 포퓰리스트적 도전을 두려워하면서 선동이라는 부정적 낙인을 찍고자 애쓴다. 민주주의 사회에서 제도화의 진전은 대체로 정치적 안정을 가져오지만 제도가 실제 작동하는 과정에서 부패하고 관념화되면 정당성을 잃게 된다. 그럴 때 시민들의 실망을 등에 업은 포퓰리스트적 도전이 시작되는 것이다.

한국 현대사의 큰 변화들은 대부분 제도권 밖에서 시작되었다. 1960년 4월 혁명, 1980년 광주항쟁, 1987년 6월 항쟁, 2000년 총선 낙선 운동 등은 제도 밖의 도전이 제도권을 긴장하고 변화하게 만든 대표적인 사건들이다.

제도 안의 기득권 세력이 시민들로부터 멀어졌을 때 주기적으로 등장하는 제도 밖의 포퓰리즘적 저항은 한국 정치의 축복이자 한계이다. 한국 정치에서 이런 흐름은 기존 제도권에 긴장과 도전을 불러일으킨다는 점에서 축복이지만 포퓰리즘적 저항의 주체들이 자신들의 주장을 제도화시키는 데 성공하지 못하고 다시 포퓰리즘적 공격의 대상으로 전락해왔다는 점에서 한계이다.

남미의 사례에서 볼 수 있듯이 포퓰리스트적 저항은 대체로 일반화된 쇠퇴의 길을 간다. 이 길에서 벗어나는 방법은 역설적이게도 쉽게 잦아드는 저항의 바람과 오랜 시간이 걸리는 조직을 결합시켜 사회에 변화를 추동하고 그 변화를 제도화하는 것이다.

결국 대의민주주의의 쇠퇴와 포퓰리즘적 저항의 긴장이라는 맥락에서 볼 때 오늘날 우리 민주주의가 직면한 가장 큰 도전은 시민들이 어떻게 선출된 대표를 통제하느냐와 운에 따른 사회경제적 불평등을 해소하느냐이다. 전자의 대안은 참여민주주의이고, 후자의 해법은 국가 개입을 통한 재분배라고 말할 수 있다. 즉 정치 공동체의 의사 결정에 시민들의 지속적인 참여와 감시가 필요하고 최적의 국가 개입에 합의된 복지 정책이 필요한 것이다.

그러나 우리 현실은 가장 창조적이어야 할 정치조차도 안일하고 기계적인 매너리즘에 빠져들고 있다. 거리에 모여드는 시민들의 요구에 기존 제도와 법을 거론하며 겨우 포퓰리즘의 낙인으로 모면하려는 정치인들은 게으르다. 시민들이 느끼는 대표와의 거리가 멀어질수록 선출된 대표를 감시하고 공동체의 운명을 결정하는 일에 연대하는 포퓰리즘적 저항의 목소리는 커질 것이다.

한국 정치의 축복이자 한계의 주기가 다시 시작되지만 대체로 저항의 열기가 제도화되지 못했고 시민들이 값비싼 희생을 치러야 했다는 점에서 그것은 우리 모두의 불행이다.

(2014. 09)

공론장 없는 법치의 위험성

민주화 이후의 민주주의에서 가장 두드러지는 특징 가운데 하나는 정치의 사법화이다. 절차적 민주주의가 완성되어갈수록 법의 지배라는 이름 아래 정치의 영역을 법이 대신하고, 정치과정을 사법 과정이 대체하며, 정치가의 역할을 법률가가 대신하는 경우가 많아진다. 사전에 공공 영역에서 토론을 통해 결정되어야 할 주요 사안들이 사후에 소송절차를 밟아 결정되면서 시민들의 역할은 줄어들고 왜소해진다. 이러한 현상을 우리는 정치의 사법화라고 부른다.

정치의 사법화를 극복하기 위해 정치의 우선성이 회복되어야 한다는 주장이 있다. 즉 애국과 헌신 등의 덕목을 갖춘 시민들이 정치 공동체의 의사 결정에 자발적으로 참여하는 공화주의 전통의 부활을 통해 정치의 우선성을 회복해야 한다는 것이다. 이러한 주장에 따르면 합법성을 갖춘 법을 지키는 것이 민주주의의 전부가 아니라 그 법의 시대적 적실성을 시민들의 토론을 통해 확인하는 것이 중요하다. 우리는 민주주의의 공고화 과정에서 이처럼 정치의 사법화와 정치의 우선성이 충돌하는 현상을 자주 목격한다.

민주화 이후의 정치에서 우리가 느끼는 답답함은 대체로 정치의 사법화 현상과 관련이 깊다. 한번 법치의 프레임에 빠져서 이게 규정이고 저게 원칙이라고 따라가기 시작하면 도대체 뭘 개혁할 수 있는지 알기 어렵다. 이런 상황에서는 기존의 힘 관계와 틀 자체를 바꾸는 사회운동이 중요하고, 특히 기존의 법치 프레임을 뛰어넘는 창조적인 사회운동 방식이 필요하지만 민주주의 시대에는 정치의 우선성의 회복도 법을 통해 이뤄져야 한다는 딜레마가 있다.

정치와 법의 관계는 경제와 화폐의 관계로 비유할 수 있다. 경제가 원활하게 굴러가기 위한 수단으로서 화폐가 필요하듯이 정치가 안정적으로 운영되기 위한 도구로서 법이 필요하다. 정치가 분명 법을 만들어내지만 법치가 정치의 전부인 것처럼 그 관계는 자주 역전된다. 여전히 사람들에게 법은 낯설고 선험적으로 주어진 비밀스런 코드로서 오직 법률적 소양을 갖춘 사람만이 해독할 수 있는 것처럼 여겨지는 것이다.

그러나 법은 사람들의 이해를 권위 있게 조정하기 위해 타협과 양보로 이루어진 정치과정의 산물이다. 다시 말해 법은 시민들의 이해관계를 조정하는 약속의 결과로서 성립되며 시민들은 이 계약의 당사자로서 언제든지 법 문서를 열람하고 이의를 제기할 권한을 갖는 것이다.

동시에 약속으로서 한번 성립된 법은 다음 단계의 이해와 타협에 기초를 제공한다. 따라서 시민들 사이의 약속에 불변의 원칙이 존재하리라고 믿는 것도 한계가 있지만 법조문의 엄격한 적용을 법의 존재 이유로 삼는 것도 불완전하다. 아마도 이와 같은 정치와 법의 구성적인 관계를 가장 잘 보여주는 흐름은 보통법의 전통에서 찾을 수 있을 것이다.

보통법적 관점에서 보면 시대의 불편함을 공유하는 사람들의 요구에 의해 법은 자라나고 이 과정에서 시민적 주체가 형성된다. 그러나 이렇게 성립된 법도 시간이 지남에 따라 적실성을 잃고 화석화된 개념이 되기 때문에 시민들의 토론을 통해 그 개념의 적실성을 복원하려는 끊임없는 노력이 필요하다.

　세월호 특별법을 둘러싼 갈등은 기존 법의 미비함에 불편함을 느끼는 계약의 주체로서 시민들의 요구와 법은 선험적으로 주어진 배타적 권위라고 믿는 사람들 사이의 긴장을 보여주고 있다. 만약 법을 지키는 것이 원칙을 지키는 것이고 그것이 정치의 전부라고 생각한다면 법은 논리가 아니라 경험이고 시민들의 생활 속에서 변화하고 자라나는 것이라는 점을 기억해야 한다. 시민들의 다양한 요구를 수렴하는 공론장이 없는 법치는 법을 위한 법치에 그칠 수밖에 없기 때문에 맹목적이고 위험한 것이다.

(2014. 08)

장 모네, 어떤 일을 하는 삶과
누군가가 되는 삶

장 모네는 유럽 통합의 아버지로 불리는 프랑스의 사업가이자 외교관이다. 그는 1888년 코냑 지방에서 포도주 도매상의 아들로 태어나 대학에 가는 대신 16세부터 가업을 위해 해외를 여행하며 현실 세계에 대해 배웠다. 그의 아버지는 여행을 떠나는 아들에게 책을 가져가지 말라고 가르쳤다. 누구도 너를 대신하여 생각해줄 수 없으니 창밖을 바라보고 새로운 사람들을 만나 이야기하면서 세상을 직접 배우라고 말했다.

제1차 세계대전이 일어났을 때 장 모네는 프랑스 총리를 만나 건의하고 영국 관계자들을 만나 설득하면서 연합군의 효율적인 군수물자 조달을 위해 일했다. 이 경험을 바탕으로 그는 31세에 국제연맹의 사무차장이 되었고 장제스의 초청으로 중국을 방문하여 철도 건설 사업을 자문하기도 했다. 제2차 세계대전이 일어났을 때 그는 영불 조정위원회 의장으로서 다시 한번 연합군을 위해 군수물자를 조달하는 일의 책임을 맡았고 미국의 전쟁 지원을 이끌어내는 데 중요한 역할을 하였다. 그의 활동을 두고 케인스는 장 모네 덕분에 제2차 세계대전이 1년은 더 일찍 끝났다고 말하기도 했다.

제2차 세계대전이 끝났을 때 장 모네는 이미 서로 다른 나라 사이의 이해를 조정하여 가장 효율적인 결과를 만들어내는 일에 전문가가 되어 있었다. 두 차례의 전쟁 경험을 통해 유럽의 평화를 위해 강력한 연방 정부를 중심으로 한 통합의 필요성을 절감한 그는 독일 루르 지역의 석탄 철강 공동관리를 핵심으로 하는 독자적인 유럽 통합 방안을 기획하였다.

그의 제안은 조르주 비도 총리에게 먼저 제시되었지만 총리가 이 기획의 중요성을 놓치는 사이 외무장관 로베르 슈망에 의해 받아들여져 결국 1950년 슈망 선언으로 발표되기에 이르렀다. 오늘날 유럽연합의 모체가 된 유럽석탄철강공동체에서 그는 초대 집행위원장을 역임하였다.

장 모네는 그의 인생 대부분에서 공적 직함이 없는 개인이었다. 그러나 그는 유럽 통합에 헌신한 공로로 1976년 유럽정상회의에 의해 최초의 유럽 명예시민으로 추대되었고 1979년 사망한 후 현대 프랑스인으로는 드물게 팡테옹에 안장되었다. 그는 어떤 일도 사람이 없으면 시작될 수 없고 제도가 없으면 지속될 수 없다고 믿었다. 따라서 각국의 이해로부터 벗어나 유럽 통합의 비전을 공유한 유럽의 엘리트들을 모으기 위해 노력했고 그들로 이루어진 집행위원회를 통해 유럽 통합을 제도화하기 위해 애썼다.

그는 대통령도 아니었고 총리도 아니었지만 20세기 인류의 역사를 바꾼 가장 큰 실험 가운데 하나인 유럽 통합의 기초자로서 역사에 이름을 남겼다. 만약 그가 총리였다면 오히려 그의 제안은 주변국의 의심과 견제 속에 실현되지 못했을 가능성이 높다. 장 모네 자신은 이에 대해 세상에는 어떤 일을 하고자 하는 사람과 누군가가 되고자 하는 사람이 있다고 말한 바 있다. 자신은 누군가가 되기보다는 어떤 일을 하고자 했고 그 일이 곧 유럽 통합이었다는 것이다.

그렇다면 우리는 어느 쪽일까? 어떤 일을 하는 삶과 누군가가 되는 삶 가운데 어느 쪽에 더 가까운 삶을 살고 있을까? 어떤 일을 하는 삶도 좋고, 어떤 일을 하기 위해 누군가가 되는 삶을 선택해도 좋을 것이다. 그러나 자신이 어떤 일을 해야 하는지 모르는 상태에서 무조건 누군가가 되겠다고 나서는 것은 자신도 불행해지고 자신이 속한 공동체도 힘들게 만드는 지름길이다. 더구나 자신이 오랜 기간 헌신하여 그 일에 전문가가 되어 있는 경우가 아니라면 정치 공동체의 책임 있는 자리를 맡아 누군가가 되겠다고 나서는 일은 삼가야 한다.

(2014. 07)

우리는 왜 다수결을 따르는가?

세월은 비정하다. 시간은 영화보다 더 기괴한 침몰 사고도 일상화시키고 익숙하게 만든다. 가슴 아픈 사연에 하루에도 몇 번씩 눈물을 훔치지만 우리의 욕망을 상징하는 주가는 멀쩡하게 오르고 선거는 예정대로 치러진다. 우리는 이제 추억 속에서만 누군가를 온전히 소유할 수 있다는 사실을 유일한 위안으로 삼아야 할지도 모른다.

지방선거가 끝나면서 선거가 권력 획득의 지배적인 게임의 규칙으로 자리 잡았다는 사실을 다시 한번 확인하게 된다. 치열하게 경쟁했던 선거 결과에 어쨌든 승복한다는 점에서 그렇다. 선거에는 다양한 표 계산의 방식이 있지만 어느 선거에서나 공통된 원칙은 표를 많이 얻은 사람 또는 다수의 지지를 확보한 정당이 승자가 된다는 점이다. 우리는 이 규칙을 다수결이라고 부른다. 그런데 우리는 왜 이 다수결의원칙을 따를까?

다수의 의사가 정당성을 갖는 역사는 그리 오래되지 않았다. 고대나 중세에는 한 사람의 철인 왕이나 경륜 있는 귀족들이 권력을 갖는 것을 당연하게 여겼고 다수의 의사를 따르는 것은 위험하거나 현명하지 못한 일로 간주되었다. 다수의 의사가 권력의 정당성의 원천으로 등장한 것은 정치사상사에서는 로크 이후의 일이고 현실에서는 민주주의가 정착한 19세기 이후이다.

선거를 통해 권력의 향방을 결정한다는 것은 사회 구성원 모두가 폭력적인 문제 해결 방식의 배제에 동의했다는 것을 뜻한다. 즉 물리력을 동원한 권력 쟁취는 서로 하지 않기로 약속했다는 것이 선거의 대전제이다. 그리고 그 선거의 규칙으로 우리는 다수결을 받아들인다.

예컨대 선거 결과 열 명 가운데 여섯 사람이 동쪽으로 가기를 원하고 네 사람이 서쪽으로 가기를 원했다면 우리는 다수결의원칙에 따라 동쪽으로 가기로 결정하고 소수 의견에 속했던 네 사람 역시 자신들의 의견을 포기하고 동쪽으로 따라간다. 그런데 왜 네 사람은 단지 소수라는 이유만으로 자신들의 의견을 포기해야 할까? 우리가 당연하게 여길 수 있는 소수의 포기에는 적어도 두 가지 규범적 조건이 전제되어 있다.

첫째는 게임의 규칙이 공정해서 이번 선거에서는 비록 내가 소수에 속하지만 다음 선거에서는 내가 다수의 일원이 될 가능성이 열려 있다는 전제이다. 만약 이번 선거뿐만 아니라 앞으로 10년 후, 20년 후, 아니 평생 단 한 번도 다수의 일원이 되어 나의 의사가 대표될 가능성이 구조적으로 없다면 누구도 다수결의원칙을 받아들이지 않을 것이다.

둘째는 비록 소수의 일원으로서 내 의사를 포기할지라도 다수가 나의 권리를 보호하기 위해 애써줄 것이라는 다수에 대한 신뢰의 전제이다. 즉 소수가 선거 결과에 자발적으로 승복하기 위해서는 자신의 의견을 포기하기에 충분할 정도로 두터운 사회적 연대가 다수와 소수 사이에 존재해야 한다. 이런 연대감 없이 소수의 기계적 포기를 강요하는 현실은 패자의 좌절감과 절망감을 키워 정치 공동체의 미래를 어둡게 만든다.

결국 다수결의원칙이 의미 있기 위해서는 공정한 게임의 규칙과 다수와 소수 사이의 신뢰라는 두 가지 조건이 충족되어야 한다. 우리가 예정대로 치러지는 선거와 절차적 정당성을 갖춰가는 민주화 이후의 민주주의에 대해 여전히 알 수 없는 불만을 느끼고 있다면 그 이유는 우리 사회의 절차적 민주주의 이면에 전제되어야 하는 사회적 연대의 부재 때문일 것이다.

다시 말해 우리 사회는 각자 자신의 이해를 위해 전투적으로 투쟁할 뿐 소수의 권리를 보호해주기 위해 애쓰는 다수가 없다고 믿는 사람들이 늘어가는 심각한 사회적 연대의 위기를 겪고 있는 것이다.

(2014. 06)

제 3 부
지나간 연대의 풍경

현실사회주의의 붕괴와
탈역사시대의 역사 읽기

1.

고백과 침묵이 세계와 대화하는 새로운 양식으로 자리 잡아가고 미래에 대한 전망보다는 지금 이곳에 대한 성찰의 요구가 우리를 무겁게 감싸고 있는 우울한 1990년대를 생각한다면 확실히 1980년 대는 역사 발전의 방향과 그 방향의 의미와 그 의미들의 의식적 통합까지도 가능하다고 믿었던 역사의 시대였다.

이 시기는 더해가는 속도감과 외부적 긴장을 수반한 난폭한 부정의 모습이 시대의 주요 흐름을 이루었지만 동시에 어느 누구도 사회를 지배하는 역사의 논의와 영향력에서 자유로울 수 없었던 열정의 시대이기도 했다. 유례없는 갈등이 계속되는 가운데 사회의 각 세력들은 자신들의 이해를 위해 전투적으로 투쟁하기 시작하였고 역사주의의 물결은 광범위하게 우리 사회를 휩쓸었다. 바꿔 말한다면 그것은 역사의 단선적 진화 법칙에 대한 믿음과, 갈등과 투쟁이 가져올 미래에 대한 낙관 속에서 역사주의라는 이념이 우리의 의식과 무의식을 지배하는 시대정신으로 자리 잡았음을 의미한다.

1980년대의 이러한 성격은 무엇보다도 1980년 5월을 기점으로 한국 사회의 체제 대안으로 사회주의를 거론하기 시작한 사회운동의 질적 변화에 가장 크게 닿아 있다. 이러한 논의들은 산업화의 진전과 더불어 분화하기 시작한 계급 간의 갈등에 실재적으로 기반하고 있었고, 이 기반 위에서 각자의 이념들은 방어와 공격을 위해 과학적으로 검토되고 접근되었다는 사실에서 현실적인 힘을 얻고 있었다.

물론 이 시대를 우리는 급진적인 변혁 이론, 즉 맑스주의가 우리 사회를 완전하게 지배한 시대라고 말할 수는 없을 것이다. 맑스주의는 강력한 대항 이데올로기로 떠올랐고 많은 영역에서 적극적 헤게모니를 획득해갔지만 여전히 우리 사회의 근저에는 근대화론을 기치로 한 발전 이데올로기가 굳건하게 자리 잡고 있었다. 평행선을 이루며 대립하던 두 입장은 각각 '혁명'과 '발전'의 신화를 선명하게 제시하면서 그곳에 이르는 법칙과 필연의 길을 자신 있게 주장했다는 점에서 역사주의적이었다. 여기에 참여와 헌신이 보다 나은 사회를 가져올 것이라고 믿었던 젊은이들의 정치적 낭만주의가 경직된 상태로 더해지고 있었다.

2.

그러나 현실사회주의의 패배라는 역사의 갑작스런 반전은 세계를 해석하고 변화시키는 법칙의 구성에 대해 자신감에 차 있던 우리의 사고를 급격한 혼돈으로 몰아넣었다. 그것은 형이상학적으로 역사에 내재한 법칙성을 전제하는 신념 체계가 설득력을 잃었다는 사실을 의미하며 우리 사회를 휩쓴 역사주의의 열기가 적어도 정치 세계에 대한 근본적인 이해를 가져다주기에는 한계를 갖고 있었음을 의미한다.

이와 같은 상황은 '20세기를 규정하고 있던 이데올로기의 대립이 우리의 상상력을 한계 지었던 점, 대립하는 양 진영의 언어 표현의 규격화가 우리의 비판 의식을 마비시켰던 현실' 등과 결합하면서 현실사회주의의 패배에 즈음한 인식의 한계와 당황스러움을 더욱 증폭시키는 계기로 나타나고 있다.

오늘날의 상황이 역사에 대한 새로운 의미 부여와 성찰을 요구하고 있음은 자명하다. 이러한 요구에 대한 다양한 응답 가운데 일군의 비관론자들은 역사는 이미 그 의미를 잃어버렸거나 아니면 아예 무의미한 것이라고 주장하기도 하고 낙관론자들은 자유주의가 드디어 역사의 짐이었던 '파시즘'과 '공산주의'를 청산했기 때문에 역사는 그 종착역에 도달했다고 주장하기도 한다. 그 접근 방식의 상이함에도 불구하고 비관론과 낙관론은 모두 역사의 끝을 상정하고 있다. 1968년 5월 혁명의 좌절을 경험한 세대가 역사의 합법칙적인 발전 법칙이 문명의 진보와 더불어 인간의 파괴에 이르고 있다는 비관론적 결론에 도달했다면, 신보수주의자들은 공산주의를 극복한 자유주의가 완전한 승리를 이룩했다는 낙관론적 결론에 도달했다.

낙관론자들 가운데 대표적 인물인 프랜시스 후쿠야마는 알렉산더 코제브를 통한 헤겔 이해에 기대어 자유와 평등을 향한 이성적인 국가권력의 완성이 드디어 미국에 의해 이루어졌다고 주장한다. 자유주의가 승리하는 1806년의 예나전쟁을 지켜보면서 역사의 종언을 말했던 헤겔의 진술이 2세기 동안의 오랜 실천 끝에 비로소 현실에서 성취된 것이다. 자유주의는 파시즘과 공산주의의 도전을 물리침으로써 경건 대신에 이성이 지배하고, 이성과 우리의 의무 사이에 모순이 없어지는 역사의 끝을 이룩했다. 아직 종교와 민족주의의 도전이 남아 있을 수 있으나 자유주의는 이제 대중 소비문화와 함께 전 세계인의 생활양식으로 보편화되고 있으며 북미와 서유럽, 그리고 일본은 이미 탈역사의 시대에 들어선 것이다.

역사의 끝에 대해 후쿠야마는 "그것은 아마도 매우 우울한 시기일 수 있을 것이다. 인정받기 위한 노력, 추상적인 목표를 위한 자기희생, 계속적인 시도, 용기·상상력 그리고 이상주의는 경제적 계산, 기술적 문제의 무한한 해결, 환경문제, 소비 욕구의 충족으로 대치될 것이다. 탈역사시대에는 예술도 철학도 없어질 것이고 단지 인간 역사의 박물관을 영구히 보존하는 일만이 남을 것이다. 사람들은 자신의 주변에 있는 다른 사람들로부터 역사가 존재했던 시대에 대한 강력한 향수를 찾게 될 것이다"라고 진단한다.

역사의 종언은 보편적 현상이며 역사시대로부터 탈역사시대로의 이행이라는 제1세계의 발전 경로를 따라 제3세계 역시 조만간 역사의 범주로부터 자진해서 고별할 것이라는 후쿠야마의 주장에 대한 반론은 송두율(독일 뮌스터대학)에게서 찾아볼 수 있다. 그는 발전의 세속화(아르놀트 겔렌)나 보편적 대중 소비문화(후쿠야마), 역사의 단일화(라인하르트 코젤렉) 그리고 세계자본주의(이매뉴얼 월러스틴) 등의 개념이 탈역사의 징표로서 세계를 획일화시키는 현재의 변화를 잘 보여주고 있다고 인정한다. 그러나 그는 역사의 끝에 공존하는 제3세계의 꿈의 가능성에 대해서도 동등하게 인정하고 있다. 오늘날 제1세계에서는 정치적 혁명 대신에 '과학과 기술의 혁명'만을 논하게 되었고 이러한 탈역사적 고찰은 동구 사회주의의 몰락이라는 확증을 통해서 더욱 정당한 것처럼 보이고 역사철학의 소멸을 의미할지도 모른다. "그러나 역사의 의미는 한 시대와 다른 시대, 한 나라와 다른 나라, 한 문화와 다른 문화 사이에 커다란 편차를 드러내기 때문에 서구의 좌파들이 역사의 끝을 이야기하고 역사를 장송하는 이 시점에서도 제3세계에서 역사의 꿈과 희망을 계속 이야기하는 것은 전혀 이상스러울 게 없다"고 그는 주장한다.

제1세계의 비관적인 지성들이 역사와 아무런 미련 없이 결별해도 제3세계는 또 다른 발전의 길을 가질 수 있다는 송두율의 주장은 우리의 현실에서 어떻게 읽혀져야 할까? 제1세계와 마찬가지로 과학기술의 결정력이 지배적인 위치를 차지해가고 생산력 지상주의가 유일한 이데올로기로 정착되어가는, 희미한 제3세계 정체성을 갖고 있는 우리의 현실에서 역사는 끝나지 않았다는 단순한 대답이 모든 문제에 대한 해답이 될 수 있을까? 나아가 제1세계의 역사는 과연 끝난 것일까?

질문은 다양한 지점으로부터 제기될 수 있겠지만 우리는 송두율의 논의에서 역사의 종언을 주장하는 좌, 우파의 주장들이 모두 유럽과 아메리카 중심주의에서 출발하고 있다는 점, 탈역사시대 논의의 장이 되고 있는 '현대' 역시 제1세계의 문화와 세계관에 의해 지배받는 시공간이라는 사실, 따라서 역사의 의미는 하나일 뿐이라고 전제하는 제1세계 지성들의 믿음에 동의할 수 없다는 그의 주장에 특히 주목하고자 한다. 나아가 더욱 중요한 사실은 역사의 끝과 꿈의 공존을 이야기하는 이와 같은 주장들이 공히 우리를 혼돈 속으로 몰아넣었던 역사 발전의 객관적 법칙들을 전제하고 있거나, 법칙성에 대한 신념에 따라 역사를 구획하고 있으며, 선험적으로 구성된 역사의 의미에 집착함으로써 근본적인 세계 이해의 기회로부터 멀어질 수 있는 가능성을 안고 있다는 점이다.

우리가 필연성의 틀에 전적인 신뢰를 보낼 때, 바꿔 말한다면 역사에서 모호성(ambiguity)의 영역을 배제할 때 역사의 공간은 보다 축소되고 우연과 가능성 속에서 역사의 주체로 설 수 있는 우리 자신의 입지는 보다 위축됨을 알 수 있다. 인간은 자신이 속한 정치 세계에 대한 이해의 정도에 비례하여 주체로서 살아갈 수 있다고 할 때 문제는 명쾌한 과학적 결론을 끌어내기에는 너무도 다양한 역사의 자료들에 천착하는 일이며 사람들이 살아내는 일상으로서의 역사 과정에 대한 본질적인 이해를 추구하는 것이다. 이러한 작업이 파편화된 의식의 산만한 나열과 지루한 일상의 반복만이 있을 뿐이라는 역사의 끝을 의미하지는 않는다.

3.

역사시대를 둘러싼 논쟁의 시작과 끝이 현실사회주의의 전형으로 간주되어온 소련 사회의 부침과 직접적인 관련이 있다는 것은 주지의 사실이다. 생산력 고양을 목표로 사회주의 생산관계 틀 내에서 경제관리 메커니즘의 부분적인 개혁을 선언하면서 시작됐던 소련의 페레스트로이카는 근본적인 경제개혁의 필요성과 노동자층의 폭발적인 요구 표출의 단계를 지나 급속한 사회주의의 와해와 연방 해체 단계에까지 이르렀다.

현재의 상황을 현실사회주의의 실패라고 부르는 데에는 누구나 동의하는 것으로 보인다. 물론 그동안 사회주의 개혁을 둘러싼 논쟁은 이념 사회주의의 강화 주장에서부터 사회주의로부터의 일탈, 혹은 스탈린적 전통으로의 복귀를 염원하는 주장에 이르기까지 다양한 해석의 편차를 보여왔지만 현실은 사회주의적 원칙으로부터 빠르게 벗어나고 있다는 것이 정확한 설명일 것이다. 이 경우에 사회주의적 원칙으로는 프롤레타리아독재의 안정적인 작동, 중앙계획경제의 운영, 생산수단의 사회적 소유라는 세 가지 지표를 제시할 수 있다. 소련 및 동구 사회주의국가들이 이 세 가지 원칙 모두로부터 급속히 일탈해가고 있다는 것은 이제 의심할 여지 없는 사실로 나타나고 있는 것이다.

그러나 이와 같은 일련의 과정이 반드시 예정된 결론을 향해 나아갔다고 볼 필요는 없다. 소련에서 진행된 개혁을 둘러싼 논쟁은 그 형식과 내용 모든 측면에서 사회주의의 미래를 결정하기에 충분할 정도로 풍부하고 진지했기 때문이다.

전쟁을 통해서만 변화하던 20세기의 세계 질서에 처음으로 전쟁을 통하지 않은 거대한 변화를 가져오는 데 가장 극적인 역할을 맡았던 고르바초프는 그의 개혁 구상이 레닌주의로의 회귀라는 원칙 위에서 상당 부분 미래를 향해 열려 있는 가능성들을 담고 있음을 인정한 바 있다.

"어떤 사람들은 우리가 페레스트로이카의 구상을 실현하기 위한 명확하고 상세한 계획을 가지고 있지 않다고 하면서 우리를 비난하려 든다. 그와 같이 문제를 제기하는 방식에는 동의할 수 없다. 만약에 우리가 또다시 기성의 도식을 사회에 강요하고 실생활과 현실을 '프로크루스테스의 침대'에 집어넣는다면 우리는 이론적 오류를 범하게 될 것이다. 그것은 스탈린주의의 특징이었다. 우리는 그와 함께 가지 않는다. 우리는 레닌을 따라 행동할 것이다. 레닌을 따라 행동한다 함은 미래가 오늘의 현실로부터 어떻게 성숙해가는지를 연구하는 것, 그리고 그에 맞도록 우리의 계획을 세우는 것을 의미한다."

고르바초프는 행정적·명령적 지령 체계라는 스탈린 시대의 유산과 사회의 자본주의화라는 또 다른 대안을 모두 거부하고 인간 중심의 방향으로 사회·정치·경제 구조를 실제로 쇄신하여 인간의 얼굴을 한 사회주의를 건설하는 것이 개혁의 목표라고 주장하였다.

이와 같은 주장에 대한 강력한 반론은 안드레이 안드레예프(레닌그라드 소비에트 공과대학)에 의해 제기됐다. 스탈린 시대의 위대한 사회주의 조국 건설이라는 업적에 공감하는 보수파를 대변하여 그는 개혁의 지지자들에 대해 10월혁명에 의해 타도된 제 계급의 자손이 부활한 것이라고 비난하였다.

"우리나라를 세계의 열강 대열에 들게 한 공업화·집단화·문화 혁명이 개인숭배라는 정신 속에 꿰맞춰지고 있다. 모든 것이 의문시되는 것이다. 그리하여 사태는 스탈린주의자들이 참회하도록 끈질기게 요구하기에 이르렀다. 저 폭풍과 급습의 시대를 제 민족의 비극이라 치부하여 린치를 가하는 듯한 소설과 영화가 극구 칭찬받고 있다. … 이들 공격의 전진기지는 소수가 아니고 국경 맞은편에만 있는 것도 아니다. 훨씬 전부터 반스탈린주의의 슬로건을 민주주의적이라고 선택한 서방의 직업적 반공주의자와 함께, 10월혁명에 의해 타도된 제 계급의 자손이 되살아나고 있는 것이다."

안드레예프의 「나는 원칙을 포기할 수 없다」에 대한 개혁 지지 세력의 재반론은 『프라우다』에 실린 논설 「페레스트로이카의 원칙은 사고와 행동의 혁명성이다」에서 공식적으로 제기되고 있다.

"그럼 이제 어떻게 하여 사회주의를 구제할 것인가? 권위주의적인 방법을 생각 없이 집행하고 창의를 억압하는 실천을 보존하는 일인가, 관료주의, 부패, 소부르주아적 변질이라는 악의 꽃을 피워낸 질서를 보존하는 일인가. 그렇지 않으면 민주주의, 사회적 공정, 독립채산제, 개인의 명예, 생활, 존엄의 존중을 핵심으로 한 레닌의 원칙으로 돌아갈 것인가. 생각지도 못한 곤란과 국민의 충족되지 않은 욕망에 당면하여 우리는 1930년대와 40년대에 만들어진 그 시대의 접근을 고수하여도 좋은가. 사회주의의 본질과 역사적으로 제한된 그 실현 형태를 분명히 구별해야 할 때가 온 것은 아닌가. 무엇보다도 우리가 사는 세계를 변화시키고 미래의 엄한 교훈을 끌어내기 위해 소련 역사를 과학적·비판적으로 검토해야 할 때가 온 것은 아닌가. 첫째 길은 안드레예프의 논문이 걷고자 하는 길이며, 둘째 길은 페레스트로이카를 요구한 생활이 명하는 길이다."

개혁과 보수의 주장이 팽팽한 긴장을 유지하고 있는 것과는 대조적으로 개혁이라는 대세 밖에 서 있는 입장도 있었다. 소위 재야파의 대표적인 인물로 꼽히는 보리스 카갈리츠키는 "현재의 개혁은 테크노크라트와 인텔리 계층의 이해에 근거한 위로부터의 개혁이며 이는 대다수 근로대중의 이해와 상반될 뿐 아니라 동시에 사회주의 원칙으로부터도 일탈한 것이다. 상품화폐 관계의 확대 도입은 시장의 확대를 가져오고 가격 개혁은 인플레이션과 실업 사태를 초래하여 노동자층이 직접적인 피해를 입을 것이다"라고 개혁 자체를 부정적으로 평가하고 있다.

다양한 의견이 제시되는 가운데 개혁 논의의 폭과 목표가 처음 설정했던 지점을 벗어나기 시작하면서, 당이 전일적으로 지배하는 국가라는 사회주의 개념이 부정되고 레닌주의로의 회귀라는 초기의 목적의식마저 약해지는 경향이 뚜렷해졌다. 나아가 시장경제의 보편성을 인정하고 그 위에 새로운 경제체제를 구축하려는 노력은 사회주의와 자본주의 사이의 경계선마저 불분명하게 만드는 결과를 가져왔다. 스탈린식의 사회주의 정의와는 확실히 일치하지 않지만 그렇다고 자본주의라고 부르기에도 어려운 점이 있는 개혁기의 소련 상황을 가브릴 포포프(전 모스크바 시장)는 다음과 같이 말하고 있다.

"우리가 지금부터 만들려는 체제를 사회주의라고 부를 것인가 말 것인가는 복잡한 문제를 제기한다. 이 체제가 자본주의가 아니라는 것은 분명하다. 그러나 역사적으로 형성된 사회주의 이념을 어느 정도 가지고 있는 한 사회주의라고 불러도 좋다고 본다. … 우리가 사회주의의 틀 안에 있다는 것은 현재 체제가 어디까지 사회주의인가 하는 점보다도 과거에 행한 선택의 결과이다. 이와 마찬가지로 자본주의가 자본주의인 것은 그것이 역사적으로 형성되었기 때문일 뿐이다. 양자를 포괄하는 패러다임을 만들 필요가 있을지는 모르지만 현재로서는 아직 곤란하다. 이 차이가 대결에 의해 해결될 성질의 것은 아니다. 이 체제를 어떻게 부를지는 불투명하더라도 장래는 낙관한다."

4.

소련에서의 현실사회주의 논쟁들이 상황의 변화를 충실히 반영하는 솔직하고 적실성 있는 논의를 보여준다면 우리나라에서 현실사회주의 논쟁은 논자들의 정치적 입장에 따른 두드러진 해석 편차 때문에 보다 극단적인 전개 양상을 보여준다. 이 점은 무엇보다도 정치적 신념을 앞세운 필연의 다툼에서 기인한다. 신념으로 현실을 투사한다는 것은 자신이 믿는 결정론적 역사관의 법칙성에 대한 신뢰를 전제로 한다. 이러한 접근이 현실의 본래적 모습을 왜곡하거나 그 이해에 장애가 됨은 자명할 것이다. 결국 이념 사회주의의 강화나 사회주의로부터의 일탈 혹은 스탈린주의로의 복귀를 염원하는 주장들처럼 다양한 편차를 보인 사회주의 현실에 대한 진단은 소련의 붕괴가 분명해진 시점에 이르러 그 반응 역시 더욱 다양한 모습으로 나타나고 있다.

가장 대표적인 반응은 몰락한 소련 사회주의는 진정한 의미의 사회주의가 아니었으며 따라서 소련 사회주의의 실천 과정에서 나타난 사회주의에 대한 왜곡과 과오·독재 등에 대해 맑스주의는 책임질 필요가 없다는 주장이다. 이러한 주장은 인류의 지적 실험이 실패했다는 아쉬움과 자본주의로부터 인류의 장래를 구해낼 사회주의적 이상의 소멸을 안타까워하는 심정에 치우쳐 문제의 보다 본질적인 측면, 즉 사회주의 건설이라는 도전이 광범위하게 함의하고 있었던 세계 이해의 방법과 구성 양식에 대한 재검토의 필요성을 간과하고 있다.

또 다른 관점은 결정론적 역사관의 객관주의를 벗어나기 위해 주관주의적 시각을 도입하여 방법론적 절충을 모색한다. 이러한 관점은 인간이나 시민사회 등에 주목함으로써 결정론적 역사관을 보완하고자 한다. 물론 완전하게 역사주의적 관점을 폐기하는 경우도 있다. 이 입장은 총체성과 과학, 이성의 합리성 등에 기반한 역사철학 자체를 회의한다.

  이와 같은 반응을 중심으로 다양한 의견을 하나의 스펙트럼상에 정리한다면 그 한쪽 끝에 정통 변혁 이론의 고수를 주장하는 사회주의 지지자들이 있다고 할 때, 다른 한쪽 끝에는 이제까지 세계 이해의 기준이었던 '이성(reason)'과 '과학(science)'을 전면적으로 부정하는 해체론자 또는 생명주의자들이 자리 잡고 있다. 이 둘 사이의 중간 지점에 긴 침묵기를 거치며 새로운 대안을 모색하고 있는 일군의 그룹과 포스트 증후군으로 대표되는 일반 민주주의자들 혹은 사회민주주의자들이 서 있다고 말할 수 있을 것이다.

  이미 1991년 초에 "구조 결정론에 입각한 사회주의 인간관의 실패" 발언으로 자성과 침묵의 긴 호흡을 시작했던 이영희(한양대)는 인간의 이기심을 인정하고 그것이 생산해낸 결과를 타협해내는 자본주의적 인간관의 성공과 능동적이고 창조적인 인간의 본성이 제도와 교육에 의해 완전하게 구현될 수 있다고 믿었던 사회주의적 인간관의 실패를 대비시킨 바 있다. 성찰의 초점을 인간에 맞추는 경우는 한완상(서울대)에게서도 보여진다. 그는 정통 맑스주의 사회학 또는 진보적 사회학의 적합성 위기를 거론하며 물화(物化)한 교조주의, 경직된 분파주의, 메타 이론적 추상성을 타파하고 계급 환원론 시각의 교정과 방법론의 확장 등을 통해 진정한 '인간의 사회학'이 등장해야 함을 역설하고 있다. 신영복(성공회 신학대) 역시 문명의 전개와 개발 주체가 '자본'이 아닌 인간일 경우에 비로소 자본의 운동 가운데 '인간 해방'이라는 진보의 자리가 마련될 수 있을 것으로 보고 있다. 최장집(고려대)은 프롤레타리아독재론이 어떻게 체제 이데올로기로 전락했는가를 설명하면서 중앙 계획과 일반 시민의 욕구 사이의 괴리를 극복해줄 '사회주의적 시민 사회론'의 중요성에 주목한다.

이러한 논의들로부터 한 걸음 더 오른쪽으로 나아간 곳에 포스트 맑스주의가 있다. 맑스주의의 종언을 선언하며 비맑스적인 진보 이론의 유산들을 통합한 넓은 의미의 진보 이론을 뜻하는 이 관점에 서서 이병천(강원대)은 "맑스의 합리주의적·종말론적 역사철학은 현실에서 실현 가능성이 없는 과학의 이름을 빌린 허구와 환상에 지나지 않는다"라고 주장하며 다원적 민주사회론을 제기한다. 이들의 주장에서 보다 무게가 실린 쪽은 맑스주의나 사회주의 이념의 위기라기보다는 새로운 상황을 분석해내고 실천의 전망을 제시하는 데 무력한 기존의 모든 이론 틀과 정치적인 틀이다. 이들은 계급 환원론을 비판하며 경제 결정론을 거부하고 연대(solidarity)를 중심으로 한 새로운 민주주의의 발견과 정치적 실천을 모색한다. 자유 시장에 계획을 보강하고 의회 민주주의의 틀 안에서 중간층의 참여를 끌어내 점진적인 개량을 지향하는 사회민주주의적 접근 역시 크게 보아 이 테두리 안에 위치한다고 볼 수 있다.

이상과 같은 중간 지점 논의들과 확연히 구분되는 왼쪽의 경계선에 맑스주의의 본질적 위기론을 거부하며 정통 변혁 이론을 고수하는 사회주의자들이 있다. 이 입장은 노동자 주권과 당파성, 노동 해방의 원칙 위에서 현실사회주의의 패배를 사회주의하에서의 계급투쟁의 패배로 규정하고 계급투쟁을 포기한 상태의 개혁은 자본주의로의 역이행만을 가져왔다고 본다. 오세철(연세대)은 "맑스주의의 위기를 말하고 사회주의의 종언을 이야기하는 사람들의 종착역은 합법주의·개량주의이다. 그들이 비판하는 교조주의가 노동자계급 헤게모니를 지칭하는 것이라면 나는 기꺼이 교조주의자로 남겠다"고 말하고 있다. 김홍명(조선대)은 페레스트로이카가 수정주의적 시장 사회주의론의 재판(再版)이며 모든 진보적 투쟁 역량을 무장해제시키는 역할을 했다고 본다. 오랜 기간 민중의 분노와 희생, 계급투쟁의 과정을 거치며 이룩된 사회주의적 구조와 가치가 불과 몇 년, 몇 시간 만에 붕괴되는 현실을 반혁명의 시기, 노예사로의 복귀라고 규정하는 그는 "사상으로서의 자유와 평등은 역사에서 언제나 서로 멀리 떨어져 있는 것인가"라고 묻는다.

현실사회주의의 실패의 교훈을 맑스주의의 틀 안에서 찾아내려는 노력 가운데 하나는 고전(古典)에 대한 관심의 부활로 나타나기도 한다. 로자 룩셈부르크는 인민의 자발성에 근거한 민주주의를 주장한 점 때문에, 안토니오 그람시는 자본주의의 강인한 생명력을 전제로 한 장기적인 투쟁 전략을 주장한 점 때문에 다시 읽히고 있다. 그람시의 경우 1920-1930년대 자본주의의 위기의 상황에서 "대부분의 그의 동료들이 붕괴론적 관념을 투사하고 있을 때 그 위기 속에서 전후 자본주의의 황금기를 이끌어낼 새로운 잠재력이 발아하고 있음을 꿰뚫어 본 통찰력" 때문에 현재의 정치 상황에 대한 설명과 발상의 전환에 유용한 시사를 줄 수 있는 것으로 재평가되고 있다. 실천적 관점에서 이 입장과 약간의 편차를 보이지만 진보 이론에 대한 청산주의적 입장과 진보 이론의 위기에 무감각한 입장 모두를 비판하며 정통 맑스주의자의 언어와 방법을 사용해 맑스주의의 유효성을 주장하는 입장에 김세균(서울대)을 대표로 하는 『이론』 그룹이 있다.

이상에서 살펴본 정통 변혁 이론을 고수하는 입장이나 일반 민주주의론을 지지하는 입장이 혼란스러운 현실에 대한 이성적 성찰로부터 미래를 모색하려 한다면 해체론자와 생명주의자들은 반이성이라는 전혀 새로운 세계 인식의 토대 위에 서 있다.

그리스철학 이후 축적된 이성의 체계와 이에 기반한 이성적 기획을 해체함으로써 사유의 폭을 무한히 확대하려는 해체론의 입장은 김진석(인하대)에서 알 수 있듯이 "광기를 정신병원에 가두기 시작한 17세기 이래 구축된 이성은 광기의 유폐가 상징하듯, 기본적으로 이성 스스로의 근거 위에 세워진 것이 아니라 광기의 배제와 억압을 통해 이루어졌다. 따라서 앞으로의 사유는 판단에 대한 회의 없이 수많은 사회·문화적 억압과 배제를 자행하는 이성이라는 이름의 또 다른 광기의 행적을 드러내고 허무는 쪽을 지향한다"고 선언한다. 앙리 레비는 그의 책 『자유의 모험』에서 이 새로운 해체론의 선구자격인 미셸 푸코를 평하여 "대부분의 프랑스 지식인들이 아직도 후기 좌파 사상이라는 저 끝없는 진창 속에서 절벅거리고 있을 때 미셸 푸코는 이 엄청난 대단원을, 아무도 주목하지 않을 그 시기에 지적했다. 베를린과 사회주의의 내향적 폭발이 있기 10년 전에 우리의 의식 속에서 우리를 사로잡고 있던 그 욕망, 혁명에 대한 욕망의 해체를 말한 것이다"라고 쓰고 있다.

생명주의자들 역시 환경과 자연을 평등하게 분배되어야 할 정치적 가치의 중심 항목으로 설정하고 근대 과학기술이 초래한 생태계 파괴와 욕망의 포화를 비판하면서 인간중심주의에서 생명 중심주의로의 전환, 단선적 진보 사관과 이성 중심주의에 대한 거부를 표명하고 있다. 이들은 인간과 자연의 동시적 해방을 언급하지 않는 맑스주의와 부르주아 철학이 새로운 시대 상황에 무기력하기는 마찬가지인 것으로 보고 있다. 해체론과 생명운동의 두 입장은 현재의 상황을 인류사의 유례없는 위기로 보고 인식의 전환 요구에 반이성이라는 새로운 지평 위에서 답하고 있는 것이다.

　이성과 반이성, 역사주의와 자유주의, 정통 변혁 이론과 포스트 맑스주의 등 이상에서 정리한 어느 입장에 서든지 우리가 공통적으로 추론해낼 수 있는 하나의 전제는 오늘의 상황이 '역사에 대한 재고찰'과 '세계에 대한 새로운 인식'을 필요로 하고 있다는 사실이다. 역사에 대한 재고찰을 통해 우리는 사회주의 운동이 항상 위기에 직면해왔음을 지난 150년의 역사가 보여주었다고 주장할 수 있으며 오늘날 좌파의 위기를 아메리카니즘과 포드주의에 직면해야 했던 1920년대 사회주의 운동의 시련과도 비교할 수 있을 것이다. 또한 세계에 대한 새로운 인식을 통해 우리는 궁극적으로 오늘의 현실로부터 성장 진화해가는 미래를 예측하고 모색할 수 있을 것이다.

　사회주의 역사의 뒤안길에서 소위 정통 이론의 편견에 의해 묘사되어왔거나 묻혀왔던 사실들을 복원해내는 작업은 이와 같은 두 가지 측면의 요구에 답한다는 점에서 그 의의를 찾을 수 있다. 이것은 말하자면 사회주의 건설이라는 역동적 과정이 생산해낸 '역사적 사물(historical thing)'과 '사물 그 자체(thing itself)'로의 복귀를 의미한다. 물론 이 작업의 방법은 특정 시공간에 국한된 상대적인 진리를 적극적으로 인정하는 역사주의가 빠질 수 있는 함정, 즉 현실을 필연의 신념으로 투사하다가 허무주의와 반이성주의로 귀결될 수 있는 그러한 함정으로부터 자유로운 것이어야 할 것이다.

5.

니콜라이 이바노비치 부하린은 오랫동안 많은 사람에게 잊힌 이름이었다. 그가 1938년의 모스크바 재판을 통해 공개 처형당한 이후, 적어도 스탈린 노선이 사회주의 건설을 향해 순조로운 행진을 계속하고 있는 동안 사람들의 기억 속에서 그의 이름이 다시 살아나는 일은 요원한 것처럼 보였다. 그러나 역사는 꾸준히 현실에서 드러난 객관적 결과에 토대하여 선택되지 못한 길에 대해 질문을 제기해왔다.

패배한 자가 승리한 자에 의해 죽임을 당하는 일은 정치의 세계에서 흔한 일이지만 부하린의 다난했던 역정에 최후의 비극적인 죽음이 더해졌을 때, 그리고 그 위에 혁명가의 도덕과 역사에 대한 선택과 역사에 대한 책임의 문제가 더해졌을 때 그의 삶은 우연과 필연, 모호성과 의미, 열려 있음과 이성이 서로 긴장하고 길항하고 분열하는 역사의 모습에 대해 가장 선명한 해석을 보여주는 상징이 되었다.

현실사회주의의 패배 시기, 사르트르적 의미의 자유보다 푸코적 의미의 욕망이 지배하는 시기, 허무에서 역사로 역사에서 탈역사로의 이행이 가속화되고 있는 오늘의 상황에서 부하린을 다시 읽는 의미는 두 가지로 생각될 수 있다.

첫째는 사회주의 건설의 대안 문제를 둘러싼 이론적 관심에서이다. 승리한 스탈린 노선이 혁명의 궁극적 목표인 빵과 자유의 문제를 해결하지 못하고 가장 완벽한 억압 체제로 전락하면서 자신들의 인민에 의해 부정되었을 때, 소련의 역사적 유산 속에서 보다 바람직한 대안이 무엇이었는가를 검토하는 작업은 필연적으로 부하린에 대한 관심을 제기한다. 스탈린에 의해 사회주의 건설사에서 삭제되었던 부하린 노선의 복원은 현실사회주의 논쟁의 이론적 전통을 소급해서 확인할 수 있으며 실천을 둘러싼 사회주의 이론의 지평을 넓힐 수 있다는 점에서 특별한 의의를 갖는다. 이것은 또한 단지 스탈린 노선에 대한 대안으로서 부하린 노선의 검토를 의미할 뿐 아니라, 자본주의 체제에 대한 대안으로서 부하린 노선에 대한 검토를 의미한다. 실패한 소련의 사회주의가 스탈린 노선의 유산들을 강하게 지니고 있었고 따라서 스탈린에게 현실사회주의 패배의 가장 큰 책임을 묻는다면 그에 의해 좌절당했던 부하린 노선의 실체와 평가 역시 다시 내려질 수 있는 것이다.

둘째는 역사 인식의 문제와 관련해서이다. 스탈린 노선의 승리를 필연으로 상정했을 때 그 진행을 가로막는 장애물로서 부하린 노선은 우경 오류의 대표적인 예로 간주되어왔다. 역사의 진보를 선험적으로 구성해 정당화하거나 보다 우월하다고 믿는 필연에 의해 부하린 노선은 실패한 혹은 근거를 잘못 판단한 저열한 필연으로 간주되어왔던 것이다. 오늘날 스탈린 노선의 궁극적인 실패와 부하린의 복권은 이러한 인식의 근본적인 시정을 요구하고 있다. 물론 이와 같은 재인식의 요구가 혁명 이후 70여 년의 변화한 소련 상황에서 부하린 노선이 보다 우월한 필연으로 드러났음을 주장하는 것은 아니다.

부침하는 현실사회주의의 역사는 부하린이 사회주의 건설의 공간 속에서 역사의 필연이 실천에서 부딪치게 되는 사건의 우연성으로 말미암아 분열하고 갈등하는 경계 지점에 서 있음을 보여준다. 이 지점을 지칭하는 가장 천박한 표현이 우익 기회주의였다면 우리는 여기에 새로운 이름을 붙여줄 수 있을 것이다. 새로운 이름으로 행하는 그의 노선에 대한 추적은 역사에 내재한 필연을 상정하는 역사주의적 세계 이해에 대해 역사는 오직 인간들이 온몸으로 만들어내는 노동과 땀의 소산이라는 주장을 뒷받침하는 가장 강력한 반증이 될 수 있다.

(1993. 09)

슬픔과 생명력,
〈비정성시〉와 1980년 광주

　이상과 현실 모두가 우리의 삶을 의미 없게 만들 함정을 가지고 있다면 우리는 어느 지점을 의지하여 버텨가야 할까? 이상주의적 삶의 아름다움 속에 잠복된 공허함과 현실주의적 삶의 견고함 속에 깃든 초라함이 선택을 곤혹스럽게 만들 때 우리는 어디에 서 있어야 할까? 영화 〈비정성시(悲情城市, A City of Sadness)〉의 풍경들은 아름답다. 그러나 그 아름다움은 누구나 쉽게 느낄 수 있는 직접적인 것이 아니라 항상 그렇듯이 우리의 삶을 감싸며 위로하고 있는 허위와 가식들로부터 벗어날 때만 느낄 수 있는 그런 아름다움이다.

　대륙의 장이머우(張藝謀) 감독과 나란히 중국의 신세대를 대표하는 대만의 감독 허우 샤오시엔(候孝賢)이 1989년에 제작한 이 영화는 아시아 영화로는 두 번째로 베니스영화제에서 그랑프리를 획득했다는 사실 못지않게 중국 현대사에서 잊을 수 없는 사건인 1948년의 2.28 대만 학살 사건을 배경으로 하고 있다는 점에서 우리의 생각을 멈추게 한다.

　1945년 대만이 일본의 식민지로부터 해방되자 국민당 정부는 중국을 대표하여 대만을 접수하였고, 마오쩌둥의 군에 밀려 대만으로 퇴각하기 시작한 본토인과 대만인의 갈등은 1948년의 2.28 사건으로 비화되었다. 최근 외신은 대만에 불어온 정치 개혁의 바람과 더불어 이 사건에 대한 재조명이 활발하게 진행되고 있음을 전하면서 당시 사건의 발단으로 범죄 혐의를 받던 한 대만인에게 우발적으로 발포한 국민당 관리의 잘못이 가장 유력하게 떠오르고 있다고 구체적으로 언급하였다.

1만에서 5만까지 다소 큰 편차를 보이는 희생자의 수가 그렇고, 대륙의 혁명전쟁과 궤를 같이하는 좌우익의 대립 속에서 공산 분자의 사주를 받은 폭도들의 반란이었다고 규정한 국민당 정부의 발표가 그렇고, 오랜 세월 동안 세인들의 관심에서 멀어져가기만을 초조하게 기다린 가해자의 바람이 그렇고, 그러나 평범한 사람들의 일상을 난폭하게 헤치고 들어온 역사적 사건 앞에서 그 시대를 살아간 어느 누구도 결코 자유롭지 못하며, 모두의 삶 속에서 잊히지 않고 다시 살아나는 아픈 기억이라는 점까지도 1948년 먼 이국에서 일어났던 이 사건은 1980년의 광주를 떠오르게 한다.

그것을 우리는 무엇이라고 말해야 할까? 하나의 색깔, 한마디의 단어로 1948년과 1980년이 함께 표현될 수 없겠지만 그 복잡한 상념들과 해석들과 평가들로부터 잠시 벗어나 2.28을 묘사하고 있는 〈비정성시〉의 미덕에 기대어 우리는 삶의 해석에 대한 하나의 전형을 얻을 수 있지 않을까?

언뜻 홍콩계의 액션물을 연상시키는, 그러나 전혀 다른 이야기를 담고 있는 제목의 영화 〈비정성시〉가 보여주는 미덕의 두 가지는 슬픔과 생명력이다. 서로를 소중히 생각하는 한 가족이 자신들의 생활 속에 침입해 들어오는 역사 앞에서 다치고, 헤어지고, 조

각나는 과정을 이 영화는 거짓 없이 그려내고 있다. 적어도 다시는 이만큼 솔직한 화면을 대할 수 없으리란 생각이 들 정도로, 지루하리만큼 고집스럽게 이 영화는 역사 속에서 부침해가는 삶의 모습들을 담담하게 담아낸다.

꾸미지 않는 우리의 삶의 모습이 대체로 그렇듯이 이 영화는 꾸밈이 가져다주는 재미를 보여주지는 않는다. 아무런 극적 장치 없이 2.28을 묘사하는 이 영화가 우리에게 남겨주는 감정은 확연히 슬픔이다. 휩쓸리는 역사적 사건 앞에서 가족들이 느끼는 무서움과 공포, 가족을 지켜내려는 가형(家兄)의 노력과 힘없음, 두 형의 죽음, 연인, 사랑, 행방불명, 헤어짐, 빛바랜 사진 속에서 하나둘씩 사라져가는 가족들의 빈자리를 보며 갖게 되는 감정은 꾸밈없는 슬픔 그대로인 것이다.

그러나 이 슬픔이 단순히 역사적 허무주의로 전락하지 않는다는 사실에 주목해야 한다. 이 진솔한 슬픔은 허무주의가 아니라 생명력 쪽에 가까운 결론을 보여주고 있다. 무엇으로부터 이러한 결론이 가능해지는 걸까? 가장 큰 원인은 바로 감독 허우 샤오시엔의 역사에 접근하는 태도에서 연유한다. 감독의 말에서 인용하자면 "나는 사람이 태어나서 살고, 죽고, 헤어지고, 좌절하고, 재난을 만나는 것이 슬픈 일이라고 생각하지 않는다. 바로 이러한 일로부터 사람들은 살아갈 힘을 얻는다"라는 관점이다. 삶을 보는 그의 이러한 태도는 2.28이라는 재난을 단순히 슬픔의 차원에 머무르게 하지 않는다. 충분히 슬픈 일상의 삶은 어떤 과도한 감정에 함몰되지 않고 역사적 사건에 대한 최대한 객관적 평가를 내리는 것을 가능하게 한다.

그들은 잘못된 역사를 온몸으로 겪고 느낀 만큼 솔직하게 평가하고, 매우 천천히 딛고 일어선다. 삶의 원형에, 역사의 본질에 대한 최대한의 천착은 그 안에서 자연스럽게 이루어지는 치유의 생명력을 확인한다. 사람들의 일상을 그려내는 설명으로 이보다 더 적절한 대답이 있을까? 허우 샤오시엔의 시각과 생각을 충실히 구현한 화면은 우리가 역사에 다가갈 때 가져야 하는 태도에 대해 중요한 점을 지적하고 있다.

(1992. 02)

부끄러움, 죄 지음과
삶의 한 방식

　1990년 여름 어두워지는 장충동 길을 걸어 내려오다가 길가 가판대의 신문 한 면에서 그의 죽음을 알았다. 매우 어이없는 말이지만 사실 그에게서 느껴지는 분위기로 어떤 불길한 결말을 예감하고 있었다. 그러나 그러한 사실조차도 제각기 바쁜 일상 속에서 쉽게 잊어버리고 있었다. 물론 신문이 전하는 그의 죽음의 이유는 취직에 실패한 운동권 학생의 비관 자살이라는 상투적인 내용이었다. 나는 신문 기사가 틀렸다고 믿었지만 신문이 그의 진짜 죽음의 이유에 관심을 가질 것이라고 기대하지 않았기에 그 문제를 오래 생각하지는 않았다. 당혹스러움이 몸을 휘감았고 곧 공중전화 박스에 들어가 가까운 친구에게 그가 죽었다고 화가 난 목소리로 전화를 했었다.

　대학의 한 해 후배였던 김윤각을 다시 기억해내는 일은 그렇게 편안한 심정은 못 된다. 그 불편함은 그의 순수와 비타협이 우리의 그렇지 못함과 대비되어 우리로 하여금 갖게 만드는 부끄러움 때문이다. 물론 그 자신의 부끄러움과 우리의 부끄러움은 함께 표현될 수 없는 또 다른 차원의 것이다. 우리가 겨우 가끔씩 느끼는 부끄러움을 위안 삼아 그럭저럭 생활을 꾸려나간다면 그는 그 부끄러움에 어떤 변명이나 그럴듯한 도피의 구실도 찾아주지 않은 채 곧장 죽음을 택했다.

그는 착하고 순수한 친구였다. 모두가 자신의 길을 재주 좋게 찾아가던 시절에 그만큼 순수한 친구도 드물었을 것이다. 그는 대학 2, 3학년 때 미국문화원 점거 농성 사건과 민정당 당사 점거 사건에 두 번씩이나 참여해서 옥고를 치렀다. 모두가 자신의 전력을 팔아서 권력의 주변을 기웃거릴 때 그에게는 그럴 재주가 없었다. 애초 그의 성격은 그런 재주와는 거리가 먼 것이었다. 스스로를 그럴싸하게 포장할 허세도 갖고 있지 못했고 바쁜 척, 꽤 괜찮은 사람과 줄이라도 닿아 있거나 그런 사람을 만나고 다니는 것처럼 꾸미지도 못했다.

가끔씩 마주칠 때 보이던 그의 어색한 웃음과 겸연쩍어 하던 눈빛 역시 잊을 수 없다. 적당한 숨김과 형식이 없는 무방비 상태의 모습은 보는 사람을 참 난처하게 만드는 것이었다. 그가 적당히 감추거나 꾸미지 않던 표정의 다른 모습은 실상 도저한 외로움이었다. 적당히 타락하거나 타협하지 못하는 그에게, 과거는 단지 나의 오늘을 만들기 위한 전략일 뿐이었다는 듯이 앞으로 달려나가는 사람들을 보는 일은 얼마나 사무치는 외로움이었을까? 불행히도 이 순수한 영혼의 소유자는 어딘가에 자신의 입지를 마련하고 그것을 기반으로 삶을 버텨볼 만한 싸구려 기술 역시 갖고 있지 못했고 시간 역시 놓쳤다고 생각한 것으로 보인다.

그의 죽음을 알았을 때 친구에게 화가 나서 전화를 했다는 것은 세상의 뻔뻔스러움에 대한 미움 때문이었을 것이다. 사는 일에 익숙함을 자랑하는 우리의 오만은 얼마나 허구적인 것인가? 타협이

냐 죽음이냐라는 극한적인 상황을 우리에게 강요했던 그렇게 잘난 시대는 도대체 무엇이었던가? 그 시대가 강요하는 이분법의 함정을 우회하여 피해 나온 우리는 그 함정에 빠진 영혼들을 죽음의 선택으로 몰았고 결국 쌩쌩하게 살아나오지 못하는 그 무능력을 비웃지 않았던가?

김윤각이 어느 것 하나 붙잡지 못하고 돌아서던 그 쓸쓸함의 정체를 우리는 또 다른 죽음을 통해서 더 잘 이해할 수 있다. 1986년 봄 이재호, 김세진의 분신에 이어 김동수가 서울대 학생회관 옥상에서 분신자살하는 사건이 잇단 가운데 그 충격을 외면하지 못했던 한 여학생의 유서는 난폭했던 80년대에 고유한 죽음의 한 구조를 보여준다.

1986년 5월 21일 한강에서 투신자살하여 사체로 발견된 고 박혜정은 그의 유서에서 "아파하면서 살아갈 용기 없는 자 부끄럽게 죽을 것, 살아감의 아픔을 함께할 자신 없는 자 부끄러운 삶일 뿐 아니라 죄 지음이다. 절망과 무기력, 이 땅의 없는 자, 억눌린 자, 부당하게 빼앗김의 방관, 덧보태어 함께 빼앗음의 죄, 더 이상 죄 지음을 빚짐을 감당할 수 없다. 아름답게 살아가는 모든 이에게 부끄럽다. 사랑하지 못했던 빚 갚음일 뿐이다. 앞으로도 사랑할 수 없기에"라고 적고 있다.

그후 두 해가 지난 5월, 그의 은사 김윤식 교수는 박 양을 추모하는 글에서 "2년 전 박 군의 장례식이 있은 바로 다음 주, 강의실에서 일어난 사건이 문득 회상되었다. … 그날도 나는 출석부를 불러 나갔다. '박혜정!' 하고 나도 모르게 기계적으로, 출석부대로 이름을 불렀다. 대답이 없다. 다시 '박혜정' 하고 불렀다. 역시 아무 대답이 없다. 출석부에 있는 박혜정은 한 번도 결석이 없었다. 나는 그 빈칸에 결석 표시를 그었다. 그 순간 교실 이곳저곳에서 흐느낌 소리가 들려왔다. … 이 세상에 생명보다 소중한 것은 없다. 그러나 젊은이들은 그렇게 생각하지 않는다. 그들은 젊었다"라고 적고 있다.

  누군들 그 빛나는 계절 5월에 죽음을 생각하고 싶었겠는가? 그 눈부신 햇살과 사랑하는 사람들을 뒤로한 채 이별하고 싶었겠는가? 고 박혜정과 고 김윤각의 죽음에 대해 우리가 말할 수 있는 한 가지 사실은 그들의 죽음이 사람들이 그렇게 하찮게 생각하는 '부끄러움'과 '죄 지음'을 외면하지 못했던 1980년대 젊은이들의 절실한 삶의 한 방식이었다는 점이다.

(1991. 05)

졸업, 세상 속으로

'무엇'인가 된다는 것은 확실히 두려운 일이다. 몇 번의 기회가 다행히도 우리에게 유예되어 있으며 항상 무엇인가 되어가는 과정에 있고 싶어 했던 날들을 기억한다면 모색과 탐험의 시간이 더 이상 남아 있지 않음을 인정해야 하는 순간은 참으로 우울한 것이다. 가장 자유로웠던 한 시기와 가장 익숙했던 공간들.

돌이켜 보건대 컴컴한 지하의 술집 혹은 '이슬 깔린 차가운 돌층계' 위에서 대학이 처음 우리에게 손을 내밀었을 때의 감동과 설렘을 결코 잊지 못하리라! 신입생 환영회에서 받아든 몇 장의 거친 유인물에서 '이제 우리는 하나입니다. 역사의 진보와 일하는 이들의 건강함에 대한 믿음 속에서 우리는 항상 함께합니다'라는 구절들은 얼마나 놀라왔고 가슴 뛰는 것이었으며 비밀스런 흥분을 마음속에 간직하게 하였던가?

날마다가 새로움의 연속이었고 경이로움으로 가득 찼던 그 시절에 어디에선가 혹은 어느 곳에선가 보았던 한 줄의 문장이 그렇게도 인상 깊게 오늘날까지 남게 될 줄 상상이나 하였던가! 때로는 '절망의 풍경에 파묻혀 이 세계의 견고함과 위압성을 파악했노라고 긴 편지를 띄우기도' 했었고, 때로는 '한 달 월급과 심심찮은

촌지의 액수를 손바닥 안에 그려 넣으며 아무 문제도 없을 것 같은 우리들의 미래를 생각'했었지.

얼마 동안의 눈물이 기억 저편으로 사라져가고 아주 쉽게 풀어 쓴 '양심'과 '출세'의 이분법이 자신에게도 절실해졌을 때, 공화국의 안녕과 개인의 삶을 조화시키려 애썼던 형편없이 구겨진 날들은 또 얼마였던가!

서로 평행선을 그으며 부딪치는 좀처럼 수긍할 수 없는 논리에 온 사회가 숨 막힐 때에도 캠퍼스 한 구석에는 투신과 분신으로 확보한 종잡을 수 없는 차원의 자유의 공간이 있었다. 그것마저도 자유라고 불러야 할 날카로움이 가슴에 와 박힐 때 우리는 참으로 오랫동안 잊어버리고 있던 것들에 대해 생각해야만 했다.

이제 '결국은 이것으로 끝장나고 말 것 같았던 견딜 수 없는 예감과 까마득히 서성이던 날들'에 대한 기억은 그 어떠한 평가절하에도 불구하고 대학은 이 세상에서 가장 아름다운 곳이었다는 기억으로 남을 것이다. 유례없는 갈등의 시기였고 사회의 각 세력들이 자신들의 이해를 위해 전투적으로 투쟁하였던 1980년대를 생각한다면 오늘의 졸업생들은 이 사회의 어느 한 부문으로 자신을 진입시켜야 한다는 사실이 적잖이 곤혹스러울 수 있다.

그러나 미래에 대한 불안과 품었던 이상에 닥칠 파고를 걱정하면서도, 한편으로 실천을 통해 검증받지 못한 이론이 얼마나 무기력한 것인가를 생각한다면 기꺼이 사회와 미래를 향해 도전할 자세를 갖춰야 할 것으로 믿는다.

무엇보다도 대학에서 배운 도덕률과 정의감이 곧잘 한때의 '짧은 눈부심'으로 그치고, '판단중지'의 나락으로 추락하거나 '혁명이 두려운 기성세대'로 전이되는 것을 목격해왔던 우리로서는 졸업생들의 삶이 이웃에 대한 봉사와 사회를 향한 헌신 속에 현실이 아닌 역사 속에 사는 삶이기를, 본능적 생존이 아닌 역사적 대아(大我)를 이루는 삶이기를 기원한다.

(1990. 02)

전환기의 세계, 고르바초프, 독일, 그리고 한국

스탈린 시대를 겪은 소련의 노년층들이 "저런 젊은이를 보는 것만으로도 즐겁다"고 표현한다는 고르바초프의 등장은 세계사에 여러 가지 이정표를 남기고 있다. 국내적으로 개방과 개혁을 내건 그의 정책은 대외적으로는 줄기차게 평화공존을 제기해왔다. 위대한 미국의 재건을 내세운 레이건과 부시 행정부에 대한 그의 평화 공세는 군비축소와 베를린장벽의 철거를 통하여 이제 상당 정도의 성과를 거두고 있는 느낌이다.

오늘날 사회주의 진영에서 주장하는 '평화공존론'은 1930년대까지 그 기원이 소급된다. 이 시기에 예브게니 바르가 등에 의해 정식화된 자본주의의 전반적 위기론은 자본주의 체제가 전쟁 위협과 군비 증강을 통해서만 지배 체제를 유지할 수 있는 기생적인 체제로 전락했다고 평가하고 있다. 사멸하는 자본주의이자 사회주의 혁명의 전야로 인식되는 제국주의에 대한 이러한 규정은 평화공존 정책만이 가장 현실적인 계급투쟁의 형태라는 논리를 가능하게 하였다. 자본주의 진영이 군사동맹이나 군비 증강 등을 통해서만 자신의 재생산과정을 유지해갈 수 있는 시기에 어떤 형태로든 체제 간의 직접 대립과 투쟁을 불러일으키는 것은 제국주의자들이 내심 바라고 있는 전쟁이라는 함정에 스스로 빠지는 일이라는 것이다.

고르바초프의 평화 시대 선언은 이와 같은 고전적인 제국주의에 대한 평가의 연장선상에 서 있다. 동시에 그의 선언은 자본주의의 완전한 붕괴와 체제 모순의 해소를 예견했던 1980년대에도 자본주의가 여전히 유연한 자기 조정 능력을 보이고 있으며 따라서 제국주의를 자본주의의 '최후 단계'가 아닌 '최근 단계'로 규정하기도 하는 현실과, 공산주의적 생산관계의 실현을 가로막는 낮은 생산력 수준을 끌어올리기 위한 경제개혁 과제라는 고민을 함께 반영하고 있다.

동독의 국경 개방은 소련의 직접적인 군사개입을 표방하는 브레즈네프독트린, 즉 모스크바 헤게모니의 포기와 평화공존으로의 복귀라는 소련 지도부의 이와 같은 변화를 배경으로 한 것이다.

물론 이러한 변화 이면에는 독일 내부적으로 1961년 베를린장벽 구축 이래 1970년 동·서독 정상회담, 1972년 기본 협정 체결, 1973년 유엔 동시 가입 등 20년이 넘는 꾸준한 통합의 노력이 있었으며, 여기에는 동독 주둔 소련군 38만, 서독 주둔 미군 22만이라는 현실을 뛰어넘는 빌리 브란트라는 뛰어난 서독 정치가의 동방정책이 있었다. 또한 1988년 한 해 동안 520만의 동독인이 서독을 여행하고 동독인의 80%가 서독 TV를 시청하며 형성된 민족적 일체감과 동독에 대한 막대한 경제원조에도 불구하고 그들의 자존심을 건드리지 않은 서독의 배려가 있었다.

전쟁을 통해서만 변화하던 세계 질서는 20세기 후반 들어 처음으로 전쟁을 통하지 않은 변화를 보여주고 있다. 이러한 변화는 내전을 거친 우리 민족의 통일에 대한 접근이 새로운 세계 질서를 배경으로 남북 간의 갈등과 긴장 완화라는 내부적 노력에서부터 시작되어야 한다는 평범한 교훈을 보여주고 있다.

(1989. 11)

외교 안보에서 자주와 동맹

프랑스 전 대통령 드골은 독일의 통일을 원하느냐는 기자의 질문에 "나는 독일을 너무도 사랑하기 때문에 사랑하는 사람이 한 명인 것보다는 두 명인 것이 더 좋다"고 대답한 적이 있다.

전후 처리에 따른 국제형 분단국가의 대표적 예인 독일은 자국의 통일 문제를 보는 인접 국가들의 이러한 시각 때문에 유럽공동체의 기치 아래 전 유럽이 연방을 이루는 형태에서나 그들이 원하는 통일을 이룰 수 있을 것으로 보고 있다. 국제형 분단 요인에 한국전쟁을 거친 내전형 분단의 특징을 함께 갖고 있는 우리나라의 경우에도 우방이라고 믿는 나라의 수반에게 한국의 통일 문제에 대해 질문한다면 그들의 내심 역시 드골의 발언에서 크게 벗어나지 않을 것이다.

힘을 중심으로 국제정치를 설명하는 현실주의 관점에서 본다면 제3세계는 미국 아니면 소련의 절대적 영향력 아래 있는 것이 사실이다. 전쟁 억제력을 중심으로 한 공포의 균형에서 경제력을 중심으로 한 이해의 균형으로 세계 체제의 편성 기준이 바뀜에 따라 양극체제 역시 다극 체제 또는 독자 노선의 천명 등으로 다양화되는 것이 사실이지만 여전히 미국은 우리에게 절대적 영향력을 행사하고 있다.

가령 우리나라를 포함한 제3세계의 군부 쿠데타를 설명하는 이론들은 사회 혼란, 경제공황, 정치인의 부패 등 사회의 유인 요인(pull factor)과 함께 군부 내 파벌 대립, 인사 불만, 권력 지향성 등의 추진 요인(push factor)을 설정한 다음, 제3의 핵심 요소로서 미국의 지원이나 암묵적 동의라는 배후 요인을 빠뜨리지 않는다.

실제 1961년 5.16 쿠데타의 주동자들은 반공을 혁명 공약의 제1조로 내세움으로써 미국을 안심시켰고, 1980년 5.17 쿠데타 때도 이 상황은 마찬가지였다. 일본에서 발행되는 『세계』지나 『코리아 리포트』에 따르면 전두환 등은 레이건이 미국 대통령에 당선되기 이전부터 그를 지원하는 벡텔사를 위시한 미 서부 재계 인맥과 조지타운대 국제전략문제연구센터 등과 연계를 맺으면서 레이건 당선에 올인한 것으로 알려진다. 그는 도박에 성공했고 레이건 취임 이후 첫 손님으로 방미 길에 올라 확고한 지지를 약속받았다.

노태우 대통령의 방미를 전후해 김대중 총재가 미국 의원들에게 보낸 편지가 문제되고 있다. 뛰어난 현실 정치인인 그로서는 자신의 국제적인 명성과 조직 덕분에 몇 번의 죽을 고비를 넘겼으니 미 의회에서의 지지 기반을 넓힐수록 집권 가능성이 높아진다는 사실을 잘 알고 있었을 것이다. 이 사건에 대한 민정당의 비난은 자신들의 미국 내 영향력을 잠식해 들어오는 야당에 대한 불만에 불과하기 때문에 이 사건을 두고 누가 옳고 그르냐를 따지는 일은 불필요할 것이다.

우리가 염려하는 점은 자존과 분노를 잃어버린 민족이 어떠한 길을 갔던가와, 자존과 분노를 잃어버린 지도자를 가진 국민이 어떠한 불행을 겪었던가이다. 미국 의회의 지지를 얻어 당선된 한국 대통령 앞에서 미국 지도자들은 두 명이 아니라 "사랑하는 사람은 많을수록 좋다"고 말할 것이다.

(1989. 10)

〈그후로도 오랫동안〉과 〈피고인〉

일본 총무청 청소년대책본부가 세계 11개국의 젊은이들을 대상으로 실시한 설문 조사에 따르면 한국의 젊은이들은 사회에 대한 불만이 가장 높은 것으로, 자신의 견해가 좌절당하는 부당한 사례에 대해서는 폭력을 포함한 비합법적인 방법에라도 의존하겠다는 비율이 가장 높은 나라인 것으로 나타난다.

근래에 상영되고 있는 영화 가운데 성폭력 문제를 다룬 〈그후로도 오랫동안〉과 〈피고인〉의 흥행 결과를 이 사실과 관련시켜볼 수 있을지 모르겠다. 자신의 애인을 폭행한 범인을 쫓아 살해하는 〈그후로도 오랫동안〉의 마지막은 대체로 관객들의 열렬한 박수 속에 끝난다. 반면에 동거하는 애인의 무관심 속에 검사를 내세운 우여곡절의 법정투쟁을 통해 '구류 2주일'의 선고를 받아내는 〈피고인〉의 경우 관객들은 시종 답답함을 느끼며 형량의 가벼움에 고개를 갸우뚱하며 극장 문을 나선다.

〈그후로도 오랫동안〉은 이미 9만이 넘는 관객을 동원하며 흥행에 성공하고 있는 반면 〈피고인〉은 관심을 더 끌지 못한 채 개봉관에서의 상영이 끝났다.

많은 사람이 폭력을 통한 문제 해결 방식을 더 선호한다는 사실은 중대한 문제이다. 이것은 공동체 생활에 필요한 최소한의 강제 규범인 법에 대한 불신과 법 집행 과정의 공정성에 대한 불신을 의미하기 때문이다. 사회에 만연한 폭력은 우리의 일상에 불안과 공포의 심리로 내재하게 되며 사람들은 허구나 상상을 통해서라도 폭력적 해결을 통한 카타르시스를 꿈꾼다. 즉 언제 어디서 자신을 기습해 올지 모를 폭력에 노출되어 있다는 사실은 공포를 불러일으키고 그 불안과 공포가 공격적으로 표출되는 것은 시간문제인 것이다.

아무도 법이 자신의 편임을 믿지 않으며 그 집행의 공정성을 믿지 않는 사회, 즉 사회를 유지해나가기 위한 최소한의 합의조차도 구성원에 의해 이루어지지 않는 사회의 현실은 따라서 암담한 것이다. 예컨대 12.12 군사 쿠데타의 주역 가운데 한 사람인 정호용 의원 같은 이가 "국민의 권리를 법으로 보호하지 못하는 정권은 존재 이유가 없다"며 자신이 법의 보호를 받지 못하고 있다고 역설할 때 우리의 머리는 혼란스러워진다. 그의 발언은 폭력을 동원한 문제 해결과 법 절차에 따른 문제 해결 사이에서 실정법의 형식논리에 대한 혐오를 증폭시킨다.

연세대 교내에서 프락치 혐의를 받은 전문대생이 치사당한 사건이 일어났다. 대학은 그래도 우리의 희망이니 지성을 회복하라는 언론의 충고는 고맙지만 그러나 대학 역시 사회와 유리된 고도일 수는 없으며 우리 사회에 만연한 폭력적 문제 해결의 유혹으로부터 자유롭지 못하다. 억울한 죽음을 당한 망자의 명복을 삼가 빈다.

(1989. 10)

사랑의 피살 — 전달되지 못한 편지

인류가 남녀로 나뉘어 있는 한 어느 시대에나 젊은이들을 가장 몸살 나게 하는 것은 아무래도 사랑의 문제일 것이다. 사랑하는 나의 석으로 시작되는 임수경의 편지 역시 이 점에서 예외는 아니다. "식민지 조국에서 혁명을 향한 굳건한 동지"이기를 다짐하는 그녀의 편지는 "나만의 사람이기를 바라는 어리석음으로 방황했던 시절"이나 언젠가 찾아간 낯선 도시에서도 오락실을 벗어나지 못했던 옛날과 그곳에서 서로 다툰 이유가 됐던 "테트리스를 이제는 아주 잘한다"는 사랑스런 고백도 함께 담고 있다. 방북을 앞두고 애인에게 썼다는 그녀의 전달되지 못한 편지는 "많이, 아주 많이 그리워하겠지요"라는 말로 끝난다.

이 평범한 사랑의 편지가 많은 사람의 관심을 끄는 것은 보통의 젊은이들이 앓는 사랑의 문제에 민족사의 현실이 개입됨으로써 생겨나는 비극성 때문일 것이다. 그녀는 이미 편지의 한 부분에서 자신이 "지독한 감상주의자 혹은 배후의 조종을 받는 꼭두각시"로 말해질지도 모른다는 사실, 그리고 "평생 빨갱이라는 이름으로 살게 될지도 모른다"는 사실을 예감하고 있다.

한민족체육대회에 참석했던 『레닌기치』의 정상진 기자는 이 비극성에 대해 "나에게 조선 인민은 그냥 조선 인민입니다. 남쪽 인민도 동족이고 북쪽 역시 그렇습니다. 소련 땅에 살면서 이렇게 말할 수밖에 없는 처지를 생각해보면 참 기막힌 민족사입니다"라고 말하고 있다.

분단을 재생산해낸 한국전쟁의 한쪽 주역이었던 이상조 옹은 "이제 기력이 쇠잔한 늙은 몸으로 고향의 정에 눈물겨워 하고 있으니 역사와 이념과 인생은 도대체 무엇인가 하는 의문을 곱씹을 뿐입니다"라고 분단 현실과 자신의 삶의 역정을 돌아보고 있다.

분명 분단 현실은 우리 민족의 삶 구석구석에 깊은 상처로 내재하고 있는 것이 사실이다. 동시에 분단을 구성하고 있는 몇 가지 정치 이론이 우리 민족의 삶 전체를 포괄하기에 얼마나 하잘것없는 것인가도 엄연한 사실일 것이다.

확실히 삶은 모든 것에 우선하는 것이다. 삶은 문학에 앞서고 이론에 앞서는 것이다. 그러나 우리가 이러한 사실들을 외면하기 시작할 때, 즉 인간의 숨결이 빠진 건조한 추상의 이론들이 이 세계의 전부라고 파악하기 시작할 때 문제는 심각해진다.

몇 가지 정치 이론으로 설명될 수 없는 삶의 소중한 것들, 그것은 혁명을 꿈꾸는 정열일 수도 있고, 사랑하는 사람과 자신의 밥을 위해 분투하는 알뜰함일 수도 있을 것이다. 그것을 무어라 단정 지어 말할 수는 없겠지만 다만 우리의 삶을 왜곡시키는 제약들이 가능한 한 제거되어야 한다는 사실은 분명할 것이다. 더구나 싱싱하게 빛나는 젊은이들의 사랑이 시대에 의해 피살되는 일은 없어야 한다.

(1989. 10)

정치와 교육

"그가 생각하는 사람이라면 결코 정치 밖에 서 있을 수 없을 것이다"는 러시아의 불운했던 혁명가 니콜라이 부하린이 한 말이다. 드라마틱한 문체로 이름 높은 김학준 교수의 『러시아혁명사』는 이 말로써 그 책의 첫 장을 시작하고 있다.

여기서 정치란 이상적인 체제를 꿈꾸는 인간들의 결사 본능과 그러한 체제를 가능케 하는 권력을 향한 투쟁을 말한다. 물론 권력을 장악한 소수가 자신들의 영향력을 키우기 위해 기울이는 노력과 그에 따른 갈등까지도 포함하고 있다. 비운의 혁명가 트로츠키는 자신이 러시아혁명의 최전방에서 몸을 던졌을 때 바리케이드의 제2선과 그 반대편에 서 있던 사람들이 혁명이 끝나자 손을 잡았음을 말하고 있다. 혁명이 승리로 끝나는 바로 그 지점에서도 '정치'는 시작되고 있었던 것이다.

우리 사회에서 가장 정치와 무관하게 진행되어왔고, 무관하게 진행되어야 한다고 인식되는 분야는 교육이다. 우리에게 교육은 국가의 동량지재를 길러내는 요람이며 스토아적 금욕과 공동체적 덕목들을 연상케 하는 신성함의 이미지로 다가온다. 이러한 덕목들이 침해당하는 현실을 사람들은 흔히 정치로부터의 오염이라고 부르며 학생들을 정치적 오염으로부터 보호하는 것이 교육의 중요한 사명 가운데 하나라고 생각해왔다.

그러나 사실은 교육만큼 정치적인 것도 없다. 모든 교육은 본질적으로 치밀한 이데올로기적 근거를 갖고 그 사회가 지향하는 체제의 논리를 재생산해내야 하는 일차적인 사명을 갖고 있기 때문이다. 따라서 대다수의 정권은 정권의 운명을 거는 단기전의 대상으로 '언론'을 선택하며, 체제의 운명을 거는 장기전의 대상으로 '교육'을 선택한다. 어떠한 교육도 그 사회에 의해 인정받는 순간 제도 교육으로 편입되기 때문에 하나의 사회에는 반드시 하나의 교육만이 존재할 수 있다. 말하자면 새로운 교육에 대한 주장은 곧바로 정권의 운명에 대한 도전으로 간주될 수 있는 것이다.

교육이 갖는 이와 같은 정치적 성격이 우리 사회에서 은폐되는 데에는 몇 가지 이유가 있을 것이다. 우선 분출하는 계층 상승의 욕구를 충족시켜줄 유일한 출구가 교육이라는 데 있다. 우리 사회의 교육을 향한 정열에는 가족공동체적 이기주의가 내재해 있으며 체제와 정권을 유지하기를 원하는 정부의 정치적 요구가 내재된 계층 상승의 욕구와 타협하고 있다. 교육의 사회 투자적 측면만을 보는 사람들의 눈에 그 정치성은 은폐될 수밖에 없는 것이다.

전교조 문제에 대해 정부는 아이들이 정치에 의해 오염되는 것을 막아야 한다고 학부모들을 설득하고 있다. 일전에는 조선대 이돈명 총장의 사실상 정치적 해임을 요구하면서 감사 결과 드러난 실정법상의 잘못을 이유로 들기도 했다. 전교조 문제를 둘러싼 대치도 그렇거니와 시내의 스탠드바에서도 〈오월의 노래〉가 흘러나온다는 광주의 한 대학에서 총장 해임 요구를 둘러싸고 맞부딪힌

두 정치 세력의 싸움이 어떻게 판가름 날지 그 결과가 주목된다.

(1989. 9)

간첩, 스파이, 프락치

간첩이라는 단어는 고도로 복잡하게 발달한 인간 사회의 특징을 보여주는 대표적인 낱말 가운데 하나일 것이다. 서로 다른 진영에 의해 영웅과 비열한 인간이라는 상반된 평가를 함께 받는 이들은 대립되는 이념과 체제의 분기점을 드나들며 가장 운명적인 삶을 사는 사람들이다. 간첩의 활약에 의해 전황이 역전되거나 때로는 시대의 흐름이 뒤바뀌기도 한다는 사실을 역사는 우리에게 자주 보여주었다.

수많은 스파이가 암약했던 러시아혁명사에서 가장 유명했던 간첩 사건으로는 말리노프스키 사건을 들 수 있다. 1907년에 페테스부르크 금속 노조의 서기였던 그는 비밀 집회에 대한 정보를 경찰에 넘겨주고 자신도 현장에서 체포되는 방법으로 무려 다섯 차례나 구속되기도 하였다. 1912년의 프라하 당대회에서 열성적인 노동운동가로 누구에게도 의심받지 않았던 말리노프스키는 9인의 당 중앙위원 가운데 한 사람으로 선출되었으며 같은 해 두마 의회 선거에서 그가 당선되자 레닌은 "두마에 처음으로 탁월한 노동 지도자가 나타났다"고 썼다. 레닌은 심지어 볼셰비키 내의 스파이를 제거할 목적으로 말리노프스키를 그 책임자로 임명하기도 하였다.

스베르들로프와 스탈린은 1913년에 말리노프스키의 제보로 경찰에 체포되어 1917년의 혁명 발발 시까지 시베리아에 유배되어 있어야 했으며 그를 의심하는 편지를 레닌에게 보냈던 부하린은 레닌과의 불편한 관계를 감수해야 했다. 그는 제1차 세계대전에서 독일군 포로로 잡혀 있다가 귀환했지만 그때는 이미 차르 경찰의 기록들이 혁명정부의 손에 들어가 그의 과거 행적이 밝혀져 있었기 때문에 곧 재판에 회부되어 사형이 결정된 후 총살당했다. 레닌은 막심 고리키에게 "말리노프스키 사건, 그건 정말 수수께끼 같은 일이었어!"라고 술회했다고 한다.

근래의 우리 학생운동에서도 이에 버금갈 만한 1986년 법대 배모 씨 사건이 있었다. 반미 자주화의 기치를 높이 들었던 구국학생연맹은 사실상 이 한 사람에 의해 와해되었다고 해도 과언이 아닐 것이다. 구학련의 모체가 되었던 단재사상연구회의 핵심 멤버였고 구학련에서도 중책을 맡았던 그는 자신의 정체가 밝혀졌을 때 그간의 활동을 인정하면서 어차피 누군가가 지고 이기는 투쟁이 아니냐며 자신의 신념에 근거한 행동이었음을 담담하게 피력하였다고 한다.

문익환 목사 방북에 대해 공작, 간첩 등으로 규정한 안기부 발표와 지난주 교내에서 붙잡힌 재수생 프락치 사건으로 학내외에 간첩, 프락치라는 말이 자주 등장하고 있다. 말리노프스키 사건에 비하면 두 사건 모두 유치한 수준이지만 이 말들이 갖는 위력을 여전히 믿는 사람들이 있다는 사실은 쏩쏠함을 더해준다.

스파이라는 단어는 아직도 우리에게 절대적인 불결함으로 다가오지만 정치의 세계에서 패배한 자가 승리한 자에게 죽임을 당하는 일은 흔히 있는 법이다. 생각을 달리하는 사람들이 사는 세상에서 언제라도 일어날 수 있는 단지 매우 서글픈 사건일 뿐인 것이다.

(1989. 05)

운명처럼 이곳을 떠난다는 것

줄거리에 구애받지 않고 최인훈의 『광장』에서 가장 인상 깊은 구절을 든다면 주인공이 제3국으로 떠나면서 남기는 "사람들은 때로 소중한 것을 남기고도 항구를 떠나야 할 때가 있다"라는 말이다. 많은 사람이 때로는 못 다한 말, 못 다 이룬 꿈을 남기고 항구를 떠난다. 자신에게 소중했던 모든 것을 남겨두고 운명처럼 이곳을 떠나야 한다는 것은 누구에게나 참을 수 없는 회한으로 다가올 것이다. 그러나 우리가 다시 한번 확인해야 할 사실은 떠나는 것이 두려워 사랑하지 않는다면 이 세상에는 어떤 소중한 것도 남지 않으리라는 점이다. 그러므로 우리가 이곳을 떠난다는 것은 함께했던 꿈과 희망에 우리의 모든 것을 바쳐 헌신했을 때만 의미를 갖게 된다.

예기치 않게 우리 곁을 떠나갔던 사람들 가운데 채광석이 있다. 자유실천문인협회의 총무를 지냈었고 훤칠한 이마에 하얀 이를 드러낸 웃음이 사람 좋은 아저씨를 연상시키던 그는 도종환의 표현을 빌리자면 "아침이면 머리맡에 흔적 없이 빠진 머리칼이 쌓이듯" 어느 날인가 흔히 있을 법한 예고 한마디 없이 떠나갔다.

그가 1981년에 묶어낸 책으로 『그 어딘가의 구비에서 우리가 만났듯이』라는 서한집이 있다. 〈고래사냥〉의 노래 가사처럼 무엇을 해도

신이 나지 않았고, 보이는 모든 것은 돌아앉았었다는 1970년대 중반에 감옥의 담을 사이로 하고 그가 한 여인에게 보냈던 편지들을 묶은 이 책은 암울한 70년대를 치르는 분노와 절망에 대해, 시대의 고통에 대한 사랑에 대해 그리고 70년대에 스무 살 시절을 보내는 젊은 남녀가 느끼는 감정에 대해 아프게 증언하고 있다.

그는 이 책의 서문에서 시대가 터놓고 낭만을 누릴 만큼 한가하지 않았음을 말하고, 그러나 감옥의 담을 관통한 낭만과 79년의 결혼, 첫 아들의 돌에 대해서도 적고 있다. 그는 언제나 열정적이었고 맹장(猛將)이었으며 그러다가 갑자기 떠났다.

흐르는 탁류를 거슬러 정의를 세우려는 젊은이들이 있는 한 어느 시대에나 그들이 쏟는 사랑은 아름답다. 그러나 대체로 정치적 낭만주의의 도도한 물결에 대한 믿음 아래 젊은이들이 몸을 던졌을 때 시대는 혁명이 아름다움 이상의 그 무엇이라는 것에 대해 대답해주지 않았다. 그 이후를 간단히 '낭만의 시대에서 과학의 시대로'라고 말할 수 있을지 모르겠다. 물론 과학의 시대에도 젊은이들이 기꺼이 자신으로부터, 자신의 주위로부터 떠나려는 열정 없이는 혁명의 이상 역시 사치일 뿐일 것이다.

이제 대학 생활의 시작을 1987년의 찬란한 승리의 기억들로 열었고 다른 어느 세대보다 과학적임을 주장했던 학번들이 본격적인 탄압 국면의 시작과 함께 첫 시련을 맞게 됐다. 그들이 과학에 버금가는 정열과 헌신으로 이 정세를 돌파해낼 것으로 기대한다. 언제라도 떠날 채비를 갖춘 채 다시금 시작되려 하는 반란의 시기에 종지부를 찍어야 한다.

(1989. 04)

무장 탈주극과 백악관 진격론

그럴 리는 없겠지만 만약 미국의 한 장군이 자기 나라의 상대적 쇠퇴와 도덕적 와해를 보다 못해 난세를 치세로 바꾸겠다는 일념으로 백악관을 점령한다면 시민들 사이에서는 어떤 반응이 나타날까?

다분히 추측이긴 하지만 미국식 민주주의의 관행을 근거로 할 때 예상되는 시민들의 첫 번째 반응은 대체로 세금의 납부를 거부하는 것이 아닐까 싶다. 공정한 선거를 통해 선출되지 않은 정권을 자신들의 합법적인 정부로 인정할 수 없기 때문일 것이다.

세금 거부 이후에 예상되는 시민들의 두 번째 반응은 각자의 거실 벽에 걸린 엽총과 소총을 들고 거리로 쏟아져 나와 백악관을 향해 진격하는 것이다. 그렇게 되면 치세에의 일념으로 백악관을 점령했던 장군은 곧 자신의 생각이 얼마나 형편없는 것이었던가를 깨닫게 될 것이고 모든 상황은 얼마 지나지 않아 끝날 것이다.

카를 프레드리히와 즈비그뉴 브레진스키가 함께 쓴 책 『전체주의적 독재와 전제정치』(1965)는 전체주의의 8가지 형식적 특징에 대해 자세하게 설명하고 있다. 관제 이데올로기의 존재, 단일 대중정당, 폭력적 경찰 통제, 매스컴 통제, 관 주도의 경제계획, 법원에 대한 행정 간섭, 팽창주의 등 우리 사회의 현실과 오버랩되는 몇 가지 특징이 독재정치의 지표로 제시되고 있는 가운데 유독 우리의 눈길을 끄는 것은 이 일곱 가지에 더해지는 '유효한 무력 수단의 독점적 점유'라는 여덟 번째 지표이다.

솔직히 우리에게 유효한 무력 수단의 독점적 소유와 통제라는 사회 상황은 당연히 그래야 하는 것처럼 여겨져왔으며 이것이 전체주의 체제의 주요 특징이 된다는 인식 자체가 약했다. 물론 위험한 무기의 통제되지 않는 사적 소유는 당연히 법에 의해 제한되어야 하며 그 소유는 종종 금지되어야 할 원천적인 필요를 안고 있다.

우리가 갑자기 무기의 문제로 관심을 돌리는 것은 지난 10월 초순 장안을 뒤흔들었던 12인의 탈주범 소동 때문이다. 그 사건을 지켜본 사람이라면 누구나 한 번쯤 탈주범들이 총을 가졌다는 사실이 얼마나 경찰을 무력하게 만드는가를 느꼈을 것이다. 또한 상상할 수도 없었던 사람들이 소유한 총 앞에 적나라한 공포로 떨어야 했던 혼돈 속의 며칠을 기억할 것이다. 그러나 이 사건의 탈주범들은 며칠 동안의 충격 속에서 예정된 패배를 향해 걸어갔다.

이들의 무기는 앞서 언급한 미국인들의 무기와 그 연원과 결과가 다르다. 미국인들이 소유한 무기가 18세기의 시민혁명을 통해 쟁취한 것이라면 이들의 무기는 사기극을 통해 탈취한 것이다. 전자는 시대를 역행하는 쿠데타를 막아낼 수 있는 무기일 수 있지만 후자는 예정된 패배의 길을 지루하게 가는 데 덧붙여진 장식물일 뿐이다.

1961년과 1980년의 두 번에 걸친 군사 쿠데타의 뼈아픈 과거를 가진 우리에게는 12인의 무장 탈주범이 일으킨 사건의 의미가 남달랐다.

(1988.10)

감옥 안의 진실과
감옥 밖의 신화

시인들이 감옥 안에 있는 시대에는 진실은 오직 감옥 안에만 있고 감옥 밖에는 신화만이 떠돈다는 황지우의 말은 비단 시인들에게만 적용되는 것은 아닐 것이다. 어찌 시인뿐이겠는가! 그 낱말의 구성도 어색한 '양심수'라는 이름의 갇힌 사람들이 있는 시대, 더구나 젊은이들이 양심수로 갇혀 있는 시대에는 감옥에 갇힌 진실과 그것을 포위하고 있는 신화라는 사회구조의 인식은 여전히 유효한 것이다.

세계를 향한 타인의 생각이 나와 다르다는 이유로 하나의 뜻이 다른 하나의 뜻을 핍박하는 인류의 역사는 퍽이나 오래되어, 세계 도처에서 양심수라는 이름으로 수많은 사람이 사랑하는 가족과 그가 몸담고자 하는 사회로부터 격리당해왔다. 하지만 그 어느 나라, 어느 시대의 양심의 수난도 우리나라의 현실을 따르지는 못할 것이다.

사반세기 동안 지속된 군사정권의 인권유린은 민족 분단이 가져온 이념의 양극화라는 비극이 덧붙여지면서 상상하기조차 힘든 결과들을 우리 앞에 가져오고 있다. 지난날의 세상은 반정부와 반국가, 용공과 친북한을 필요에 따라 조합시켜가면서 수많은 이 땅의 양심을 세인의 차디찬 눈초리 속에 제거해가는 데 성공해왔다. 그러한 시대의 감옥 밖은 거짓과 불의만이 횡행하며 원형을 잃은 공권력의 신화만이 떠돈다는 것은 자명한 사실이다. 우리는 이러한 시대가 흘러간 역사 속의 기억만이 아니라는 사실에서 더욱 전율을 금치 못한다.

시인 김남주의 시집 『나의 칼 나의 피』는 세상을 향한 분노와 절제, 그것들을 한데 묶어내려는 사랑으로 점철되어 있다. 남민전 사건으로 구속된 후 그는 세상과 떨어진 감옥에서 30대와 40대의 8년을 보내고 있다. 간수가 나오라고 할 때까지 오래오래 창가에 서서 망연히 바깥 풍경을 내다보다가 탄식하듯이 내뱉는다는 그의 말들은 분노를 삭이고 아픔을 삭이며 담담하게 승리를 준비하는 목소리로 들린다.

"참 이상한 일이야. 어째서 나는 여기에 있고 내 친구들은 담장 하나만 넘으면 되는 저쪽에 있어야만 하는가 말이야. 그것도 하루 이틀이 아니고 한 달 두 달이 아니고 몇 년씩이나 이렇게 떨어져 있어야 하는가 말이야!"

시인이라기보다 전사(戰士)라고 자신을 부른다는 김남주의 옥중 8년은 누구도 외면할 수 없는, 감옥 밖 신화 속에서 헤매왔던 우리의 8년임에 틀림없다. 그 신화는 녹두꽃, 파랑새, 들불이 되고자 했고 끝내는 가슴으로 꽂히는 죽창이 되고자 하는 한 시인의 노래 속에서 깨어지고 있다.

또 다른 대표적 양심수로 20대 초반의 젊은 나이에 재일 동포 간첩 사건에 연루되어 7년의 형기를 마친 후 10년을 보호감호라는 명목 아래 수감되어 총 17년을 감옥에서 보내고 지난 5월 출감한 서준식 씨는 "후회는 없다. 영원히 나의 조국 대한민국에서 살고 싶다"고 말한다.

(1988. 05)

제너럴셔먼호 사건과
1987년 대선 전야

    1866년 7월 11일 대동강을 거슬러 올라온 배 한 척이 평양부의 신장포구에 정박하였다. 이 소식은 곧 평양부에 알려졌고 평안도관찰사 박규수는 사람을 보내어 이들의 입국 이유를 묻게 하였다.

    배에 타고 있던 영국인 선교사 토마스와 중국인 조능봉(趙凌奉)은 대답하기를 "우리는 교역을 목적으로 왔으며, 당신들은 무슨 이유로 천주교도들을 살해하고 내쫓았는가?" 하고 되물었다. 이에 평안중군(平安中軍) 이현익은 언제 떠날 것인가를 묻고, 그들이 곧 떠날 것이라고 하자 부족한 쌀과 쇠고기, 닭, 계란, 땔감 등을 공급해주었다.

    그러나 13일이 되어도 그들은 떠나지 않고 다시 대동강을 거슬러 올라 만경대 아래에 정박하였다. 이현익은 다시 한번 그들의 배에 올라가 조선은 외국과의 교역을 법으로 금지하고 있음을 말하고 배에 부족한 물품이 있으면 후급(厚給)하겠으니 속히 돌아가라고 설득하였다. 배 안에 있던 토마스와 조능봉 등은 돌아가자고 하였으나 선장과 재주(財主)들은 교역을 고집하며 끝내 회항을 반대하였다.

    7월 15일 만경대에 상륙하여 경치를 구경하다가 평양부 서윤(庶尹) 신태정에 의해 쫓겨난 그들은 18일 저녁때 일행 중 6명이 소선(小船)으로 옮겨 타고 다시 대동강을 거슬러 오르기 시작하였다. 이들을 평양중군 이현익이 추격하였으나 이현익은 도리어 그들에 의해 붙잡히고 말았다. 그들은 이현익을 돌려보내지 않은 채 19일 아침에는 대포와 조총을 난사하며 황강정 앞에 정박하였다.

같은 날, 일행 중 5명이 소선을 타고 물을 긷기 위해 강변으로 나오자 성안의 평양민들이 모두 나와 중군의 송환을 요구하며 활과 돌 등으로 시위하였다. 겁에 질린 일행은 소선을 버리고 도망하였고 뒤이어 퇴직 장교 박춘권이 이현익을 구출하는 데 성공하였다.

7월 22일이 되자 그들은 급기야 양곡을 약탈하며 총포를 난사하여 조선인 7명을 사살하고 5명을 부상시키는 데 이르렀다. 22일 오후, 박규수는 이들을 좋은 말로 돌려보내는 것이 불가능함을 알고 일제히 화공과 포격을 시작한다.

평양군민들과 이양선(異樣船)의 싸움이 사흘째 되던 날, 드디어 배는 화염에 휩싸이고 토마스와 조능봉이 구명을 청해 이들을 강변으로 호송해놓았으나 격분한 군민들에 의해 미처 손쓸 틈도 없이 이들은 살해되고 말았다. 이 배의 이름은 훗날 신미양요의 기원이 되는 미국의 상선 제너럴셔먼호였다.

우리는 이후 전개되는 역사에서 당당했던 민족의 자존감이 구체적인 힘의 뒷받침 없이 어떻게 좌절되어갔는지를 잘 안다. 1987년 6월 항쟁 이후의 현재 상황은 대한항공 858기 폭발과 같은 북풍의 힘을 빌려서라도 무모하게 집권 연장을 시도하는 군사정권 세력에 대응하여 이 정세를 돌파해낼 수 있는 민족주의 진영의 용의주도함과 사회운동 세력의 실체적인 힘의 결집을 요구하고 있다.

(1987. 11)

제 4 부
사유의 기원

매천과 비숍

"모든 정치적 변혁은 과거에 비하면 혁명적이지만 미래에 비하면 반동일 뿐이다"라고 메를로퐁티가 말하거나, "지나간 과거는 전지전능한 신도 바꿀 수 없다. 오직 역사가만이 바꿀 수 있다"고 새뮤얼 버틀러가 말할 때 역사의 가해성(可解性)에 대한 논의는 어디까지 나아갈 수 있을까?

역사에서 인간의 주관과 의지를 극단까지 밀어붙인 사르트르 등에 기대거나, 과학의 이름으로 구조와 결정을 찾았던 알튀세르 등에 기대자면 역사를 살아가는 주체는 어떤 모습으로 우리에게 다가올까? 역사와 주체, 세계와 나의 이분법적인 무한 소모전 앞에서 이 모든 것이 무의미하다고 부수고 해체할 때 그래도 우리가 알 수 없는 미래를 향해 뛰고, 사랑하고, 쏟아붓는 열정은 여전히 유효한 것일까?

이 쉽지 않은 질문에 대답하기 위해 우리는 한 시기를 다룬 전혀 상이한 저작 두 권을 참고할 수 있을 것 같다. 전통의 질서가 무너져 내리고 새롭게 수렴되어가는 힘이 부재한 가운데 망설이거나 질주하거나 버티고 있는 주체들의 모습과 사회 상황을 간단치 않게 서술하고 있는 황현의 『매천야록』과 이사벨라 버드 비숍의 『한국과 그 이웃 나라들』이 그것이다.

여명기를 돌파해내려는 어떤 지배적인 전략이나 방침도 부재한 상황에서 질서인가 운동인가, 혹은 제도인가 문화인가, 아니면 이 모두를 아우를 리더십인가, 아니면 이 가운데 어느 한 가지도 아닌 제3의 길인가에 대한 방향 설정 자체가 모호한 이 시대의 현실은 해석의 여지와 어려움을 동시에 남기지만, 그러나 이 두 권의 저서는 저자 나름의 시각을 바탕으로 역사에 대한 해석과 역사에서 개인의 책임을 물을 수 있는 근거를 우리에게 제공하고 있다.

『매천야록』은 1855년에 태어난 황현이 고향 전남 곡성에 평생을 칩거하면서 1864년부터 1910년까지 47년간의 국정을 기록한 책이다. 이 시기는 고종이 즉위한 다음 해인 1864년부터 1874년까지 10년에 걸친 대원군의 통치기와 이후 고종의 친정기로 나누어질 수 있다. 책의 분량에서 1894년부터 1910년까지 15년간의 기록이 전체의 4/5를 넘는 훨씬 많은 양을 차지하고 있다.

매천의 역사 서술 방식은 크게 세 가지로 요약될 수 있다. 첫째, 사가(史家)의 입장이 아닌 사관(史官)의 입장에 선 관찰과 기록이라는 점이다. 그는 왕권의 강화나 신권의 강화 혹은 민중들의 등장 등 일정한 관점에 입각한 선택된 노선을 기술하는 것이 아니라 다양한 사실의 편린들을 빠짐없이 모아놓고 있다. 즉 매일매일의 사실들을 기록하는 사관의 입장에 서 있는 것이다. 둘째, 매천은 현실주의에 가까운 세계 인식을 통해 고종 시대의 정치를 세도정치의 시각에서 보고 있다. 그는 정책과 힘을 둘러싼 이합집산의 세태를 정확하게 기술하고 있는 것이다. 셋째, 매천은 이 시대를 헤쳐가는 대표적인 두 유형인 강학가(講學家)와 시배(時輩), 즉 이항로,

유인석 등 자신들의 세계 이해의 원리로부터 한 발자국도 움직이지 않으려는 부류와, 개화와 관련되어 있고 약간 출세했으며 일정한 사회적 세력을 이루고 있는 능력 있는 사람들로 이루어진 시배의 궁극적인 합일을 이상적인 인물형으로 보고 있다는 점이다.

황현은 『매천야록』 곳곳에서 강학가와 시배에 대해 적고 있다. "이항로 문하에는 최익현, 김평묵, 홍재학, 유인석이 선후해서 기개와 절개를 현양했으며 명의를 부식해서 세상 사람들은 강학가의 빛을 내었다고 말들을 한다." 그런데 "김윤식은 시배들과 휩싸였고 한장석은 우아한 자기의 품행을 스스로 견지했다." "시배로서 교활하고 간사한 자들은 몹시 신법을 찬성하여 청나라를 배반하고 일본에 아부하였다"고 평가한다.

『매천야록』 속의 사람들은 근대라는 새로운 시간과 공간으로의 이행에 직면하여 새로운 사회 구성의 원리를 찾아 강학가 혹은 시배의 무리로 나뉘어 세도정치의 틀을 뛰어넘지 못하는 상태에서 개화를 둘러싼 의견들을 개진하고 있다. 그러나 불행하게도 현실은 논쟁의 당사자들이 제시하는 어떤 이론 틀로도 붙잡을 수 없을 만큼 빠르게 달아나고 있었다.

유교적 세계관의 확실성과 우월성을 믿었던 이항로나 영남만인소, 제대신헌의의 예들은 하나의 공동체, 역사의 필연성을 강조하며 정치적인 모든 것을 배제하는 극단적 주관주의를 보여준다. 그들은 사가의 입장에서 원칙은 이미 존재하는 것으로 간주하고 단지 시기의 문제만을 말함으로써 역사를 대하는 결과적인 기회주의의 전형을 보여준다. 우리는 이들의 모습을 강학가라고 부를 수 있을 것이다.

예컨대 이항로는 『화서집』에서 "이적과 중화의 분별이 있는 것은 천하의 대세이다. 고려의 임금과 최영은 원나라를 끼고 명나라에 침범하였으나 우리나라의 태조와 정포은은 원나라를 배반하고 명나라를 높였는데 명분이 정당하고 말이 순리적이어서 그 이기고 짐과 흥하고 망할 대세가 이미 여기에서 판단되었던 것이니, 천하의 일을 논하는 사람은 불가불 이 대의를 강구하여야 할 것이다"라고 말한다.

유인석 또한 「토왜소(討倭疏)」에서 "신은 일찍이 전(前) 감역 신 김평묵과 신의 당숙 신 중교를 따라서 고 참판 이항로의 문하에 유학하였사온데 항로가 학문하던 때로부터 이미 나라가 위태로울 징조가 있으므로 항상 정도를 옹호하고 사교를 배척하며, 중화를 존대하고 왜노를 물리치는 데 힘을 기울였사오며 위로 고하고 아래로 타이르는 것도 다만 의리뿐이었던 것이옵니다"라고 주장하고 있다.

이러한 세계 인식은 고종이 황준헌의 『조선책략』을 전국의 유생들에게 배포하자 시작된 상소에서도 마찬가지로 보인다. 1880년 10월 1일 상소에서 유원식은 "이는 심히 성현을 모욕하는 언사로 수신사는 이를 마땅히 성언 면책하여 위정척사의 원을 표시했어야 할 것임에도 불구하고 … 인심을 소요시켜 사도에 감염케 하려는 의도에서 반입한 것"이라고 비판하고 있고, 1881년 2월 26일에 이만손 등 영남 유생이 올린 영남만인소는 "사교와 황준헌의 『조선책략』을 배척하고 아울러 개화 정책의 기수로 일본국과 왕래하는 김홍집을 논죄할 것"을 청하고 있다.

이른바 위정척사파의 세계 인식과는 다르게 개화파인 박영효나

김옥균 등은 서구의 근대가 획득한 보편적 원칙들, 즉 역사 발전의 동력으로서 개인의 발견과 자유의 문제, 그리고 근대적 군대의 필요성 등의 인식에 도달해 있었다. 예컨대 김옥균은 1882년 12월에 쓴 『치도약론(治道略論)』에서 위생과 농상, 도로 등의 개혁을 주장하고 있고 1885년 9월에 쓴 『갑신일록(甲申日錄)』에서 이홍장과 조영하의 천거에 의해 청나라로부터 들어온 독일인 묄렌도르프와 벌인 화폐와 세제 논쟁에 대해 적고 있다. 박영효는 1888년에 쓴 「건백서(建白書)」에서 국제정치와 법 집행, 경제정책, 공중 보건, 국방, 교육, 내치, 시민권 등 8가지 건의 사항에 대해 말하고 있다. 그는 이미 이 글에서 시민의 자유와 평등에 대해 언급하고 있다.

그러나 이들의 문제는 자신들이 습득한 신문명과 조선 사회의 유기적 결합 방법을 제시하지 못했다는 데 있다. 1884년에 개화, 개혁, 자유론의 선구자였던 박영효는 1894년에는 일본을 등에 업은 세도정치가의 일원으로 변신했고, 그의 위민(爲民)이 아닌 여민(與民) 사상은 가히 혁명적이라 할 수 있었지만 백성과 함께함의 구체적인 내용은 너무 높이 있었다. 박영효의 주장은 정치라고 부르기에는 너무나 관념적이고 추상적이었던 것이다. 다시 말하면 정치를 쉽게 생각하고 쉽게 하려는 경향은 정치의 미래를 위해 결코 바람직하지 않은 결과들을 가져오고 있었다. 더구나 박영효의 마음속에는 이미 일본이 깊숙이 자리 잡고 있어서 조선의 독자 주권 수호에 대한 의지와 일본의 힘에 대한 부러움은 그 경계가 흐려져 있는 상태였다.

예컨대 박영효는 「건백서」에서 '백성을 위한 정부[爲民政府]'와 '백성과 함께하는 정부[與民政府]'를 구분하고 백성과 함께하는 인의의 정치가 자신의 주장이라고 말하고 있다. 그가 이러한 뜻을 이미 품고 있었던 1884년과 그후 일본 망명 중 「건백서」를 쓰던 1888년 당시에 그의 생각은 혁명적이었다고 말할 수 있다. 그러나 그의 생각이 현실 정치의 장에서 시험받았을 때 결과는 실패였다.

박영효는 자신의 실패에 대해 1931년 『동광(東光)』지에 이광수와 한 인터뷰에서 "조선 사람은 단결이 되어야 일을 하지 않소? 믿을 수가 있어야 일을 하지 않소? 돈이 있어야 일을 하지 않소?"라고 말하고 있다. 즉 조선 민족의 단결의 결여와 신의 없음, 돈이 없음에서 모든 정치 사업, 혁명 사업 실패의 원인을 찾고 있는 것이다. 그러나 혁명가이자 정치가이기를 원했던 그는 이 모든 결과의 일차 책임을 자신의 탓으로 돌려야 한다.

그가 말하는 '단결의 결여'는 곧 자신의 여민 사상의 실패를 의미한다. 그는 '함께함'의 구체적 실천에서 실패한 것이다. '신의 없음'은 그의 혁명 사업이 항상 공모(公謀)의 단계를 벗어나지 못했음을 뜻한다. '대중적 설득'과 '함께함'이 없이 몇몇 지도자의 밀약에 그쳤던 것이다. '돈이 없음'은 단지 현실을 기술하고 있을 뿐이다. 그는 돈이 없다는 엄연한 조선의 현실을 돌파해낼 생각보다는 개혁해야 할 현실의 사정에 핑계를 대고 있는 것이다.

그의 이와 같은 자세는 1950년대 이후 제3세계 정치학 연구를 풍미했던 정치 문화적 접근, 즉 제3세계 정치 민주화의 지체와 제도의 결여를 후진적인 정치 문화 탓으로 돌리는 순환론적 설명 속에서 발전 가능성에 대해 회의적이고 보수적인 태도를 유지하는 정치 문화적 접근을 연상시킨다. 혁명가이기를 원하는 한 사람이 자신이 개혁해야 할 구습의 정치 문화를 탓하고 있다는 사실은 스스로의 실패를 자인하고 있는 셈이다.

그 실패는 '여민'이라는 정치의 가장 높은 본질을 이야기하면서도 실제 실천에서는 '함께함'과 '공의(公議)'의 모습과는 전혀 다른 자세를 보였던 박영효 자신에게서 기인하는 것이다. 박영효는 1894년 10년간의 망명 끝에 귀국하여 갑오경장을 시행할 때도 "이제부터 망령되이 언사를 의탁하여 국시를 동요하는 자는 본 상소문을 봉입하지 말며 진소한 사람은 엄히 징벌한다"는 칙령을 내리고 있다. 개혁을 주장하는 그가 언로를 봉쇄하고 있는 것이다.

박영효가 어떻게 공의로 나아가야 했는가에 대한 지적은 『매천야록』에서도 찾아볼 수 있다. 황현은 박영효에 대해 "박영효의 실패는 자초한 것이다. 그는 외국인에 이용되어 정권을 획득한 것으로 절대로 자립 자고의 세력이 없었던 것이다. … 오직 자기와 다른 자를 배제하는 것을 능사로 삼아 스스로 자기의 세력을 고립시켰으며 스스로를 실패의 길로 유도한 것이니 무엇이라 족히 논할 것인가"라고 평가하고 있다.

그렇다면 고종은 어디에 서 있었을까? 가장 큰 정치적 역할을 요구받았던 고종은 명확한 방향 설정 없이 방황하다가 갑신정변을 계기로 보수 회귀하고 있다. 제임스 팔레는 이에 대해 조선조의 그 놀라운 정치적 안정성과 국가적 목표를 달성하기 위해 필수적인 강력한 리더십의 부재를 말한다. 그에 따르면 강화도조약 이전에 한국에서 가장 중요한 정치적 행위자는 실제로 왕이었다. 조선의 개혁과 적응 능력이 취약해진 것은 부분적으로 국가의 지도자로서 왕이 가진 결점에 기인하는 것이었다.

『매천야록』은 고종에게 당시의 정치에 대한 상당한 책임을 묻는 해석을 가능하게 한다. 고종은 낙천적이고 위기의식이 없는 사람이었다. 순진할 정도로 낙천적이면서 강한 공포심과 미약한 위기위식을 가진 세도정치가였다. 그가 정적한테 엄격했고 무척 돈을 밝혔다는 기록도 자주 등장한다.

그에 대한 평가 역시 다양하게 나타난다. 대원군은 그가 조급하고 서두른다고 보았다. 민비 역시 그가 서두르는 것을 못마땅하게 생각했다. 개화당은 고종의 우유부단과 일관성의 결여를 꼬집었고 중국의 위안스카이(袁世凱)는 그가 아둔하고 옹졸하다고 평했다. 일본의 조선주재공사였던 오토리 게이스케(大鳥圭介)는 고종이 변통을 못하고 그때그때 형세만 보고 행동한다고 말했고 백성들이 본 고종은 진심과 단심(心肝)이 없는 왕이었다.

고종을 어떻게 봐야 하느냐의 문제에서 중요한 것은 그의 본심이 아니라 다른 사람들에게 그가 어떻게 비춰지고 투영되었느냐이다. 정치가의 행동에 관심을 갖지 않고 그 행동을 지배하는 마음을 알려고 할 때 정치 평론은 주술가의 범주를 벗어나지 못하게 된다.

『매천야록』을 자세히 읽다 보면 우리는 고종이 당시 상황을 통제할 수 있었다고 말할 수 있다. 그는 할 수 없는 존재도 아니었고 할 수 없는 상황도 아니었다. 1876년 2월 6일 고종은 일본의 특명전권대신 구로다 기요타카(黑田淸隆) 및 부대신 이노우에 가오루(井上馨)와 조일수호조규를 체결했던 우리 측 대표 접견대관 신헌, 부관 윤자승을 불러 소감을 묻는다. 이에 신헌은 "이제 천하의 대세를 볼 때 각국이 용병하여 전후의 수모가 누차 있었으니 이와 같은 병력으로서 각국과 접촉할 경우 장차 그 만모(慢侮)가 어떠할지 모르오며 신은 실로 이를 우려하는 바입니다. 병지(兵誌)에 공격하면 부족하여도 수비하면 여유가 있다 하였으니 천하에 어찌 스스로 지키지 못하는 나라가 있으리오. 등국, 설국과 같은 작은 나라도 전국시대에 능히 보전하였거늘 전하는 어찌 수어 방책이 없으리오. 이는 불위(不爲)함이오 불능(不能)함이 아니옵니다"라고 대답한다. 신헌의 대답 가운데 '하지 않음'이지, '하지 못함'이 아니라는 지적은 우리에게 개화기를 보는 중요한 단서를 제공한다.

1876년 이후 고종의 현실 안주와 무능력은 더욱 증폭되어 신하들의 불신 속에 그는 개화 국면을 피상화시켜 개혁을 막는 역할을 한다. 개혁을 막는 세 가지 방법을 1) 개혁의 양을 증폭, 2) 개혁의 피상화를 통한 우파적 방해, 3) 개혁의 급진화를 통한 좌파적 방해로 나눌 때 고종은 두 번째 방법을 사용하였다. 그것은 바꿔 말한다면 무엇을 하지 않음으로써 무엇인가를 하는 수동적 문제 해결 구조의 일상화를 뜻한다.

윤치호는 1904년 일기에서 고종에 대해 평가하며 "만약 저주가 한 인간을 죽일 수 있다면 저 사악한 황제는 진작 죽어서 지옥의 가장 밑바닥에 갔을 것이다"라고 적고 있다. 을사보호조약 시 법부주사 안병찬은 "아! 폐하께서는 또한 뉘우치시는 마음이 있으십니까 없으십니까? 다시 무슨 일을 못다 해서 아직도 버릴 것을 두려워하십니까? 어찌해서 폐하의 우유부단한 성격이라 하더라도 이렇게까지 심할 수 있겠습니까?"라고 통탄하고 있다.

이제 우리가 이 모든 해석과 가능성에 근거해 그들의 역사적 책임에 대해 묻고자 한다면 그들은 우리의 추궁에 동의할까? 혹 왜 역사적 책임의 문제가 생겨나느냐고 묻는다면 어떻게 대답해야 할까? 답은 매우 간단할 수 있을 것이다. 미래를 알 수 없다는 것. 알았어야 했으나 알지 못했다는 것. 그러나 그 미래로 가야했다는 것.

　더구나 그 알 수 없음은 단순히 중세적인 시간과 인간의 물리적 한계에 그치지 않고 새로운 자본주의 생산양식으로 구조화되어 걷잡을 수 없는 동요와 무정부성을 가져오고 있었다. 다름 아닌 시장(市場)의 등장, 이윤을 좇는 상품들의 교환 장소이자 폭력을 수반하기도 하는 경쟁하는 대안들이 부침을 거듭하며 불확실성을 증폭시켜나가는 곳, 이미 이용후생 학파의 박지원과 박규수, 박제가 등은 시장을 통한 소비의 증가를 계기로 생산이 늘어날 수 있음을 주장했고 이들의 자유주의적 사고는 박영효와 유길준으로 이어지고 있었다. 경세치용 학파의 유형원 등이 주장했던 제도와 세금을 통한 접근은 시장에 주목하는 새로운 조류의 등장에 상당 정도 그 빛을 잃고 있었던 것이다.

　우리의 일상을 결단과 책임으로 몰고 가는 시장의 무정부성의 확산이 강학가와 시배의 접점을 제공하는 현실의 공간이라고 할 때 매천의 명백한 한계는 시장에 대해 언급하지 않는다는 점이다. 그가 시장에 대해 언급하지 않음으로써 놓치게 되는 가장 결정적인 사실은 세도정치를 음모의 수준에서 공의의 수준으로 격상시킬 매개체, 즉 경쟁하는 열린 공간을 놓치는 우를 범하는 것이다.

　그러나 비숍에게서 시장은 어김없이 등장한다. 영국의 지리학자인 비숍은 1894년부터 1897년 사이에 네 번에 걸쳐 한국을 방문하고 그 인상기를 꼼꼼히 기록한다. 대영제국의 신민으로서 이미 세계적으로 형성된 자본과 원료와 노동의 세계시장에 익숙한 그녀가 한국의 시장에 대해 주목하고 언급한 것은 당연한 일이었을 것이다. "내가 한국의 무역에 대해 잘 알게 되었을 때 한국에는 두 종류의 상인이 있음을 알게 되었다. 하나는 작은 읍과 마을을 찾아다니며 쌀, 곡물, 콩 등을 사서 항구로 보내 일본으로 실어 나르는 일본 상인들이며, 다른 하나는 독특한 상인 길드인 보부상이라는 잘 조직된 단체였다. … 행상인들은 정말로 한국의 풍속을 대변하는 사람들이었고 시장에 모아진 물건들도 한국인들의 필수품과 사치품이었다."

그녀는 이 시기의 한국을 가리켜 "수세기에 걸친 잠에서 뒤흔들려 깨워진 이 미약한 독립 왕국은 지금, 반쯤은 경악하고 전체적으로 멍한 상태에서 세상을 향해 걸어 나오고 있다"고 묘사하고 있다. 이 국외자가 본 당시의 상황은 우리나라가 "중국이 더 이상 개입할 수 없도록 일본에 의해 주도된 개혁에 발맞춰야 할지, 아니면 그들에게 적극적으로 대항해야 할지를 고심하면서 중국과 일본 사이에 끼여 우왕좌왕하고 있는 것"이었다. 이 대립의 구도는 그녀가 한국을 떠날 즈음에는 다시 러시아와 일본이 한국의 운명을 놓고 대결하는 상태로 바뀐다.

비숍은 매우 분명하게 "관아에는 한국의 생명력을 빨아먹는 기생충들이 우글거렸다. 군인들과 포졸들, 문필가들, 부정한 관리들, 늘 일손이 달리는 척 가장하는 전령들이 앉아 있었고 많은 작은 방에는 더욱 많은 사람이 마루에 모여 앉아 서예 도구를 옆에 놓고 긴 장죽에 담배를 피우고 있었다"라고 관료들의 역할을 부정한다.

고종의 역할에 대한 그녀의 인식 역시 매우 현실적이며 우리가 앞서 살펴본 예들에서 크게 벗어나지 않는다. "이제까지 나는 오랫동안 왕의 성품에 대해 꼼꼼히 따져보았는데 그 이유는 그가 한국 정부의 단순히 허울뿐인 우두머리가 아니라 실세이기 때문이다.

한국에는 성문화된 것이건 아니건 헌법 자체가 없고 의회도 없기 때문에 왕의 공식 칙명을 빼고는 법률이 없다." 그는 이어서 "나는 국왕에 대한 직접적인 비난이 될 이런 사실을 써야만 한다는 것이 괴롭다. 그는 한국의 현재와 미래의 조건을 통틀어 가장 중요한 요소이기 때문이다"라고 적고 있다.

비숍이 쓴 다음의 기술은 고종이 매우 뚜렷하게 그가 처한 상황을 알고 있었음을 보여준다. 그러나 그의 인식은 자신의 입지를 넘어서 국가를 경영하는 서사적 수준에는 미치지 못했음도 보여준다. "어떤 날은 왕과 왕비의 모든 관심이 영국 왕과 내각의 관계에 쏠렸다. 특히 왕실 비용에 대해서 물으셨는데 이런 유의 질문이 너무 많고 또 집요해서 거의 난처할 지경이었다." 이 시기에 정치권력의 정통성을 유일하게 간직했던 고종이 무관심을 가장한 비정치성으로 그의 정치적 영향력을 유지해갈 때 비숍은 군주의 권력이 엄중하고 영속적인 헌법의 제어 아래 있어야 한다는 지적 또한 잊지 않는다.

그녀가 왜 박영효에 대해 심한 적대감을 보였는지는 분명치 않다. "그들은 1884년 정변의 주역이었던 내부대신 박영효의 특별경호대였다. 그날 일본 경찰대를 거느린 박영효의 위풍당당함은 국왕의 위엄을 능가하고 있었다. 박영효는 죽어 마땅한 반역자였다." 비숍의 박영효에 대한 인식은 "일본의 협박을 받은 왕은 그를 용서하여 격하된 그의 조상의 지위를 복권시키는 한편 해외 추방되었던 그를 다시 불러 고위 공직에 임명해야 했다"는 기술에서도 찾아볼 수 있다.

그러나 비숍이 인식한 것과 다르게 박영효가 반역자였던 적은 없다. 박영효는 1931년 이광수와의 인터뷰에서 자신이 배운 평등론과 민권론에 의지해 "그저 정권을 옮겨 잡는 것이지요. 상감을 꼭 붙드는 것이지요. 김옥균이 어름어름하다가 상감을 놓쳐버려서 실패지요"라고 자신의 갑신정변에 대해 설명하고 있다. 그는 청을 업은 민씨 척족을 물리치고 상감을 정점으로 하여 자신들이 정권을 잡은 다음 개혁 정책을 펴려 했다고 주장한다. 이렇게 보면 그는 반역자라기보다는 조선 시대의 정권 다툼에서 흔히 보이는 세도정치가의 한 사람이라고 볼 수 있다. 다만 그가 기대고 있는 사상과 개혁의 내용이 이전의 경우와는 전혀 다른 패러다임에 근거해 있었던 것이다. 즉 박영효는 우리 역사에서 볼 수 없었던 최초의 자유주의적 개혁가의 면모로 등장한 것이다.

한편 김옥균은 애스턴 미 공사에게 "조선의 내정이 날로 위급해지고 있으므로 나는 청나라와 프랑스가 다투는 틈을 타서 한번 내정 개혁을 도모하려는데 어떻겠는가?" 하고 묻고 "만일 변고가 있다면 이치에 마땅히 국왕과 사생을 같이할 뿐이다"라고 말하고 있다. 그는 갑신정변이 실패하여 왕을 떠나 몸을 피할 때도 "신이 국가의 두터운 은혜를 입고 어찌 감히 전하의 뜻을 어기오리까. 그러나 오늘날 전하를 따라서 죽지 않으려는 것은 다음날 국가를 위하여, 또 전하를 위하여 다시 청천백일을 보기 위해 권도를 짐짓 고별하는 것이옵니다"라고 말하고 있다.

김옥균이 왕을 놓쳤다는 박영효의 지적은 청군과의 교전에서 세가 불리해지자 왕을 인천으로 모시고 가자고 주장하다가 왕이 "나는 대왕대비가 있는 북묘로 가겠다"고 거절하자 그만 왕을 그의 뜻대로 보내고 자신들은 일본군을 따라 도망친 것을 말한다. 그들은 군주제 아래서 제도적 정통성의 근원인 왕의 소재를 자신들의 수중에 두기 위해 있는 힘을 다했다. 매천의 분류에 따르자면 그들은 현실적인 힘의 소재를 정확히 파악한 진정한 시배였던 셈이다.

그러나 이들이 시배의 범주를 벗어나 시배이자 동시에 강학가이고자 한다면 미래에 구현할 정치의 이상과, 현실에서의 실천이 일치해야 한다. 즉 리더십을 통한 현실의 돌파와 함께 그 리더십을 믿고 따라줄 대중에 대한 설득을 통해 '함께함'을 실천 속에서 구현해야 한다. 개화당은 여민이라는 정치의 진정한 본질을 말하면서도 혁명가의 제1덕목인 함께함, 즉 운동(movement)을 결여한 질서(order)만을 말함으로써 자신들의 주위로부터 정치를 배제하는 아이러니를 보여준다. 동시에 그들은 혁명가에서 시배로 전락해간다.

혁명가이기를 원하면서 리더십을 내세우지만 정작 정치를 배제하면서 가장 비정치적인 독재로 전락하는 예는 유신에서도 찾아볼 수 있다. 유신의 관료적 권위주의란 효율성과 생산성을 좇아 리더십을 우위에 놓으면서 정치를 배제하고, 관료를 전면에 배치하여 지도자를 정점으로 한 단일 체제를 구축하는 것을 말한다. 유신 체제에서 공의는 실종되고 음모만이 난무했다. 함께함이 없는 리더십의 종말도 자명한 것이었다.

박영호에 대한 비숍의 비판적인 인식은 아마도 그녀가 분명하게 파악했다는 일본의 야심, 그리고 그 일본의 힘을 등에 업은 박영효의 세도정치, 다시 그것이 열강들 사이에서 어쩔 줄 몰라 하는 한국의 앞날에 드리울 먹구름에 대한 예견 때문이었을 것이다. 비숍은 13년 후에 다가올 일본의 궁극적인 선택을 다음과 같이 간명하게 정리하고 있다.

"슬프게도 이제 나에겐 일본의 야심이 분명하게 느껴진다. 1. 한국에 대한 정치적 종주권을 중국에게서 제거해버리는 것, 2. 한국에서 상업적 최우대권을 획득하는 것, 3. 한국의 정치에 자유롭게 접근할 수 있는 특별한 권리를 확보하는 것, 4. 외국의 간섭 없는 일본의 실질적인 섭정 정치를 수립하는 것."

민주주의에 대한 그녀의 고전적인 이해는 당시의 상황을 헤쳐나갈 힘의 중심을 찾아 더 아래로 내려간다. "한국 어딘가에 애국심의 맥박이 있다면 그것은 오로지 농민들의 가슴속뿐이라는 것은 확실해 보였다"고 비숍은 적고 있다.

그녀는 만주와 시베리아에의 현지답사를 통해 "한국의 국민들이 오로지 과세를 위한 지배가 아니라 산업의 발전을 위한 지배 아래 있었다면 이 같은 사정은 판이하게 달라졌을 것이다. 1,200만-1,400만의 인구를 가진 이 한국이란 나라에 가망이 없다고 말하는 사람은, 새로운 지배 체제 아래 들어간 수백 명의 무기력한 한국인이 동시베리아에서 활기 있고 열정적이며 나날이 번창하는 농민으로 바뀌는 것을 보았어야 할 것이다"라고 근거를 제시하고 있다.

그러나 비숍이 체제와 제도의 문제를 언급할 때도 그녀의 상황 인식은 국외자의 호의에 머무를 뿐 그 스스로 힘을 만들어내고 그 힘의 중심에 서 있으려는 정면대결의 자세와는 거리가 있다. 말하자면 세련됐지만 무기력한 방식인 것이다. "현재 한국 내부에서 한국을 개선할 세력을 찾기 어렵기 때문에 개혁을 위한 외부의 도움이 필요하다는 것." 이것이 그녀가 내리는 결론이다.

다소간의 편차에도 불구하고 매천과 비숍은 사관(史官)의 입장에서 역사를 천착하고 사건의 편린들을 반추한다. 그리고 그 서술들을 통해 우리가 역사적 사물로 복귀하여 그 논의 구조(vortex pattern)를 파악함으로써 사회 구성원을 설득할 수 있는 적절한 대응책에 이르게 하는 길을 보여준다.

사람들을 설득하여 결단하고 투신하게 만드는 모험에 유의하여 한 가지를 더 말한다면, 19세기 후반 한국에서 시장에 주목하는 자유주의적 사고가 개화를 둘러싼 최고의 쟁점이던 시기에 러시아를 중심으로 한 인류사의 다른 한편에서는 자본제적 생산양식에 고유한 시장의 무정부성을 의식적 통제로 대체하려는 시도, 즉 계획과 과학적 예측을 통해 시장이라는 동요의 근원을 봉쇄하는 것이 가능하다는 믿음 아래 20세기의 전형적인 풍경으로 자리 잡게 될 사회주의혁명을 향해 치닫고 있었다는 사실이다.

(1995. 03)

트로츠키와 부하린

1. 우익-트로츠키주의자 블록?

맑스주의 고전에 언급되어 있는 높은 추상 수준의 이행 강령들을 러시아라는 후진 국가의 구체적 현실에 적용하여 스스로 공산주의 이행의 이론과 역사를 만들어가야만 했던 사회주의혁명 1세대들의 고난은 공식적으로 채택된 하나의 길을 옹호하기 위해 수많은 수사학적 개념을 함께 만들어냈다. 수정주의자, 소아병자, 관념론자, 모험주의자, 기회주의자, 자유주의자 등이 양산되던 이 시대에 트로츠키와 부하린에게 명명된 호칭은 서로 상반된 최악의 편향을 의미하는 '극좌 모험주의자'와 '우익 기회주의자'였다.

자본주의 체제가 전쟁 위협과 군비 증강을 통해서만 자신의 지배 체제를 유지할 수 있는 기생적인 체제로 전락했다고 규정하는 '자본주의 전반적 위기론'의 입장에서 보면 체제 간 직접 대립과 투쟁을 요구하는 트로츠키의 영구 혁명 전략은 사실상 제국주의자들이 열렬히 바라는 전쟁이라는 함정에 빠지는 '극좌 모험주의'를 의미했다. 반면 농공 균형 발전을 주장하며 부농과 시장의 존재를 긍정했던 부하린은 어느 시점에서 농업 집단화와 급속한 공업화로의 질적인 비약이 요구되는지를 알지 못했던 대중 추수주의, 즉 '우익 기회주의'와 다름없었다.

화해할 수 없을 것처럼 보이는 이 두 가지의 편향은 놀랍게도 하나로 합쳐져서 공식적으로 등장하는 기회를 얻게 되는데 바로 1938년 모스크바 재판에서 스탈린 당국이 피고 21인을 지칭한 합성어 "우익-트로츠키주의자 블록"이라는 이름 아래서였다. 이들이 희화화되는 또 하나의 사례는 1928년 스탈린의 정책 선회를 두고 이미 일어난 바 있었다. 트로츠키가 수행한 정치투쟁에도 불구하고 트로츠키의 이론적 입장, 즉 좌익 반대파의 대안과 스탈린의 선택은 실천적으로 동일하다거나, 부하린이 자신의 초기 좌익 공산주의자 그룹 시절의 대안, 즉 국가를 통한 사회주의적 생산관계의 강제적 조직화에 반대해 투쟁하고 있다는 평가가 그것이다.

이와 같은 평가는 두 사람이 시간의 요인과 변증법적 국면 파악에 실패했다고 보는 입장, 또는 레닌-스탈린 노선의 필연적인 전개라는 믿음 아래 좌우 편향에 대한 스탈린의 발전적 지양을 강조하는 입장을 반영한다. 그러나 이들에 대한 비판 못지않게 맑스주의의 이론과 실천에 대한 이들의 독자적인 기여를 찾아내려는 흐름 역시 다양하게 전개되어왔다. 그 흐름은 단순히 현실사회주의 건설 노선에 대한 부정 차원에서 그치지 않고 새로운 사회주의 노선의 대안을 제시하려는 보다 직접적인 필요와 요구를 담고 있다.

오늘날 진보와 해방, 민주주의 등의 거대 담론에 대한 재구성과 근원적 성찰의 요구는 역사 가운데서 제기된 이론과 실천의 다양한 논의에 대한 재검토를 필요로 한다. 특히 트로츠키와 부하린은 함께 이야기될 때 더 정확하고 풍부한 이해가 가능해진다. 그것은 스탈린에 의해 숙청당하면서 선택되지 못한 길이 된 두 사람의 주장에 대한 검토가 필수적이라는 점, 이들이 서로에 대한 비판을 통해 자신들의 노선을 명료화하면서 논의를 역사화시켰다는 점, 동시에 이들의 노선이 사회주의 건설의 서로 다른 길을 제시한 두 가지 이념형이라는 점 때문이다.

트로츠키의 이론적 투쟁의 주적은 항상 부하린이었다. 트로츠키의 부하린에 대한 반감은 특별한 것이어서 그는 부하린과 리코프가 스탈린이 지노비에프를 떨어뜨렸던 것처럼 스탈린을 트로츠키주의자로 몰아 실각시키고 승리할 것이라고 생각했다. 따라서 그는 스탈린과 동맹하여 부하린에 반대하는 것은 가능하지만 부하린과 동맹하여 스탈린에 반대하는 것에는 결코 동의하지 않는다고 못 박았다. 트로츠키는 또한 1928-1929년에 쓴 책에서 부하린에 대해 다음과 같이 말하고 있다. "극좌익에서 기회주의자로 돌변해 버린 부하린이 자기 자신의 이데올로기적 과거를 계속 나에게 뒤집어씌워 전가시키면서 그것을 '트로츠키주의'라고 외치고 다니는 것도 앞서의 경우와 마찬가지이다. 나에 대한 반대 운동이 시작될 무렵, 아직까지는 가끔씩 부하린의 논문을 읽어보려고 했었을 때, 나는 자주 이렇게 자문해보곤 했다. 그는 도대체 어디서 이런 착상을 얻었을까? 하지만 곧 그가 자신의 옛날 일기장을 보고 있구나 하는 생각이 들었다."

부하린 역시 트로츠키에 대해 개인적으로는 높이 평가했지만 이론적 투쟁에서는 냉정했다. 그가 1928년에 스탈린의 정책 선회를 비판하며 쓴 논문 「경제학자의 노트」는 "트로츠키주의에의 투항"이나 "트로츠키주의적 문제 해결 방식의 부활" 등의 용어를 사용하며 논의의 초점을 트로츠키주의의 공업화 가속화론에 대한 비판에 맞춘 것이었다. 트로츠키에 대한 이론적 비판에도 불구하고 그에 대한 부하린의 개인적 평가는 각별한 것이었다. 1936년 맑스-엥겔스 관련 저작들을 수집하기 위한 유럽 여행 도중 코펜하겐에서 부하린은 동행했던 독일 사민당의 니콜라예브스키에게 다음과 같이 말하고 있다. "우리 맑스의 수고(手稿)가 들어 있는 이 트렁크를 가지고 단 하루만이라도 트로츠키에게 가보자. 물론 그와 나는 대단한 싸움을 벌였지만 그러나 이 사실이 그를 위대한 사람으로 존경하는 나의 감정을 방해하지는 않는다."

물론 이들에 대한 사회주의 공식 역사의 평가는 서로 다르게 나타난다. 1987년 11월 볼셰비키 혁명 70주년 기념 연설에서 고르바초프는 트로츠키의 투항주의, 스탈린의 행정 지령주의와 개인숭배, 후르시초프의 주관 독단주의, 브레즈네프의 관료 보수주의를 비판하면서 부하린에 대해 긍정적인 평가를 내리고 있다. 그러나 이 긍정적인 평가는 부하린 노선의 한계를 명시하고 그 기여를 트로츠키주의의 분쇄에 국한시킨 매우 제한적인 것이었다.

고르바초프는 이 연설에서 트로츠키에 대해 "자본주의가 포위한 상황 속에서 사회주의 건설 가능성을 부정하고, 대외 정책에서는 혁명의 수출에, 국내 정책에서는 농민에 대한 탄압과 도시에 의한 농촌 착취에, 사회 관리 차원에서는 행정적, 군사적 방법의 연장에 기대를 걸었던 투항주의자"라고 혹평했다. 그러나 부하린에 대한 복권도 그의 노선에 대한 완전한 면죄는 아니었다. 고르바초프는 1987년 연설에서 "부하린과 그의 지지자들은 나름대로의 계산과 이론적 명제를 바탕으로 1930년대 사회주의 건설에서 시간 요인의 의미를 사실상 과소평가했다"고 지적했다.

다음에서는 트로츠키와 부하린 사이의 연대와 분열, 즉 동일했던 출발과 서로 다른 노선의 다툼, 스탈린에 의해 '우익-트로츠키주의자 블록'으로 다시 만나기까지의 과정을 세계혁명론과 브레스트리토프스크조약, 노동조합과 국가, 신경제정책과 노농 동맹, 사회파시즘론, 당내 민주주의 등 다섯 가지 주제로 나누어 살펴보기로 한다.

2. 세계혁명론과 브레스트리토프스크조약

부하린과 트로츠키는 1918년 브레스트리토프스크조약에서 강화 반대와 지연 전술로 부딪혔고 내전 기간 동안에는 트로츠키의 적군 강화 주장에 부하린이 반대한 바 있으며, 노동조합 논쟁에서 부하린이 트로츠키의 주장에 가까운 견해를 보였고 비러시아 민족의 권리 보장에는 두 사람 모두 적극적인 지지를 보냈다. 무엇보다도 부하린은 트로츠키를 10월혁명의 최대 공로자로 높이 평가했고 러시아의 앞날을 짊어질 지도자로 레닌과 동등하게 평가했다.

두 사람은 군사적 필요가 모든 것을 지배하고 산업상의 문제가 실질적으로 군수물자의 문제와 동일시되던 시기, 즉 제국주의 간섭과 내전으로 인해 농촌에서의 잉여 곡물 징발과 도시에서의 엄격한 분배로 특징지어지던 전시공산주의 정책을 국가를 통한 사회주의적 생산관계의 강제적 조직화라는 이행기의 보편적 방법으로 파악한 점에서도 일치했다.

두 사람이 보인 초기 노선에서의 빈번한 일치와 연대는 이들의 동일한 세계자본주의 인식과 세계혁명론으로부터 연유한다. 트로츠키는 자본주의 분석의 기본단위는 국민경제가 아니라 세계경제여야 한다고 보고 19-20세기의 자본주의를 세계자본주의론의 시각에서 분석했다. 그는 "세계경제는 개별적인 민족국가들의 단순한 합이 아니라 국제 분업과 세계시장으로 이루어진 하나의 강력한 독자적 실체로서 그것은 우리 시대에 일국적인 시장들을 전체적으로 지배하고 있다"고 보았다. 이러한 입장에 따르면 생산력과 생산관계의 모순은 세계적 차원에서 전개되며 사회주의혁명 조건의 성숙 여부도 일국 자본주의가 아니라 세계자본주의 차원에서 고찰되어야 할 것이다.

부하린 역시 일국에서 독점을 완성한 국가자본주의 트러스트는 자본의 국민화와 함께 자본의 국제화 과정을 실현함으로써 세계적 규모의 생산관계 체계와 교환관계 체계로 이루어진 세계경제를 구성한다고 보았다. 자본의 국제화와 더불어 필연적으로 세계자본주의가 된 제국주의는 세계 자본가계급과 세계 프롤레타리아계급 사이의 모순을 격화시키면서 궁극적인 경쟁의 한 방법으로서 공황과 전쟁의 가능성을 안고 진행되며 이는 필연적으로 세계혁명론을 요구한다는 것이 부하린의 주장이었다.

이들의 세계혁명론이 처음으로 구체적인 상황 속에서 시험받게 되고 결과적으로 끔찍한 실수였음이 드러난 것은 1918년의 브레스트리토프스크조약에서였다. 10월혁명 성공 직후에 전국적으로 계속된 내전과 유럽 각국의 군사개입 및 이들의 백군에 대한 지원은 레닌으로 하여금 소비에트 정권 강화를 위해서는 시간이 필요하며 독일과의 전쟁을 수행할 인적, 물적 자원의 부족을 고려해서 즉시

조약에 조인해야 한다는 주장을 하게 했다. 여기에 부하린 등 좌익 공산주의자 그룹은 독일과의 휴전은 세계혁명에 대한 포기인 동시에 독일 인민에 대한 배신이라는 이유로 조약 거부를 주장하였다. 강화조약 교섭단의 수석대표였던 트로츠키는 강화 지연 전술로 맞서 "강화도 하지 않고 전쟁도 하지 않는다"고 주장하다가 1918년 1월 28일에 단독으로 조약 조인을 거부하고 동시에 전쟁 중지와 소비에트 군대 동원의 해제를 통고해버렸다.

트로츠키는 이미 1906년에 "유럽 프롤레타리아들로부터의 국가적 차원의 직접적인 지원 없이는 러시아의 노동자계급은 권력을 계속 유지할 수 없으며 또한 자신들의 일시적인 지배를 지속적인 사회주의 독재로 전환시켜나갈 수 없다"고 전망한 바 있었다. 그는 "러시아의 프롤레타리아독재가 사회주의로 나아갈 것인가 아니면 그렇지 못할 것인가 하는 문제는 유럽과 세계자본주의의 운명에 달리게 될 것"이라는 주장을 1920년대 말에도 포기하지 않았다.

부하린의 강화 반대 주장 역시 세계혁명론의 연장선상에 있다. "우리는 러시아혁명의 성공이 결국 세계혁명의 성공 여부에 달려 있다고 이야기해왔고 지금도 확신을 가지고 이야기하고 있다. 오직 세계혁명만이 우리를 구원할 수 있을 것이다. … 레닌은 거부하고 있지만 우리가 나아갈 수 있는 오직 하나의 출구는 독일 제국주의자에 대항하여 혁명전쟁을 수행하는 것이다. … 당면한 우리의 임무는 모든 노동자로 하여금 다가오는 결정적인 순간을 대비하여 그들 자신을 헌신하도록 하는 것이며 이 점에 러시아혁명의 운명과 세계혁명의 운명이 달려 있다."

이에 비해 레닌의 즉시 강화조약 조인 주장은 러시아가 처한 상황의 구체적 분석으로부터 모든 논의가 시작되어야 한다는 인식에서 출발하고 있다. "유럽 혁명이 반드시 일어나고 또 일어날 것이라는 사실은 의심의 여지가 없다. 사회주의의 궁극적 승리에 대한 우리의 신념은 확신과 과학적 예견에 기반하고 있다. 우리의 선전 활동과 동지적인 조직화는 더욱 강화되고 확장되어야 한다. 그러나 만약 러시아 사회주의 정부의 전술이 앞으로 여섯 달 이내에 혹은 그보다 더 짧은 시간 안에 유럽, 특히 독일에서 혁명이 일어날 것인가, 그렇지 않을 것인가에 기반해 결정된다면 그것은 눈먼 도박일 뿐이다."

레닌의 즉시 강화조약 조인 주장은 소위 극좌 모험주의적 주장이 가져올 심각한 결과를 경고하는 것으로 한발 더 나아가고 있다. "이미 사회주의혁명이 시작된 공화국의 보존은 우리에게, 또한 국제 사회주의 운동에서 가장 중요한 점이다. 러시아에 의해 주장되는 혁명전쟁의 슬로건은 이 점에서 공허한 문구가 되거나 뒷받침되지 않는 시위에 불과한 것이 되며, 객관적으로 볼 때 우리가 아직 약한 상태에서 제국주의 전쟁을 계속하도록 유도함으로써 가능한 한 가장 값싼 방식으로 소비에트 공화국을 깨부수려는 제국주의자들의 함정에 빠져드는 것과 마찬가지이다."

1918년 2월 23일에 다시 소집된 당 중앙위원회는 레닌의 즉시 강화조약 조인안을 찬성하였지만, 트로츠키에 의해 파기된 조약을 재조인한 대가는 독일에 대한 훨씬 더 많은 영토의 할양과 불리한 조약 조건의 강요였다. 부하린은 1918년 말에 강화조약의 체결이 가져온 효과를 긍정적으로 평가하고 자신의 주장이 틀렸음을 인정하고 있다. "나는 솔직하고 공개적으로 우리의 주장이 틀렸으며 레닌이 옳았음을 인정한다. 왜냐하면 휴식 기간은 우리에게 힘을 집중시키고 강력한 적군을 조직할 기회를 주었기 때문이다."

3. 노동조합과 국가

생산과 노동의 완전한 사회화와 단일당의 권력 독점 및 모든 이견의 억압을 특징으로 하던 전시공산주의 시기에 국가와 노동조합의 관계 설정을 두고 벌어졌던 레닌과 트로츠키 사이의 논쟁에서 부하린은 트로츠키의 입장을 지지하는 중재안을 냈고, 이는 부하린의 의견이 훨씬 해당적이라는 레닌의 비판을 가능하게 하였다.

내전 기간 동안 트로츠키는 노동을 군대화하고 노동조합을 국가에 종속된 하나의 생산 단위로 할 것을 주장했다. 트로츠키의 이러한 견해는 전시공산주의 기간 동안 레닌의 지지를 받았지만 내전이 끝나가자 레닌은 보다 온건한 견해를 채택하여 노동조합의 역할을 국가와 대중을 이어주는 연결 고리이자 공산주의를 배우는 학교로 규정했다. 레닌과 트로츠키의 주장이 당내 분열로까지 비화되자 부하린은 두 사람의 주장을 조합하여 노조는 기술 행정적 기구일 뿐 아니라 공산주의 학교이기도 하다는 의견을 제시하였다.

그러나 부하린의 이 의견은 받아들여지지 않았고 재차 내놓은 독자 강령에서 부하린은 노동자 민주주의의 보장을 역설하고 노조의 권위를 손상시키지 않는 방향에서 노조와 국가는 점차 융합해야 한다고 주장하였다. 그는 이와 같은 과도기를 거쳐서 국가의 노조화나 국가에 의한 노조의 흡수가 아닌 궁극적으로 두 기구가 모두 사라지고 난 뒤 제3의 코뮌 사회가 등장할 것을 기대하였다. 물론 논쟁의 결론은 당과 국가는 노동조합을 통해 노동자를 지도한다는 레닌의 주장이었다.

트로츠키는 1932년에 이르면 노동조합의 역할에 대한 전시공산주의 시기 자신의 노조관을 수정하고 전술한 부하린의 주장에 가까운 견해를 보이고 있다. "노동조합의 상대적 독립은 소비에트 국가 체제에 필수적인 교정력이다. … 계급이 폐지될 때까지 노동자들은 노동자 국가에서도 자신의 직업 조직으로 스스로를 방어해야 한다. 다시 말하여 국가가 국가로서, 즉 강제 기구로서 남아 있는 한 노동조합은 노동조합으로 남아 있어야 한다. 노동조합의 국가화는 국가 그 자체의 비국가화와 병행해서만 이루어질 수 있다."

4. 신경제정책과 노농동맹

전시공산주의의 한계에 직면하여 사회주의 건설의 토대로서 생산력의 문제를 안정적으로 해결해야 한다는 원칙적 문제를 제기하는 신경제정책의 도입에 대해서도 트로츠키와 부하린은 의견이 일치하였다. 트로츠키는 이미 1920년 2월에 우랄 지방의 경제 상태를 조사하기 위한 여행을 다녀온 후 당 중앙위에 제출한 보고서 「식량과 농업정책에 관한 근본적인 문제 제기」에서 식량 할당 징발제를 생산량에 비례하는 잉여의 징발로 대치할 것과 농민이 제공한 1차 산물에 상응하는 공산품을 분배할 것 등 신경제정책의 원형이 되는 식량 징발 방법의 개선에 대해 건의하고 있다.

그는 또한 신경제정책 도입의 필요성을 제기하며 기본적으로 계획을 지향하지만 시장의 존재도 부정하지 않는다. "이 상황에서 사적 자본에 대항해 성공적으로 투쟁할 수 있는 우리의 무기는 무엇인가? 그것은 시장과 경제 목표를 향한 의식적이고 계획적인 접근이다. 생산과 시장의 능력, 산업 부문별 관계의 정확한 예측을 통해 전체 산업과 농촌 경제의 조화를 가져오는 것, 이것이 곧 노농동맹(smytchka)을 실현하는 길이다. 그것은 시장에 대한 억압이 아니라 시장을 바탕으로 이루어진다."

트로츠키의 이와 같은 입장은 1932년에도 지속되고 있다. 즉 완전한 집단화와 농민에 대한 낮은 유인 대신에 신경제정책과 자유시장의 부분적인 부활이 필요하다는 점을 트로츠키는 "경제 과정에 참여하는 수많은 주체, 국영과 사영, 집단과 개인은 그들의 필요와 상대적인 힘을 계획위원회의 통계적 결정을 통해서만이 아니라 수요와 공급을 통한 직접적 압력을 통해서도 조절해야 한다. 계획은 상당 정도 시장에 의해 감시되고 시장을 통해 실현되어야 한다"고 지적하고 있다.

그러나 트로츠키는 생산력의 고양을 위해 자본제적 생산관계의 부분적 부활을 허용했던 신경제정책이 1923년을 기점으로 다시 논의의 대상이 되어야 한다고 보았다. 트로츠키는 신경제정책이 진행됨에 따라 소상품생산의 허용에 따른 농촌 경제에서의 자본제적 생산관계 부활과 그것을 더욱 가속화시키는 시장의 존재, 그리고 공업건설을 위한 자원의 출처로서 원활하게 기능하지 못하는 시장의 한계 등이 위험 요소로 등장하고 있다고 보았다. 그는 무엇보다도 고립된 생산 단위를 자연스럽게 통합해낼 것으로 기대한 시장의 한계에 대해 가장 염려하고 있었다.

트로츠키는 이러한 위험을 극복할 대안으로 국영 공업을 향한 강력한 계획과 조직화를 제시하고 있다. "국가 산업의 시장 지배에 대한 투쟁에서 우리의 주요한 무기는 계획경제이다. 이것 없이는 국유화도 경제 발전의 장애물일 뿐이며 사적 자본은 불가피하게 사회주의의 기초를 손상시킬 것이다." 트로츠키는 특히 농촌에서 계획경제가 가장 큰 곤란에 직면하게 됨을 지적한다. 그에 따르면 계획에 의해 지배되지 않고 스스로 성장한 시장에 의해 지배받는 농촌 경제를 예측하는 일은 거의 불가능하다. 국가는 이것을 어떻게 단일한 계획의 방향으로 유도해내느냐를 과제로 한다. 사실상 트로츠키는 어떤 경우에도 축적의 근원이 농촌으로부터 나올 수밖에 없다고 생각했기 때문에 농촌 경제를 정확하게 계획경제 안으로 끌어들이는 문제는 곧 국영 공업건설을 위한 최단의 지름길이라고 생각했다.

산업의 전 체계가 완전한 예측과 계산 속에서 계획되어야 한다고 할 때 트로츠키를 괴롭히는 또 하나의 문제는 농촌 경제와 더불어 세계시장의 존재였다. 그는 계획을 통한 사회주의 건설에 도전하는 동요와 위기의 두 근원으로 농촌 경제와 세계시장을 꼽았다. 트로츠키는 어떤 경우에도 세계경제와의 단절은 있을 수 없다고 보았다. 이미 혁명 이전부터 기술 장비의 외국 의존이 있어왔고 농산물 수출이 계속되는 상황에서 일방적인 고립은 필요 이상의 손실을 감수해야만 했기 때문이다. 물론 이러한 주장은 이미 자본과 노동의 각 부분이 세계적인 차원의 문제로 성립되기 시작했고 따라서 유럽의 프롤레타리아혁명과 사회주의 러시아의 운명이 직접적인 연관을 가질 수밖에 없다는 그의 영구혁명론과도 밀접히 관련되어 있다.

트로츠키는 이 문제의 해결책 역시 계획경제를 강화하는 데 있다는 결론을 내리고 있다. 강력한 계획경제체제 아래서 외국무역을 국가가 독점한다면 오히려 세계시장으로부터 적절한 수입 정책, 즉 상품 조정 정책을 통하여 국내 시장과 소비 사이의 격차를 메꿀 수 있을 것이다. 또한 농촌 경제를 규제함으로써 협동조합을 국가의 적절한 무역 기구로 만든다면 수요 공급을 완전히 예측하는 것이 가능할 것이다. 트로츠키는 결국 사회주의 건설 과정에서 동요와 위기의 두 근원인 농촌 경제와 세계시장 문제를 완전한 계획을 통해 해소할 수 있다고 보고 그러기 위해 농촌 경제를 협동조합 수준으로 조직하여 불안정한 요인을 최대한 제거하는 작업과 국가 산업 전체를 트러스트로 형성하여 세계시장에 대응하는 작업이 필요하다고 본 것이다.

물론 트로츠키는 이 모든 국가 경제 건설의 노력이 국영 공업 건설에 최우선적으로 집중되어야 하고 이것이 곧 장기적인 사회주의의 승리를 보장한다고 주장한다. 이 주장은 통상 공업 독재론, 공업 가속화론 등으로 불리며 협상가격차 위기와 이 시기가 경과한 후의 공업화 노선 논쟁에서 좌익 반대파의 대표적인 의견으로 주장되었다. 트로츠키의 이와 같은 주장은 농촌으로부터 잉여의 급속한 전유와 농민의 희생을 전제한다는 점에서 신경제정책의 요지를 노농동맹으로 이해하고 있던 부하린 등으로부터 심한 비판을 받을 수밖에 없었다. 농업과 공업, 계획과 시장 사이의 발전을 둘러싼 역학 관계는 필연적으로 생산관계의 문제로 논쟁의 중심을 옮겨 가게 했고 트로츠키로 하여금 농민에 대한 경시 속에 급진적 모험을 통해 전시공산주의의 한계를 재현하려 한다는 비판을 받게 만들었다.

트로츠키는 이와 같은 비판에 직면하여 노농동맹에 관한 자신의 입장을 피력하고 있다. 부하린은 트로츠키의 노농동맹 문제가 일관되게 그의 영구혁명론의 이론 구조와 결합되어 있다고 지적한다. 트로츠키 역시 자신에 대한 비판이 영구혁명론과 결부되어 있음을 인지하고 있었다. 훗날 트로츠키는 자신의 대명사가 된 영구혁명론을 체계화시키는 작업에서 자신은 노농동맹의 필요성을 인정했지만 비판자들은 농민과의 동맹이라는 레닌의 노선과 자신의 영구혁명론이 대립되는 것으로 보려 했다고 적고 있다. 트로츠키는 당시에 자신을 비난했던 사람들이 주장한 '노동자와 농민의 민주주의 독재'와 자신이 주장한 '농민의 지지를 받는 프롤레타리아 독재'는 엄연히 다른 것임을 밝히고 있다. 즉 트로츠키가 보는 노농동맹의 핵심은 협력의 당위는 이미 전제되어 있는 상태에서 특정 시기에 어떤 계급이 실질적인 독재권을 행사할 것인가의 문제인 것이다.

그는 "농민의 혁명적 역할이 아무리 위대한 것이라 해도 그것은 결코 독자적 역할일 수 없으며 하물며 지도적 역할일 수는 더욱 없다. 농민은 노동자를 따르거나 부르주아를 따를 수밖에 없다"고 주장한다. 이제 트로츠키가 말하는 노농동맹의 필요에 대한 인정과 그것이 '농민의 지지를 받는 프롤레타리아독재'여야 한다는 주장의 의미는 보다 분명해진다. 동맹의 헤게모니가 전적으로 노동자계급에 귀속되어야 한다는 사실, 그리고 협력은 노동자의 헤게모니 아래서 단지 농민의 참여 정도만이 남아 있는 정치 역학의 문제라는 사실은 부하린 등이 주장하는 '노동자와 농민의 민주주의 독재'라는 노선과 본질적인 차별을 보여주고 있다.

부하린은 트로츠키가 혁명 과정에서 계급 관계가 어떻게 구체적으로 바뀌어가는지를 모르는 상태에서 프롤레타리아독재 시기의 농민과 노동자 관계를 잘못 이해하고 있다고 보았다. 부하린은 자본주의사회에서 프롤레타리아가 기존 질서에 반대하고 내전을 통하여 국가를 파괴해야 했다면 프롤레타리아독재 아래서는 궁극적으로 소멸될 국가의 강화를 위해 노력해야 한다고 주장한다. 따라서 계급 간의 관계에는 일방적인 투쟁만이 존재하는 것은 아닌 것이다.

부하린은 프롤레타리아와 여타 계급 사이에 세 가지의 서로 다른 계급 관계가 있을 수 있다고 보았다. 첫째는 일방적인 억압 관계이다. 백군이나 부르주아 지주, 반란 계층과 그 잔당들에 대해서 독재는 일방적인 억압을 의미한다. 둘째는 협력과 투쟁이 공존하지만 점진적으로 극복해야 되는 관계이다. 신경제정책의 수행 과정에서 사회적인 균형을 위해 일정 시기 동안 조건부로 허락된 새로운 부르주아계급, 즉 네프맨과의 관계가 이 유형에 속한다. 셋째는 더욱 강력한 협력과 약한 강도의 투쟁이 필요하지만 잉여를 일방적으로 추출해내는 관계가 아닌 재조종을 필요로 하는 관계이다. 농민과의 관계가 여기에 해당된다.

부하린은 이와 같은 계급 관계가 경제형태의 반영이며 독특한 계급 성격을 규정짓는 경제적 토대의 집중적 표현이라고 보고 있다. 바로 이러한 이유 때문에 노농동맹의 문제는 사회주의 국영 공업과 농촌 경제 사이의 경제적 연계 문제에 상응한다. 이 연계를 해결하는 부하린의 노선은 앞서 지적했듯이 농공 균형론적 접근이다. 트로츠키 등이 주장하는 계획의 문제에 대해 부하린은 모두가 계획의 필요에는 공감하고 있다고 본다. 그러나 이제 문제가 되는 것은 그 계획경제, 즉 사회주의에 어떻게 접근해가느냐이다.

사실상 가장 기초적인 계획을 위한 토대조차도 결여되어 있는 것이 러시아의 현실이다. 분명 최종적인 국면에서 모든 것은 대규모 산업 발전에 종속되어야 하고 이것이 사회주의 건설의 기초이며 원칙이다. 그러나 문제는 구체적 시기와 특정 상황이며, 트로츠키 등의 좌익 반대파는 공업에 대해 기초적 토대를 도외시한 채 '고립' 속에서 파악하고 있는 것이다.

부하린은 이와 같은 상황에서 트로츠키가 말하는 계획, 즉 생산 부문들 간의 끊임없는 결합으로 이루어지는 계획은 정치경제학의 용어로 '무정부성 혹은 예측 불가능성의 제거'를 의미한다고 본다. 그러나 예측 불가능성, 특히나 농촌 시장에서의 예측의 실패는 곧바로 혁명의 전복을 의미한다. "트로츠키는 농촌 시장과의 관계에서 예측에 실패할 수도 있지만 무게중심은 국영 공업 부문들 사이에 두어야 한다고 주장한다. 그러나 현실에서 국영 공업은 농촌 시장과의 관계 속에서 결정된다. 이 관계를 무시한 계획은 있을 수 없다. … 공업 부문들 간의 아무리 부드러운 결합도 국영 공업과 농촌 경제 사이의 기본적 관계 예측에 실패하면 위험으로부터 자유롭지 못하다."

1925년에 이르면 부하린은 '농업 발전에 기초한 국가 공업 부문의 축적'이라는 자신의 주장을 더욱 발전시켜 '협동조합'에 대해 본격적으로 논하기 시작한다. 그는 협동조합이 크게 두 가지 의미를 갖는다고 보았다. 첫째는 농촌에서의 축적을 향한 욕구와 동기를 최대한 자극하고 축적에 장애가 되는 요소들을 제거하는 장치로서의 의미를 갖고, 둘째는 고립된 소생산자를 통합하여 단일한 경제 사령탑의 지휘 아래 조직화한다는 의미를 갖는다. 그러나 이 조직화는 여전히 점진적으로 이루어져야 한다는 것이 부하린의 생각이었다. 그는 사적 자본과의 투쟁 역시 시장을 통해서만 가능하다고 보았다.

부하린은 이 과정이 완전한 사회주의적 생산관계로 진행되기 위해서는 '경제 사령탑'이 필요하다는 의견을 제시한다. 그가 말하는 경제 사령탑이란 노동자계급이 주도하는 각 경제 부문의 조직화와 그 조직에 대한 지배 능력을 의미한다. 즉 철도의 운영이나 산업의 가동, 국가 금융 체계 등에 대한 완전한 장악이 곧 경제 사령탑의 존재를 뜻하는 것이다. 경제조직에 대한 노동자계급의 지배 능력이 확실할 때 그의 유명한 슬로건 '부자가 되라'가 가능해진다.

프롤레타리아독재가 굳건히 작동하고 있고 그들이 경제 사령탑을 장악하고 있는 한 문제가 되는 것은 급속한 축적을 어떻게 달성할 것인가이며 이를 위해서 고용 노동에 대한 과도한 두려움이나 자본가적 농민층의 형성에 대한 두려움은 바람직스럽지 않다는 것이 부하린의 생각이었다. 부농과 중농 모두가 축적을 두려워하고 빈농은 그들의 노동력을 파는 것을 두려워하며 행정적인 압력이 농촌 경제 전체를 불안하게 만들고 있는 상황은 축적의 근원을 저해하고 있는 것이다. 부농에 대한 공격이 필요했던 것도 프롤레타리아국가가 아직 약했을 때였다.

부하린은 이 시기에 이미 부농에 대한 새로운 계급투쟁이 전개되기 시작했다고 주장한다. 새로운 계급투쟁의 방법은 첫째, 노동자계급에 유리한 법률적 정비, 둘째, 부르주아에게 중과세되는 세금 정책, 셋째, 국영 공업과 노조, 협동조합에 부과되는 지원, 특권 등이다. 이 새로운 계급투쟁은 농촌 지역의 특수성 때문에 편의상 단지 그 형태를 바꿨을 뿐이다. 우리는 이제 소상인의 활동이나 부농의 성장에 대해 직접적인 강제와 무력으로 반대하는 것이 아니라, 시장 관계의 발전과 조합 활동을 통해 대결해야 한다.

부하린은 이와 같은 대결이 반드시 농민 자신의 경제적 이해에 따른 것이어야 하며 농민에게 직접적 이익을 주는 방식으로 이루어져야 한다고 보고 따라서 강제적인 집단 영농으로의 통합에 반대하였다. "오늘날 전시공산주의 방식에 익숙한 많은 동지가 집단 영농을 통해 사회주의로 가는 길을 과대평가하고 있다. 집단 영농으로의 통합을 위해 농민들 안에서 모든 선전을 해나가는 것은 옳지만 집단농장만이 농민 대중을 사회주의로 향하게 하는 고도의 길을 대표한다고 보는 것은 옳지 않다."

부하린은 유통과 생산, 신용 부문의 순으로 협동조합이 완성된다면 러시아는 국영기업과 협동조합, 그리고 자본가적 기업이라는 매우 다른 경제 구성을 갖게 된다고 보았다. 그러나 이러한 경제 구성 역시 시장 관계를 통해 궁극적으로 사회주의적 생산 부문이 승리할 수 있을 것으로 판단했다. 대규모 국가 생산의 이점을 갖는 국영기업과 국가에 의해 지원받는 조직된 소생산자들은 부농의 개인 농장에 대한 투쟁에서 시장을 통한 경쟁의 방법으로 사적 자본과 그 경쟁자들을 물리칠 수 있는 것이다. 그러므로 신경제정책은 결코 프롤레타리아 노선을 배신한 것이 아니라 유일하게 정확한 프롤레타리아 정책이며 오늘날 이 사실은 더욱 분명해졌다고 부하린은 주장한다.

부하린의 이와 같은 협동조합론은 사회주의 건설에 대한 그의 전체적인 전망과 밀접히 관련되어 있다. 훗날 일국사회주의론과 영구혁명론의 투쟁이 1920년대 경제 논쟁의 전 과정에 관류하고 있었다는 뚜렷한 해석들이 나오게 되듯이 부하린의 협동조합론은 일국 내에서 사회주의를 완성시키기 위한 축적의 근원을 어느 주장보다도 더 체계적으로 천착하고 있다.

이미 부하린은 1923년 가을의 논쟁에서 좌익 반대파의 피아타코프가 "당면한 러시아의 모든 경제 문제는 러시아가 세계 사회주의 경제 안에 포함될 때 비로소 해결 가능해진다"고 주장했을 때 그의 주장과 트로츠키의 영구혁명론과의 연관성을 파악하고 있었다. 부하린은 피아타코프의 문제 제기와 관련하여 자신도 사회주의 체제가 전 세계 영역에서 견고해졌을 때 모든 문제는 저절로 해결될 것이라는 점에 동의한다고 말하고 있다. 그러나 문제는 현실이며 혁명 초기에, 더구나 이제 막 프롤레타리아독재를 조직하기 시작한 때에는 해외에서도 고정자본의 파괴를 막을 수 없으며 그들 역시 내전을 거치며 파괴를 겪기 때문에 누구도 러시아를 지원해줄 수 없다고 주장한다.

"동지 트로츠키가 사회계급의 관점에서 문제를 끝까지 파악하지 못했듯이 피아타코프는 단지 문제를 연기하고 있을 따름이다. '세계적 맥락'을 끌어들임으로써 문제를 완전히 해결했다고 말하는 것은 웃음거리일 뿐이다. 고정자본을 재생산해내는 과정의 간극은 러시아에도, 외국에도 존재한다. 해외에서도 이 문제는 해결되지 않았다. 이 사실을 무시하는 것은 그의 머리를 구름 속에 두고 가능하지 않은 추상에 그 해결을 의지하려는 것과 같다. 결코 우리 밖의 세계 사회주의국가가 우리를 지원해줄 수는 없다."

부하린은 결론적으로 다른 나라의 도움 없이도 러시아에서의 사회주의 건설은 가능하다고 주장한다. 그러나 그것은 불가피하게 후진 사회주의의 형태를 띨 것이다. 이 점은 반(半)봉건과 원시에 가까운 경제 후진과 서유럽 자본에 의해 영향 받는 선진 부문의 끔찍한 결합이 가져온 어쩔 수 없는 러시아의 특징이다. 자본주의 역시 각기 다른 민족적 특성을 지닌 채 발전하듯이 사회주의에도 고유의 발전에 따른 서로 다른 사회주의 형태가 있을 수 있는 것이다.

부하린은 1920년대 전반의 논쟁을 관류하는 이행기의 정치적 실천과 생산력 고양의 문제가 영구혁명론과 일국사회주의론, 노농동맹의 옹호와 그 파괴라는 두 축을 중심으로 이루어지고 있다고 파악했다. 그는 영구혁명이 러시아를 위험에 빠뜨리고 있는 실천 불가능한 환상이며 신경제정책의 요체인 노농동맹을 파괴하려는 가장 선명한 반대 집단의 이론이라고 생각했다. "분리된 문제들과 개인적인 불일치는 이제 기본적인 '이론 그룹'과 상당 정도 일관성 있는 이론 체계로 구조화되기 시작했다. 화폐개혁과 가격정책, 당내 세대의 문제와 당내 민주주의 문제, 계획과 상품 조정, 협상가격차 등 모든 문제는 영구혁명이라는 일정한 노선을 중심으로 집결되기 시작했다. 이 문제와 결부된 또 하나의 중요한 축은 노농동맹의 문제이다"라는 것이 그의 생각이었다.

전시공산주의 정책의 한계에 공감하여 조직되지 않은 소상품 생산자에 대한 투쟁으로부터 이들에 대한 양보와 이 부문의 축적을 통한 사회주의 건설을 지지했던 부하린은 세계혁명 강령으로부터 일국사회주의에 대한 확신으로 자신의 입장을 바꾸었고, 이는 훗날 트로츠키로 하여금 "스탈린과 부하린의 견해는 당의 국제적 성격을 송두리째 해치고 세계 프롤레타리아의 혁명적 잠재력을 포기하고 있다"라는 비판을 가능하게 했다.

5. 사회파시즘론

1928년에 열린 제6차 코민테른 대회에서 부하린은 강령을 제출했고 개회사와 폐회사를 함으로써 공식적으로 대회를 주관했지만 스탈린과 소위 제3시기의 성격을 둘러싼 치열한 논쟁을 벌였다. 부하린은 이 시기를 자본주의의 상대적 안정화와 혁명 물결의 퇴조 이후 기술적 진보로 규정함으로써 기본적으로 이 안정화가 가져오는 모순의 심화를 지적하면서도 상대적인 안정 국면의 성격을 강조하였다. 그러나 부하린이 제출한 강령은 부하린과의 논쟁을 통해 이론가의 면모를 확립하려 한 스탈린의 의도에 따라 수정 채택되었다.

스탈린이 수정한 제3시기의 성격은 세계자본주의 위기의 심화 때문에 자본주의 안정화는 견고하지 않으며, 견고할 수도 없고, 정세의 진전에 의해 그것이 흔들리고 있으며, 계속 흔들릴 것이라는 점이었다. 즉 노동계급이 미래의 전투를 위해 준비하는 시기, 새로운 혁명의 고양을 위한 조건들이 성숙하고 있는 시기라는 것이 스탈린의 주장이었다.

스탈린이 제3시기를 임박한 혁명 국면으로 정의했을 때 그것은 공산당의 전술적 요구에서도 몇 가지 다른 점으로 나타나는데 첫째, 외국의 공산당들은 사회민주주의자들과의 어떤 협력도 거부하고 독립적인 노선을 채택할 것, 둘째, 노동운동의 주적으로 사회민주주의자를 설정하고 소위 사회파시즘 세력인 사민 세력들이 노동운동에 끼치는 개량주의적 성향을 제거할 것, 셋째, 모든 공산주의 정당은 그들 대열의 분리주의자들에 대해 혁명적으로 투쟁할 것을 요구하고 있다.

부하린은 이에 대해 "사회민주주의는 사회파시즘의 경향을 갖지만 그들을 한 덩어리로 취급하는 것은 어리석은 일이다. 우리 전술은 사민주의적 노동자에게 특히 사민 조직의 하부 구성원에게 호소할 가능성을 배제하지 않는다"고 주장한다.

트로츠키는 이 대회에 즈음해 카자흐스탄공화국의 유배지 알마아타로부터 독자적인 강령을 보내면서 스탈린의 사회파시즘 논의를 소종파적 극좌주의 전술로 격렬하게 비난하였다. 그는 파시즘의 위협에 맞서 싸우기 위해 노동자계급의 단결, 사회당과 공산당의 단결 투쟁을 내용으로 하는 통일전선을 호소했다. 그는 독일 공산당이 사회파시즘론에 따라 히틀러의 나치가 아닌 사회당의 타격에 몰두하는 것을 비판했다.

트로츠키는 파시즘을 대자본가가 노동자계급의 조직을 파괴하기 위해서 자본주의의 첨예한 위기 국면에서 대두되는 절망에 빠진 프티부르주아의 대중운동을 이용하는 것이라고 규정한다. 그에 따르면 1935년 7차 코민테른 대회에서 채택된 "금융자본의 가장 반동적이며 가장 배외주의적이고 가장 제국주의적인 분자의 공공연한 테러 독재"라는 파시즘 규정은 소수의 대규모 독점자본을 제외하고 기타 자본가계급까지를 포함한 반파시즘 동맹을 가능하게 하는 급격한 우선회 전술이었다.

트로츠키는 사회파시즘론과 인민전선론의 좌우 편향을 비판하면서 부르주아에 대한 프롤레타리아의 투쟁이라는 계급투쟁에서의 통일과 노동자계급정당의 독립성에 논의의 초점을 맞추었다. 사회파시즘론에 대한 유사한 입장에도 불구하고 트로츠키와 부하린 사이의 관계는 이 시기의 스탈린의 정책 선회를 둘러싸고 "트로츠키주의에의 투항"이라는 부하린의 주장과 "일고의 가치도 없는 논문"이라는 트로츠키의 비판이 맞물려 더욱 악화되고 있었다.

6. 당내 민주주의

트로츠키는 1923년 10월 8일 당 정치국에 제출한 서한에서 "당 기구의 역할에 대한 과대평가와 당의 자발성에 대한 평가절하로 일부 보수적 동지들은 정치국의 결정을 비판하고 있다. … 당은 자신의 기구에 종속되어 있고 잠시도 중앙 집중화를 멈추지 않는다. 무엇보다도 고쳐야 할 것은 우리의 조직을 지배하고 있는 분위기이다. 당의 모든 단위는 자유롭고 동지적인 비판의 권리를 갖는 동시에 또한 비판을 두려워하거나 등을 돌리지 않는 구성원 전체의 자발적 참여를 보장해야 한다. 당 기구를 혁신하고 새롭게 하기 위해 필요한 것은 전체 의사를 반영하여 집행할 수 있는 메커니즘의 보장"이라고 주장하고 있다.

그는 1927년 합동 반대파 강령에서도 당내 민주주의의 쇠퇴가 모든 노동자 민주주의의 전반적인 쇠퇴를 가져온다고 경고하고 있고 1936년에는 관료적으로 타락한 노동자 국가 이론으로 스탈린식

사회주의의 성격을 규정하고 있다. 이제 적은 더 이상 부농이 아니라 소비재의 부족에서 그 기초를 찾는 스탈린 관료 세력의 지배인 것이다. 트로츠키는 1932년의 글에서 사회주의의 성공이 계획과 시장, 그리고 민주주의의 세 가지 요인에 의해 결정된다고 주장하고 있다. 그는 반대당의 존재 자체에 대한 금지는 분파 투쟁의 역사를 부정하는 것이라며 마침내 다당제를 주장하기에까지 이른다.

트로츠키를 비롯한 좌익 반대파가 1920년대 전반을 통틀어 혁명정권이 착취적인 관료제로 변화해갈 것을 우려하면서 이러한 현실을 프티부르주아적 타락이라고 일컫던 것과 마찬가지로 부하린 역시 당내 민주주의가 사회주의 성공의 한 관건이 된다고 보았다. 부하린은 1923년의 한 회의에서 "누가 반대하는가? 아무도 반대하지 않는다. 권위에 반대하는 것은 나쁘기 때문이다. … 이러한 상황은 정책의 토론에서도 마찬가지다. 의장이 묻는다. '반대 있습니까?' 누구도 반대한다고 말하지 않는다. 결정은 만장일치로 채택된다. 이것이 우리 당 조직의 관례적인 모습이 돼버렸다"라고 관료주의의 등장을 우려하고 있다.

1923년에서 1929년 사이에 그가 관료제에 대해 비판한 사례는 보이지 않는다. 이 시기에는 부하린 자신이 스탈린과 함께 당과 국가의 관료주의를 책임져야 할 주도적인 위치에 있었기 때문일 것이다. 민주주의에 대한 그의 문제 제기는 1929년에 재개되어 당 정치국에 제출한 성명서에서 부하린은 "농민에 대한 배려가 편향으로 지적되고 추가적인 지출 또는 삭감 제안이 반레닌주의로 매도된다면 어떤 심의가 가능한가? 전체 당이 이것을 토론한다고 해도 조용히 두세 명이 참여할 뿐이다. 그렇기 때문에 당원들 사이에 두 가지 방향이 생겨나고 있다. 한 가지는 본심이고 또 한 가지는 자기 자신을 위한 것이다. 집회 출석과 만장일치 투표 등은 당의 의식에서 필요한 행사로 격하되고 말았다"라고 지적하고 있다.

부하린은 레닌의 5주기 추도사에서도 국가기구와 지도의 문제에 대해 언급함으로써 스탈린에 의해 강화된 당과 국가조직의 비대화, 관료화에 대한 비판을 시도하고 있다. "레닌은 이렇게 주장한다. '관료적으로 일하지 말라.' 그리고 그는 관료화를 충분히 막아내면서 모든 가능한 노동자의 결사체를 만들어야 한다는 슬로건을 제출한다." 물론 트로츠키와 부하린의 당내 민주주의에 대한 비판은 그들의 권력투쟁 과정에서의 입지와 밀접하게 연관되어 있다. 그러나 그들은 스탈린의 관료 지배와 이 경향에 편승한 노동자 민주주의의 왜곡에 대해 지속적으로 비판함으로써 궁극적으로 사회주의 당의 타락을 막는 긍정적인 역할을 했다.

7. 돌파와 우회의 먼 길

사회주의를 자본제적 생산에 고유한 무정부성을 계획에 의해 의식적 통제로 대체하려 한 시도로 본다면 고립된 분업과 분절된 소상품 생산을 억제함으로써 자본주의적 시장을 폐지하고 과학적 예측을 통해 동요의 근원을 봉쇄하려는 노력은 1920년대 사회주의 건설에 참여한 혁명가들 모두에게 공통된 관심사였다. 그러나 그 실천의 방법은 다양하게 나타났으며 그 가운데서도 부하린과 트로츠키의 노선은 가장 큰 차이를 드러냈다.

트로츠키는 1920년대 사회주의 건설 과정에서 소련이 당면한 위기와 동요의 두 근원으로 농촌 경제와 세계시장을 들고, 농촌 경제를 협동조합으로 단일화할 것과 국가 산업 전체를 단일 트러스트로 조직하여 세계시장에 대응함으로써 완전 계획의 달성에 도전할 것을 주장하였다. 예측을 불가능하게 하는 불안정한 요인을 최대한 제거하여 통제되지 않는 자본제적 생산의 무정부성을 극복하고자 한 그의 시도는 가장 직접적이고 전면적인 사회주의 건설 방법이라고 볼 수 있다. 그러나 농촌의 희생과 제국주의에 대한 직접 투쟁으로 대표되는 그의 세계혁명 주장은 제국주의자들이 열렬히 바라는 전쟁의 함정에 빠지는 결과를 가져옴으로써 사회주의의 전복을 초래할 것이라는 비판을 받고 배척되었다. 그의 노선에 내려진 평가는 현실의 균질하지 않은 변화를 반영하지 못하고 원칙에 집착한 극좌 모험주의라는 것이었다. 트로츠키와 비교할 때 부하린 노선은 고전적 사회주의 원칙으로부터 가장 멀리 떨어져 있으며 사회주의를 향한 길 가운데 가장 우회하는 방법으로 볼 수 있다. 그는 국영기업과 협동조합, 자본가적 기업이라는 서로 다른 성격의 경제 구성을 생각했고 시장을 통한 경쟁의 방법으로 국영기업과 조합 부문이 사적 자본을 물리칠 수 있을 것으로 보았다. 그는 또한 농촌에서의 예측 실패가 곧 사회주의의 전복을 의미한다고 보고 농촌에서의 과학적 예측 가능성 자체를 부정하고 있다. 따라서 부하린은 무조건적인 집단 영농만이 사회주의로 가는 고도의 길이라는 주장에 반대하였다.

 부하린 역시 유통과 생산, 신용 부문의 순서로 농촌에서 협동조합이 조직되어야 한다고 보았지만 그의 이론에서 관건은 자본주의 전복의 속도였다. 그는 '달팽이 속도'라고 명명된 이와 같은 완만

한 자본주의 전복의 속도가 프롤레타리아독재의 존재와 경제 사령탑의 안정적 작동 때문에 가능하다고 보았다.

트로츠키와 부하린은 서로 다른 사회주의로의 길을 모색했음에도 불구하고 스탈린의 관료 지배에 대한 비판을 축으로 계획과 시장, 그리고 민주주의의 문제 등 많은 점에서 유사한 논의 구조를 보여준다. 이들은 계획과 시장이라는 어느 한쪽에 더 비중을 두기는 하지만 두 요소 사이의 변증법적 결합을 말하며 당내 민주주의의 복원을 위해 지속적인 노력을 기울였다. 이들이 사회주의 건설을 향한 가장 선명한 이론적 입장과 노선을 제시했음에도 불구하고 현실 정치에서 패배한 이유는 여러 가지로 찾을 수 있을 것이다.

트로츠키의 경우에는 당 자체의 전복을 위해 그가 호소해야 했던 노동자계급의 사실상 해체라는 객관적 요인에서 찾을 수도 있고, 그람시의 지적처럼 "트로츠키는 정면공격이 실패할 시기에 정면공격을 연구하는 정치 이론가이며 그의 영구혁명론은 진지전이 필요한 시기에 등장하고 있는 기동전 이론의 정치적 반영이다"라는 점에 유의해 트로츠키의 이론에 내재한 주관적인 요인에서 찾을 수도 있다. 최근 존 켈리는 트로츠키의 이론적 특징으로 그가 제국주의를 전쟁과 혁명의 시기로 파악한 다음 자신의 모든 논의를 이 원칙으로부터 끌어낸 점을 꼽았다. 전투적 노조와 총파업의 위력을 믿었고, 대중의 혁명성과 노조 지도부의 관료화라는 이분법을 의심하지 않았던 트로츠키의 주장을 켈리는 모순 개념의 결여, 본질 환원론, 과도한 추상주의, 경제결정론 등으로 요약한다.

여기에서 더 나아가 트로츠키의 이론적 결함을 강조하는 입장에 서면 그에게는 엥겔스의 『반듀링론』이나 레닌의 『유물론과 경험비판론』, 스탈린의 『맑스레닌주의의 기초』, 부하린의 『사적유물론』에 버금갈 만한 철학적, 인식론적 저작이 없다는 철학적 기본의 결여를 지적할 수도 있다. 트로츠키는 맑스주의 이론에 기여했다기보다는 군사전략가나 조직가 수준에 머무르는 사람이었고 이마저도 그의 탁월한 능력이 당 조직을 기반으로 하지 않음으로써 엄연한 한계를 갖게 되었다고 볼 수 있다.

부하린의 경우에는 스탈린의 선택이 관료들의 이해와 자신의 입지를 일치시킨 정치적 생존 본능에 입각해 있었던 것과 달리 다가오는 파시즘의 위협 앞에서 사회주의 조국 보위와 스탈린을 중심으로 한 당의 단결을 최우선으로 생각한 그의 볼셰비키 혁명가로서의 진정성에서 패배 요인을 찾을 수 있을 것이다. 그는 스탈린과의 논쟁에서 자신이 승리하기 이전에 그 논쟁으로 말미암아 아직 취약한 기반의 사회주의 정권 자체가 무너져버릴 것을 염려했으며 과거 좌익 반대파의 분파주의를 공격했던 자신의 과거를 돌이키며 스스로 분파주의의 길을 가야 한다는 사실을 괴로워했다.

이제 현실사회주의의 붕괴는 패배자와 승리자를 불문하고 스탈린은 물론 트로츠키와 부하린까지도 급속하게 역사의 뒤안길로 퇴장시키고 있다. 그러나 바로 그 현실사회주의의 몰락을 계기로 트로츠키와 부하린의 사회주의 건설 노선은 일방적인 전략과 선언에 복무하는 이데올로기가 아닌 현실을 분석하고 대안을 제시하는 사회과학으로서 역사 밖으로 걸어 나올 수 있는 조건을 비로소 갖춘 셈이다.

(1995. 05)

메를로퐁티와 사르트르

1.

현대 정치학의 주요 흐름은 실증주의적 행태주의와 고전 정치학의 부활을 주장하는 전통주의의 두 가지 입장으로 나눠볼 수 있다. 이 두 이론은 대체로 인식론적으로 '주체'와 '객체'를 분리하므로 비변증법적이고 객관주의적이라고 말해지며 행태주의는 인간의 총체성을, 전통주의는 인간의 구체성을 결여하고 있다고 평가받는다. 이 두 이론에서 벗어나 제3의 길을 모색하려는 노력을 우리는 현상학적 정치학자들에게서 찾아볼 수 있다.

1960년대 후반에 이르면 근대 자연과학적 세계관에 근거한 실증주의 학문 체계는 급진적 학문 운동(radical academic movement)의 거센 도전에 직면하게 되고 정치학에서는 후기 행태주의 운동이 활발해지면서 그 주요한 갈래의 하나로서 행태주의적 접근과는 본격적인 차이를 보이는 실존주의적 현상학과 현상학적 맑스주의 연구가 활발해진다. 이들 그룹이 새롭게 채택하는 현상학적 관점은 행태주의 정치학의 1) 과학주의적, 객관주의적 오류와 2) 이원론적 인식론의 오류를 극복하고 생활 세계 경험의 회복을 통한 정치 현상의 통일적이고 총체적인 이해를 꾀한다.

특히 현상학적 맑스주의의 정치학 연구는 주관과 의미의 세계를 새로이 회복한 현상학(existential phenomenology)의 전통과 인간 실재 및 이론과 실천에 대한 변증법적 인식 방법을 남긴 맑스주의(critical marxism)의 전통을 결합하여 비사회적 현상학을 사회철학으로, 도그마적 맑스주의를 비도그마적 비판철학으로 전환시키려는 노력의 구체적 예로서 이 입장에서 사르트르와 메를로퐁티는 후설과 맑스, 현상학과 맑스주의의 만남을 개척한 선구자들로서 중요한 의미를 지닌다.

그러나 대체로 사르트르는 이원론의 극복과 변증법적 변증법, 현상학의 현상학 수립에 실패하였고 메를로퐁티는 성공의 가능성을 제시하였다고 평가된다. 다음에서는 이러한 귀결에 이르게 되는 두 사람 사이의 철학적 입장과 이러한 입장의 연장선상에 있는 정치적 노선의 차이, 맑스주의에 대한 견해 차이 등을 비교하고 그들의 철학이 정치학 연구에 대해 가질 수 있는 함의를 살펴보기로 한다.

2.

인식론과 방법론의 문제에 주로 관심을 갖는 철학으로서 정치 세계의 위기 해결에 무능력했던 최초의 현상학은 하이데거의 현존재(dasein) 개념을 통해 실존 현상학으로 변모하고, 사르트르에 이르러 사회관계 속의 구체적인 인간 실존을 문제 삼게 되면서 정치 세계에 대한 연구와 처방이 가능해지는 본격적인 실존주의 현상학으로 전환된다.

사르트르에게서 인간은 절대적으로 자유로운 의식적 존재이며 인간이 절대적으로 자유로우려면 의식은 아무것도 소유하지 않아야 한다. 즉 자유로운 인간은 존재의 부재이며, 부정이며, 무인 순수의식이어야 한다. 일반적으로 존재의 양태는 이러한 의미의 대자(pour soi)와 무의식적이고 불투명한 현실 세계에 존재하는 즉자(en soi)로 나누어질 수 있다. 여기에서 의식의 무성(pour soi)은 타인의 시선에 의해 객관화될 때 타인에 의해 규정되는 어떤 것(en soi)이 된다. 의식과 의식, 의식과 존재는 서로를 절대화하는 배타적이고 공존의 여지가 없는 개념들이다.

따라서 타인은 종종 나의 지옥이며 나에게 있어 자유는 완전히 고립되어야만 가능한 것이 되고 그러한 사회는 갈등과 투쟁으로 특징지어진다. 결국 사르트르에게 인간의 가능한 공존 양식은 제3자에 의해 객관화되었을 때의 우리 객체(us-object)와 공통의 목표를 갖고 공동의 적에 대항할 때의 우리 주체(we-subject)가 되는 두 가지 방법뿐이다.

사르트르의 이러한 철학적 입장은 맑스주의 해석에도 그대로 이어진다. 그에게 있어 실천(praxis)은 인식의 절대적 자유를 뜻하며 순수의식을 획득한 부르주아 지식인 역시 혁명의 전위가 될 수 있고, 프롤레타리아가 혁명 능력을 상실해버린 오늘날 실천의 주체는 확대된 의식으로서의 당이 된다. 또한 당은 그 권위를 리더에게 이양하며 프롤레타리아는 오류가 있을 수 없는 당에 복종할 뿐이다. 맑스주의에 대한 사르트르의 주관주의적 해석은 프롤레타리아를 의식의 측면에서 파악함으로써 관념적 실체로 만들고 그것의 현실적 구현을 당의 순수의지에서 확인하고 있는 것이다.

그는 한국전쟁을 자본주의의 음모에 의한 제국주의의 함정으로 파악하였고 뒤클로 사건에서 프롤레타리아에 대한 실망을 확인하면서 공산주의에 대한 공감과 스탈린주의에 대한 지지를 분명하게 천명하였다. 이 사건을 계기로 그는 『현대』지의 공동 편집자였던 메를로퐁티와 결별하게 되고 메를로퐁티는 본격적으로 사르트르를 비판하기 시작한다.

사르트르에게서 우리가 가장 주목해야 할 개념이 순수의식(pure consciousness)이라면 메를로퐁티에게서 그것은 살아 있는 몸(living body)일 것이다. 사르트르 철학이 의식과 세계의 대립을 해소하지 못함으로써 이원론의 극복에 실패하였으며 그 사상의 절대적 성격으로 인하여 변증법을 없애버렸다고 보는 메를로퐁티는 '지각 이론'으로부터 그의 논의를 시작한다.

지각이 사유에 선행한다는 지각의 우선성(the primacy of perception)이야말로 메를로퐁티의 현상학을 특징짓는 기본명제라고 할 수 있다. 그에 의하면 지각은 '지각 주체의 대상에의 몰입'이며 여기에서 '몰입'은 지각과 사유를 구별하는 중요한 기준이 된다. 즉 지각은 '세계에 있음'을 의미하고 사유는 '자아에 있음'을 의미한다. 지각은 사물 그 자체와 접촉하는 특정한 힘이며 지각의 세계는 우리의 몸으로써 만나는 가장 원초적인 세계이다. 그것은 철학자의 눈에 비친 관념의 세계도, 과학자의 이론적 틀이 찍어낸 세계도, 또는 어떤 초연한 관객들의 관람의 세계도 아닌 모든 인간이 직접적으로 사는 생활 세계이다.

뮬러 리어(Muller-Lyer) 착시, 달(Moon) 착시, 졸러(Zoller)의 착시 등 지각의 착각 현상이 보여주듯이 이 세계는 또한 이미 결정된 확고부동한 세계가 아닌 미정성의 세계이며 차라리 우연의 세계이다. 메를로퐁티는 이 우연성 속에 인간 자유의 가능성이 있다고 본다. 이러한 맥락에서 그의 모호성(ambiguity)은 보다 정확하게는 열려 있음(openness)을 의미한다고 할 수 있을 것이다. 따라서 인간은 실증적 맑스주의에서 말하는 사물도 사르트르가 말하는 순수의식도 아닌 의식과 몸의 통일체이며 역사는 의미와 우연의 변증법으로서 객관적 진리의 구현 과정이 아닌 오류의 제거 과정이며 또한 생활 세계에 근거한 근본적인 상호주관성으로 인하여 인간의 자유는 공동체 안에서 비로소 가능해진다.

메를로퐁티의 이러한 철학적 입장은 의식이자 사실로서의 프롤레타리아, 이론적 명료화를 통해 그들의 실천을 보다 높은 차원으로 높여주는 당, 이러한 당의 결정에 대해 항상 토론할 수 있는 프롤레타리아라는 그의 맑스주의 해석에서도 분명하게 보이며 실증적 맑스주의의 극단적 객관주의(extreme objectivism)와 사르트르의 극단적 주관주의(extreme subjectivism) 두 입장 모두가 스탈린주의로 귀결되는 과정을 지켜보면서 중간 지대(middle arena)를 찾으려는 노력의 일환으로 자유주의 정치학과 실증적 맑스주의, 실증적 맑스주의와 주관적 맑스주의를 모두 지양하는 비공산주의 좌파(non-communist left)라는 개념에 이르게 된다.

3.

사르트르와 메를로퐁티가 활동하던 시대는 세계대전과 나치 점령, 프랑스 저항운동과 전후 냉전 체제의 도래로 특징지을 수 있다. 이들의 철학은 이 급박한 역사적 현실에 대한 지식인들의 참여와 해결책 모색의 산물이었다. 이들은 후설과 하이데거로부터 함께 출발했으나 메를로퐁티가 초기 후설과 후기 후설로서 그와 사르트르의 차이를 설명하듯이 각자 상이한 결론에 이르렀다는 평가를 받는다.

사르트르가 주관을 강조한 것은 특기할 만했으나 극단적 주관주의로 흐름으로써 현상학과 맑스주의가 갖는 비판적 성격과 변증법적 특성을 그 내재적 필연성으로부터 결합시키는 데 실패하였다면, 메를로퐁티는 전(前) 성찰적, 전(前) 개념적 생활 세계의 개념을 지각의 세계라는 개념으로 재해석함으로써 주관의 회복을 위해 객관과 싸우면서 주관에 치우친 후설에게서 인간의 실존을, 객관의 회복을 위해 주관과 싸우면서 객관에 치우친 맑스에게서 인간의 주체성을 부활시켜 데카르트적 이원론을 극복하고 자신에게로 다시 향하는 변증법과 현상학을 수립하는 데 성공했다는 평가를 받는다.

다른 한편 메를로퐁티에 대해서도 맑스주의에 대한 추상화와 혁명 열기의 희석, 세계에 대한 다면적인 질문 방식으로의 단순한 전환 등의 반론이 제기되기도 한다. 또한 현상학적 관점의 경우에도 현상학적 감성(impression)이라는 애매성에 빠질 유혹을 안고 있다는 지적이나 기술과 정치권력이라는 현실적 매개변수를 무시하는 일차원적 방법론(unidimension methodology)에 빠질 위험을 안고 있다는 지적을 받는다.

메를로퐁티와 현상학적 관점에 대해 밖으로부터 가해지는 이러한 비판들이, 그 스스로 제기하는 안으로부터의 질문들과 함께 메를로퐁티의 현상학이 갖는 열려 있는 변증법의 과정에 매개되어 아울러 재조정될 수 있다면, 현상학적 정치학은 행태주의와 전통주의 사이의 오랜 방황으로부터 정치학을 해방시켜 다양한 의견의 세계로 정의되는 정치 세계에 대해 보다 총체적이고 통일적인 이해가 가능한 철저한 실증주의(radical positivism), 진정한 과학의 길을 제시할 수 있을 것이다.

(1986. 12)